读懂投资 先知未来

大咖智慧
THE GREAT WISDOM IN TRADING

成长陪跑
THE PERMANENT SUPPORTS FROM US

复合增长
COMPOUND GROWTH IN WEALTH

一站式视频学习训练平台
WWW.DUOSHOU108.COM

捕捉主升浪

操盘训练与交易实录

肖良军　著

山西出版传媒集团
山西人民出版社

图书在版编目（CIP）数据

捕捉主升浪：操盘训练与交易实录 / 肖良军著 . —
太原：山西人民出版社，2022.10
ISBN 978-7-203-12332-3

Ⅰ.①捕⋯ Ⅱ.①肖⋯ Ⅲ.①股票投资—基本知识
Ⅳ.① F830.91
中国版本图书馆 CIP 数据核字 (2022) 第 122866 号

捕捉主升浪：操盘训练与交易实录

著　　者：肖良军
责任编辑：孙　琳
复　　审：魏美荣
终　　审：贺　权
装帧设计：王　静

出 版 者：山西出版传媒集团·山西人民出版社
地　　址：太原市建设南路 21 号
邮　　编：030012
发行营销：0351-4922220　4955996　4956039　4922127（传真）
天猫官网：https://sxrmcbs.tmall.com　电话：0351-4922159
E－mail：sxskcb@163.com　发行部
　　　　　sxskcb@126.com　总编室
网　　址：www.sxskcb.com

经 销 者：山西出版传媒集团·山西人民出版社
承 印 厂：廊坊市祥丰印刷有限公司

开　　本：710mm×1000mm　1/16
印　　张：23.5
字　　数：200 千字
版　　次：2022 年 10 月　第 1 版
印　　次：2022 年 10 月　第 1 次印刷
书　　号：ISBN 978-7-203-12332-3
定　　价：98.00 元

如有印装质量问题请与本社联系调换

前　言

有没有一种至简、至优、至易、至久的交易模式能在金融交易市场中获利？

当然有。这就是主升浪模式。

为什么是主升浪模式？

市场的运动一般由三种逻辑驱动：业绩驱动、估值驱动、事件驱动。业绩驱动是指公司的业绩增长一般会带来股价上升。估值驱动通俗地说就是跌多了就会涨，涨多了就会跌。事件驱动反映了人们对未来的预期，表现为热点、题材、概念等等。

三种驱动最后都会转化为一个共同的作用力——资金推动。

资金推动是市场运行的本质。它有一个根本的特征：价涨量增。这是经济学的基本原理。在任何供给不受限制的市场，资金推动都必然带来价涨量增。

价涨量增在价格走势图上表现为一段流畅的趋势。

推而广之，不管在什么领域，要想成就一番事业，都必须参与到一段社会发展的流畅趋势中。

所以，交易获利有一个根本的前提，那就是必须参与市场的主升浪趋势。

不知道哪里会有主升浪，在市场中盲目交易是投资者亏损的首要原因。

那么，哪里会出现主升浪趋势呢？要回答这个问题，就要先定义什么是主升浪趋势，清楚了主升浪趋势的相关要素，也就知道了它会在哪里出现。

所以，围绕着主升浪，交易有且只有三个根本问题要解决：第一，哪里会出现主升浪趋势？第二，主升浪趋势启动的标志是什么？第三，主升浪趋势结束的迹象是什么？

回答这三个问题之前，需要先回答另一个问题：市场的运行到底有没有规律可循？如果市场的运行没有规律可言，那么以上三个问题肯定是无解的。

经过二十年的深入探索，我可以肯定地回答：市场的运行是有规律的。本书列出了与主升浪息息相关的二十多条规律，基本上每一条都可以开发为一个交易策略，用心的人将会看到这些规律在市场实际走势中反复地出现。

这里，我简明地回答上述三个问题：

主升浪是指一段流畅有力的走势进行适度回调，在回踩到三维共振带时再度启动的走势。

主升浪启动的标志是次级折返结束后走势在对应级别进行了临界突破。

主升浪结束的迹象是代表主升浪运动节奏的运行级别发生了背离转折。

所以，围绕着主升浪，投资交易只需要研究三个关键要素：主升浪、临界点与突破、运行节奏与背离转折。

这是高度凝练后的精华，直接让交易者全身心聚焦于投资交易最核心的要素。

回答了主升浪趋势的问题，投资者关心的买点、止损点和卖点位于何处的答案也就自然浮现，本书中的案例都在指明这些要点。

本书分为三篇，分别是：第一篇，深山秘籍——三段结构论；第二篇，任督二脉——临界突破与背离转折；第三篇，仗剑江湖——直取主升浪。

第一篇简明地论述了三段结构论。三段结构论是一套围绕主升浪建立起来的市场认知与交易体系，它既是认识论，也是方法论。它明确定义了主升浪，量化了主升浪的进场与出场规则，所以说三段结构论是抓取主升浪的秘籍。

本篇将三段结构论提炼为主升浪原理，进一步把主升浪操盘思路简化为以下三个易于执行的步骤：先识别哪里会有主升浪；买入时等待对应级别的临界突破；卖出时参照运行级别的背离转折。其他的时候，稳坐泰山。关于市场的规律性，在我的另一本书《主升浪的识别与把握——三段结构论》中有更系统的论述，该书主要任务是完成理论体系的构建和有效性的论证，通过本书附赠的"主升浪体系全阶段学习视频"，也可以学到相关的理论体系构建的内容。至于如何运用三段结构论对具体行情走势进行分析判断，从中识别出主升浪及其启动与结束，则是本书的使命。

第二篇是学完秘籍之后的操盘训练，它类似于网络游戏中的打怪升级。

本篇通过大量的训练，让投资者具备三种能力：一是熟练掌握主升浪的识别方法；二是能迅速分辨对应级别，找到对应级别的临界点，观察市场走势对临界点的突破；三是发现主升浪的运行节奏，定义主升浪的运行级别，跟踪观察运行级别的背离转折。

具备了这三种能力，就像武者打通了任督二脉，从此，投资交易功力必将突飞猛进，迅速成长为一代大侠。

第三篇是真实交易的记录。学了一身的功夫，当然要行走江湖进行检验。

本篇从股票市场、期货市场到期权市场，从月、周级别持仓周期跨年的主升浪，到胜负决于一瞬的分钟级别的主升浪，向投资者展示主升浪之剑是如何斩获资本市场之利的。从中投资者可以看到，做主升浪，入场正确的，会迅速进入浮盈状态，入场不正确的，会迅速被止损。持仓都是盈利的，这才是心态良好的根源。

本书提供的是一套完整的让投资者由混乱走向秩序、由亏损走向盈利的系统化解决方案。

这套方案是至简的：它做的就是 N 形结构同向的另一段。

这套方案是至优的：它专门捕捉市场中最有价值的主升浪。

这套方案是至易的：易于执行源于清晰的边界条件，对应级别临界突破就买，运行级别背离转折就卖。

这套方案是至久的：只要市场走势或任何领域的价格波动还存在 N 形结构，主升浪交易系统就一直适用。

这就是至简、至优、至易、至久。

这里作两点申明：

第一，三段结构论并不排斥基本面分析。事实上，特别是对于股票来说，大多数的主升浪背后都有基本面的因素在起着作用。只不过笔者对基本面的分析没有超人一等的独到见解，所以就只论述技术分析这一部分，并不代表笔者认为不用做基本面分析。

第二，选择做主升浪，而且只做主升浪，一定会让你的投资交易能力大幅度提升，但是，本书所列主升浪的示例只是为了说明问题，并不代表每一个 N 形结构都能成功发展为主升浪。

本书的所有示例均采用多周期联动分析法，分析主要从以下两类模式进行：

第一类是对过往已经走出来的主升浪行情进行分析，回到当时的市场环境中去发现它的启动与结束的完整过程，这一类叫操盘训练。这是第二篇的内容。

第二类是对正在进行中的行情进行分析，当行情回踩某级别中轨形成该级别主升浪，并且对应级别出现了启动信号的时候，就入场交易，并把当时的走势和交易单制作为图例，这一类叫交易实录。这是第三篇的内容。

在感受到主升浪的威力并掌握了主升浪的操盘要点之后，相信读者以后对除主升浪之外的交易模式不会再有任何兴趣。

特别要指出的是，在操盘训练中，有一章运用三段结构论对沪深 300 指数的走势进行了 3 个月的连续跟踪分析，指明市场之所以如此演变的纯技术方面的原因。若读者能认真阅读、深刻领会，你对行情走势的理解一定会提升到常人难以企及的水平。

　　还要专门指出的是，在交易实录中，有一章"量化交易记录"，能让你重新认识概率和一致性。若能由此引领你踏入量化交易之门，那本书善莫大焉。

　　操盘训练是回溯历史。交易实录是预判未来。对沪深 300 指数的跟踪分析展现在体系化和一致性的视角下，千变万化的市场是如何变得结构简单、逻辑清晰的。量化交易则彻底颠覆普通投资者的认知，让所谓情绪、纪律、贪婪、恐惧等概念无处容身。我做量化交易的感受是：山中方一日，世上已千年。

　　以上这几类分析模式都极具独创性，在市场中极为罕见，没有完整的理论体系和丰富的实战经验作为支撑，是不可能进行这样分析的。

　　学习这样的分析其价值是无可估量的。经过上述几类模式所提供的大量的操盘训练与实战记录，交易者可以通过对历史行情的复盘就能获得丰富的市场经验，为在交易中迅速提升实战能力打下坚实的认知方面的基础。

　　更为重要的是，这样的训练都聚焦于捕捉主升浪这唯一的模式，能有效地帮助读者用同样的思维方式构建自己的交易系统。一个正盈利期望值的交易系统是无价的。

　　交易者是实践者。成功的交易者都是在大量实战中成熟起来的。但是，实战是要付出巨大代价的，特别是没有科学理论指导的实战，更有可能使交易走入绝境。

　　通过本书提供的大量的训练与真实交易记录，能够帮助读者认识市场运行的特点，理解市场运行的机理，掌握主升浪走势背后的市场运行规律，降低交易中付出的时间和金钱的代价，更早地获得投资交易的成功。

　　欢迎大家进入舵手读书会与我交流读书和应用中的问题。

肖良军

2021 年 3 月 20 日星期六

微信扫一扫，观看本节讲解视频

"主升浪体系全阶段学习视频"的第 1-3 讲

目　录

第一篇　深山秘籍——三段结构论

　　任何实践都需要理论指导，没有理论指导的实践是盲目的实践。

　　理论就是认识。中国有句古话：以不教而战是谓之杀。同样地，在金融交易市场，没有全面深刻的认识就入市交易，失败几乎是必然的。

　　目前存世的交易理论都各有问题。道氏理论是技术分析的鼻祖，但没有操作细则，只能用作定性分析；波浪理论只适用于强趋势市场，不适用于振荡势，它没有给出区分强趋势和振荡势的标准，所以让人无所适从；江恩理论试图寻找时空共振点，但时空共振点组合繁多，无法选择；K线理论一叶障目，不见泰山，同样的K线组合在不同的市场阶段意义完全不同；均线理论线条密密麻麻，却没有发现背后的共同逻辑；缠论主要矛盾不突出，预期目标不明确，一般学人以背离指导操作，容易陷入中枢振荡，难以捕捉到主升浪行情。

　　三段结构论以市场最根本的结构——N形结构为基础，从N形结构的量变入手来分析市场状态，以强趋势N形结构来定义主升浪并以主升浪为预期目标，在级别中定义方向，并以级别间的共振和临界突破来寻找入场点，以运行级别的背离转折来定义出场点。

　　三段结构论以N形结构为根基，以级别为纽带，可以全面地分析市场发展变化的完整过程。它既是认识论，也是方法论。

从三段论出发，它可以归纳出主升段交易系统，从背离转折出发，它可以归纳出回撤交易系统，在趋势不明显的时候，它可以归纳出振荡交易系统。在市场发生快速变化的时候，它可以采用万能交易模式。

三段结构论建立了一套完整的理论体系对市场的走势进行解释和分析。三段结构论是一套科学的成熟有效的理论。说它科学是因为它发现了市场走势的基本结构——N 形结构，并根据 N 形结构定义了市场走势的性质；说它成熟是因为当市场有可能走出主升浪时它总是能及时发现并给出指示；说它有效是因为它明确定义了主升浪开始与结束的标准，清晰可量化的标准让投资者更易于执行，也是投资者捕捉到主升浪的前提。

本书在解释概念、论述方法或说明示例时，若无特别说明，都默认以上涨趋势为背景进行。

微信扫一扫，观看本节讲解视频

"主升浪体系全阶段学习视频"第 4 讲

第一章　主升浪原理

三段结构论所定义的操作目标为主升段，本书所称主升段，可以理解为波浪理论中的主升浪，由于主升浪一词广为人知，故沿用主升浪一词，但主升段是有着清晰的边界的。

三段结构论分为三段论、结构论、级别论、系统论等几个部分，下面分别进行介绍。

一、三段论

三段论研究的是事物发展的阶段。

事物发展一般可分为潜伏期、萌芽期、发生期、发展期、成熟期、衰退期六个阶段，我们把它简化为萌芽期、发展期、衰退期三个主要的阶段，映射到交易市场中，上涨的行情走势可以分为止跌回稳段、振荡上扬段、加速主升段，其中加速主升段就是我们要捕捉的目标。

只做加速主升段是三段结构论的核心观点。

三段结构论是一套完整而系统的理论，它以 N 形结构为根基，以级别为纽带，以主升段为目标，能够很好地解释市场的走势，但人类永远有未知领域，三段结构论对市场的分析也有概率成分，选择只做加速主升段，是因为当行情发展到加速主升段时，规律性最强，稳定性最好，确定性最高，获利也最大。

加速主升段和波浪理论中的三浪有相通的地方，区别在于三段结构论对主升段作了定义，并对主升段的开始与结束给出了明确的判断标准。

只做加速主升段是三段结构论与缠论的最大区别。在建立完整的体系、随时对市场进行状态定位这一方面，两者具有同样的功能，但三段结构论旗帜鲜明地指出做强趋势才能有效盈利，而缠论在振荡势中要做差价，在中枢移动中也要做差价，主次不分，最后往往捡了芝麻，丢了西瓜。

三段论的主要功能在于分析大势，对大势所处的阶段进行定性，在大势处于可操作的前提下，再去选择已经做好走主升段准备的品种进行投资交易，力求个股得到大势的配合，解决可战还是不可战的问题，可战时必须战，不可战时必须等。

所以，做主升浪，首先要研究清楚的是市场的发展阶段。只有当整体大势与个股趋势的发展阶段互相配合互相促进时，主升浪成功的可能性才高。（本节讲解视频，见"主升浪体系全阶段学习视频"的第4~7讲。）

二、结构论

结构论研究的是事物的结构。

事物的结构决定事物的性质。必然性是由事物的结构决定的，偶然性是由量的变化造成的。

市场价格走势的根本结构是N形结构。N形结构内部分为一上、一下、再上三个部分，当一下适度回落，再上创出新高时为上涨N形；当一下适度回落，再上无法创出新高时为振荡N形；当一下适度回落，再上没有创出新高，再下创出新低为下跌N形。这就是三种N形结构的分类，它们表示了N形结构的性质。

N形结构内部的性质变化由黄金分割比率定义：回落幅度小于1/3为单边势，回落幅度介于1/3与一半之间为强趋势，回落幅度介于一半与2/3之间为弱趋势，回落幅度大于66.7%为振荡势。

N形结构外部的性质变化由三种N形结构的连接定义，共有九种组合，两种上涨N形，两种下跌N形，五种振荡N形。

N形结构是市场特征最根本的外在表现，其他如技术指标、均线系统和形态等都是由此派生的。

结构论的主要功能是根据N形结构内部的量变所引发的质变来界定行

情的性质，并区分趋势的强弱。

从本质上来说，主升浪就是强趋势的 N 形结构。（本节讲解视频，见"主升浪体系全阶段学习视频"的第 8-10 讲。）

三、级别论

级别论研究的是事物在不同观察维度所呈现出来的不同特性。

简单地说，级别就是指不同的时间周期。按通用交易软件所列的时间周期分为 1 分钟、3 分钟、5 分钟、15 分钟、30 分钟、60 分钟、120 分钟、日线、周线、月线、季线、年线等周期，三段结构论对应地称为某级别。

之所以要区分不同的级别，是因为在不同的级别中 N 形结构不一样，行情走势的性质也不一样。

进行 N 形结构和级别的研究相当于进行市场的基础学科的研究，它是进行其他应用研究的基础。研究通了这些变化，就可以从中提取出有价值的交易信息。

以上就是级别论的第一功能：定义了级别，就可以定义市场的方向。

三段结构论以某个级别 20 均线的方向为该级别行情走势的方向。三段结构论用"方向"的概念替代了传统技术分析中"趋势"的概念，后文谈到趋势时，都是指该级别 20 均线的方向，这一点请注意。

级别论的第二功能是揭示级别之间的相互关系。

具体地说，级别之间有联动关系，这里联动关系的含义是：当某个较大级别要启动主升段时，至少某个较小级别要率先走出上涨趋势，也就是共振。这里将主要的联动关系分列为：季线与周线联动，月线与日线联动，周线与 60 分钟联动，日线与 15 分钟联动，60 分钟与 5 分钟联动等，也就是大级别与比它小两级的级别联动，在下文中我们把这样的联动级别称为对应级别。

经由这样的联动关系，盯住目标级别进行级别推演，就能够锁定相对准确的介入主升段的区间，避免过早或过晚进入市场。

这里很自然地就会产生另一个问题：那又怎么判断某个大级别主升段的结束呢？这就要先定义运行级别了。

主升段是一段流畅的趋势，它一般也会依托某级别中轨运行，我们把代表主升段运行节奏的级别称为运行级别，在实践中，观察主升段启动后的首次回落是回踩哪个级别的中轨，哪个级别就是该主升段的运行级别。

当主升段的运行级别出现背离转折时，主升段就有可能产生变化了。

级别论的第三功能是对级别进行分类。

在主升段的语境中，按从大到小的次序，级别可分为目标级别、次级别、对应级别和推演级别。

目标级别即是主升段定义成立、主升段启动时所处的级别。比主升段小一级的称为次级别。比次级别小一级的与目标级别联动的级别称为对应级别，比对应级别小两级的与对应级别联动的级别称为推演级别。

对级别进行分类的目的是根据不同级别走势的变化来界定主升段的启动与结束。

比如，周线级别主升段要启动，肯定首先要有对应级别60分钟的临界突破。周线级别的主升段要结束，肯定首先要有其运行级别（假设是60分钟线）的背离转折。

主升段的启动与结束不同的地方在于，启动的级别是在主升段级别确定后就相应确定了的，而主升段的运行级别则是通过对实际走势的观察得到的。在后文的示例中可以看到，主升段的运行级别通常是它的对应级别，有时也会是它的次级别。

这里要声明一点：定义推演级别是为了观察目标级别的初始变化，一般并不建议进行太小级别的推演，过小的级别变化太快，稳定性不够。定义级别的初衷也是为了减少不必要的交易，过分推演与此是违背的。

总之，级别论是纽带，它将N形结构连接组成不同的级别，呈现出不同的性质，从中识别出不同级别的主升段，它的主要作用是分析节奏，寻找共振，洞悉变化。（本节讲解视频，见"主升浪体系全阶段学习视频"的第11-19讲。）

四、主升段

三段论、结构论、级别论是统一的有机整体，它们的功能就是定义主升段以及主升段的启动和主升段的结束。

三段论、结构论和级别论三者合称三段结构论。

由于主升段的重要性，我们单独论述。

有了 N 形结构和级别的概念，在三段论思想的指导下，我们对主升段做如下定义：市场以流畅有力的推动浪方式有效改变原有趋势并形成新的方向，在稍后的次级折返休整中，回落幅度有限，并且随着时间的推移，20 均线也转而向上移动，当价格在 20 均线附近稳住，并有迹象向上强势运动时，再度向上的这一段称为主升段。

这一定义有三个要素：一是先有一段强烈的趋势改变原有方向，致使本级别 20 均线向上运动，所以形成了新的运动方向；二是进行了幅度适当的次级折返并靠近 20 均线；三是再度向上。主升段示例请看下文第三章第一节"主升段与三维共振带"。

简单来说，主升段就是满足强趋势条件的上涨 N 形结构，它的起点位于某级别的 20 均线上。

之所以做这样的定义，一是因为它是市场走势的根本形态；二是因为大量的实践已经证明了它的有效性；三是因为这也是波浪理论定义的主升浪。

具体用法是用布林带指标来指示主升段。当一段趋势进行次级折返，回落到布林中轨附近稳定下来时，再度上行的走势就是主升段。布林中轨就是 20 均线。

这样的定义是至关重要的，通过定义，我们知道哪里会有主升段。

通过定义，我们知道主升段是有级别的。比如某段走势回踩周线中轨，则从周线中轨上行的走势就是周线级别的主升段，然后再多级别联动进行级别推演，寻找级别间的共振，进而就可以锁定交易区间。

引入布林带之后，我们可以进一步定义趋势的强弱：沿布林带上轨向上运行的走势为单边势；沿布林中轨向上运行的走势为强趋势；在布林上下轨间向上运行的走势为弱趋势；在布林上下轨间横向运行的走势为振荡势。

由此，经过定义方向，定义主升段，进行级别推演，寻找级别间的共振，市场包罗万象的变化就只有寥寥数种、一目了然了。

简单与复杂是相互对立的，也是相互转化的。轻易说出口的大道至简，只是口头禅，充分复杂之后的简单，才是有内涵的简单。没有见识过市场的复杂，怎么能生起对市场真正的敬畏心？

再也没有比做主升段更简单的系统了，它做的就是 N 形结构同向的另一段。

由于中国股票市场只有做多机制，所以我们约定俗成使用"主升段"一词，在可以做空的市场如期货市场或期权市场，同样可以做下跌 N 形向下的一段，这样的走势命名为"主跌段"。它与主升段定义除了方向相反之外，其他要素都是一模一样的。

五、主升段重要概念

我们已经知道了哪里会有主升段，现在还剩两个问题：一个是主升段的启动，另一个是主升段的结束。

在前人的基础上，三段结构论构建了一套概念体系用来定义主升段，并对主升段的开始与结束给出判定的标准。它们分别是方向、密集成交区、黄金分割率、三维共振带、临界点、突破、背离、转折等等。其中方向已经在级别论中介绍过了，这里介绍其他几个。

1. 密集成交区

在市场走势中，很多时候价格会在一个窄幅区间内没有明显方向波动，并且这样的波动会持续一段时间，这样一个 K 线持续集中的窄幅的价格区间就称之为"密集成交区"。密集成交区的本质是持仓成本相近。

密集成交区对后续市场的走势会产生一定的影响，市场运行到前方密集成交区时一般会产生一定程度的停顿。

2. 黄金分割率

黄金分割率是广泛存在于自然现象中的一组数字比率，它与斐波那契数列有着密切关系，具体指的就是黄金比 0.618、0.5 和 0.382 这几个数字。

结构论用黄金分割率作为回撤幅度来评价 N 形结构的性质。

3. 三维共振带

三维共振带，是指市场走势的密集成交区、某级别中轨和黄金分割位等三种不同的市场评价维度处于重合状态的一个价格区间。

三维共振带有三种市场含义：首先它是一个密集成交区，说明市场处于暂时的平衡状态；其次它靠近中轨，说明它回踩了某级别，可能正在酝酿该级别的主升段；再次它处于某黄金分割位，说明它的 N 形结构的回撤可能已经到位。三维共振带的示例请看下文第三章第一节"主升段与三维共振带"。

成交密集区与黄金分割位是伴生关系。也就是说，当市场运行到成交密集区附近受到压制或支撑时，那个位置往往同时也是某个黄金分割位。令人惊奇的是，这个位置经常也在某个级别 20 均线附近，成交密集区与黄金分割位代表的是空间数量关系，而某个级别 20 均线与周期相关，代表的是时间，所以，三维共振带其实是一个时空共振区间。

三维共振带与主升段的定义有两个要素是相同的：一个是黄金分割位；另一个是靠近某级别中轨。三维共振带与主升段有很强的相关性，有不少主升段就是从三维共振带处启动的。

三维共振带的价值还在于它是先验的存在。也就是说三维共振带是已经存在的事物，不管未来走势如何变化，现在的三维共振带都是已经存在的、不会改变的。所以我们只要根据未来走势在三维共振带处的反应，就可以制定相应的操作策略。

4. 临界点与突破

临界是指物质的性状改变之前的状态。临界时的数值称为临界点。数个相邻的临界点组成临界区间。

突破是指冲出市场现有运行范围，使现有市场运行状态显著改变的强有力的具有突然性的运动。

在三段结构论中，临界是指密集成交区、或高点与高点、或低点与低点、或高点与低点重合的一个价格区间。

在三段结构论中，向上突破是指价格上穿上轨、带动上轨与中轨快速向上运行的状态，一般会同时穿越某一临界点；向下突破是指价格下穿下轨、带动下轨与中轨快速向下运行的状态，一般会同时穿越某一临界点。

超出临界之外，事物的性状就会发生变化。突破之后，行情的性状也发生同样的变化。临界点所覆盖的范围常常与突破所冲破的范围是重合的，一般我们用临界突破这个概念来指代穿越临界点和突破布林上轨同时发生的情况。

在交易中，临界突破是一个很重要的标志，因为突破成功的背后通常对应着巨大的利润。很多市场人士专门研究突破，但却收效甚微，根源在于对突破的要素认识不深。

突破需要具备以下要素：

（1）明确的突破目的。突破必须在走势中起到一个划分运行阶段的作用。突破必须是针对某个大形态进行的或者突破处于某一个大级别主升段的起点。这是最重要的一条，不符合这一条，突破就成了无源之水，无本之木。因为大行情自大级别出，没有大级别，就没有大行情。

（2）合适的突破位置。突破必须在临界点处产生。在临界点处的突破，突破后的市场运行状态会明显改变，与突破前有显著差异。甚至可以这样认为：没有临界区间，就不会产生突破。

（3）恰当的突破时机。突破可以与大势同步，也可以适当领先于大势，但突破后必须得到大势的认可和配合。若突破后大势却逆向而行，这样的突破往往最后以失败告终（市场人士称之为诱多或假突破）。

突破一般具有以下两种特征：

（1）突破时会进行某一级别的回踩（市场人士一般理解为洗盘），或市场走势会进行某种程度的收敛。总之，突破前市场会运行出一个临界区间。

（2）突破具有突然性。市场经常在交易者犹豫的时候突破，深合"出其不意，攻其无备，此兵家之胜，不可先传也。"的兵法至旨。

理解了这几点就会明白，突破之前的振荡就是为了形成临界区间，之后的加速是因为它的级别大，所以空间广。

认识了突破的内涵之后，对突破的应用则比较简单。具体地说，在某个级别，市场走势冲破布林上轨强烈上行，推动上轨与中轨同时向上运行的市场运动就叫突破。

5. 背离与转折

在同一级别，后面一段走势结束时弱于前一段方向相同的走势就叫背离。

这里的"弱"是指幅度更小或幅度相近但时间更长。背离的结果可能是扩大级别，也可能是转向。

要注意区分两种背离：顺势的背离和逆势的背离。因为它们的结果不一样。

顺势的背离是指背离的两段走势与主升段走势运动方向相同的背离。逆势的背离是指背离的两段走势与主升段走势运动方向相反的背离。

顺势的背离结果一般是扩大级别，逆势的背离结果一般是转向。

转折是指导致某级别中轨方向改变的走势。

转折的过程是：某段走势先回踩中轨，导致中轨减速或走平，然后向上运动无力，或者略创新高后背离，或者无力创新高形成振荡，然后向下运动跌穿中轨，导致中轨转向，我们就认为该段上升已经结束，走势发生了转折。

转折是一个很重要的概念，在同一级别中，走势发生了转折，就是本级别无条件退场的标志。

这就是转折三部曲：背离、回踩、破位转向。

转折是用来定义一段走势结束的标准。在背离的概念中，先要有走势的结束，才能定义背离，走势没有结束，就没有背离。

很多投资者不知道该在什么地方卖出，就是没有判断走势结束的标准。（本节讲解视频，见"主升浪体系全阶段学习视频"的第22讲。）

六、主升段的启动

现在我们来梳理一下主升段的启动要素，从时间上来看，市场要展开主升段，先要有次级别折返的结束；次级别折返要结束，其走势内部要先出现背离转折；出现背离转折，说明市场依托次级别折返所进行的适度回落结束。此时，如果在对应级别市场产生临界突破，导致对应级别布林上轨、中轨同步向上运动，说明市场在对应级别走出了强趋势，这就是主升段启动的明确标志。

简单地说，对应级别走出强趋势是主升段启动的标志，或者说，对应级别发生临界突破是主升段启动的标志。

明确了主升段的启动标志之后，我们给出主升段的三个买点：第一个买点是次级折返背离转折后对应级别的次低点，这一个买点是试探性质的，因为后市不一定会发生对应级别的临界突破。为避免对应级别 V 形反转没有次低点的情况，对一些强趋势行情可以在更小级别突破时直接入场。第二买点是对应级别突破点，这一个买点是标准买点。第三买点是对应级别突破后首次回撤形成的运行级别回撤点，这一个买点其实是加仓点。（本节讲解视频，见"主升浪体系全阶段学习视频"的第 23、26 讲。）

七、主升段的结束

要知道主升段何时结束，就要去观察主升段的运行级别。

主升段走势往往是强趋势，所以它经常会依托一个稍小一些级别的 20 均线上行，该级别就称为主升段的运行级别。

有一些主升段在结束前会走出加速段，加速段也会依托某一小级别中轨运行。

运行级别代表的是主升段的运行节奏，它是由对应级别突破后的回落形成的，这样的节奏一般不会改变，当它改变时，就意味着市场切换为另一节奏，或者主升段结束了。

运行级别要结束，要先出现背离转折。背离转折有三个方面的含义：回踩后创新高但力度弱叫背离；回踩后再向上无力创新高叫次高点；回踩直接跌穿中轨叫破位。

运行级别出现背离转折标志着主升段有了结束的迹象。

之所以只说是迹象，是因为行情还可以切换为另一个节奏继续运行，运行级别背离后一般切换为次级别，次级别背离后一般会切换为目标级别，当切换的级别大于目标级别时，主升段就结束了。

综上所述，主升段的变化按先后次序：首先是加速段背离转折，其次是运行级别背离转折，再次是次级别背离转折，最后是目标级别背离转折。

所以，主升段结束的确定性标志是目标级别出现了背离转折。

只是当目标级别出现背离转折时，可能利润已经回撤大半了。所以在加速段、运行级别和次级别出现背离转折时就要采取措施，控制利润回撤。

由此，我们给出主升段的四个卖点：第一卖点是加速段的背离转折；第二卖点是运行级别的背离转折；第三卖点是次级别的背离转折，清仓位置是目标级别的背离转折。

并不是每次回踩都能走出加速主升段。

预期中的主升段有三种可能的变化：主升段背离、主升段破位、主升段加速。

如果主升段走势没有经过加速运动，而运行级别就已经背离，或者对应级别的突破出现突变跃迁直接向下破位，都意味着该级别主升段走势不成立，应立即止损出局，另觅战机。（本节讲解视频，见"主升浪体系全阶段学习视频"的第 24、27 讲。）

八、主升浪交易系统

"系统"一词有两个方面的含义：一是有完整、全面的含义；二是组成整体的各部分之间有内在的逻辑关系，不可割裂。

投资交易是一项系统工程，必须将与交易有关的各种因素有机地统一成一个完整的闭环，交易才有可能成功，缺少任何一环，投资都可能失败。所以，建立交易系统也必须具有系统化思维。

三段论、结构论和级别论是有机统一的整体，它们构成了一个完整的系统，互相有着严密的逻辑关系。

首先，处于发展期的主升段是有级别的，必须在某一个时间框架下才能定义主升段；其次，主升段是由 N 形结构来定义的，它是一个强趋势形态的 N 形结构；再次，N 形结构也是有级别的，小级别的 N 形结构组成大级别的 N 形结构，性质却可能不一样；最后，研究级别的目的在于识别大级别的主升段，并根据各级别间不同的节奏寻找大小级别的共振点，以承担小级别的风险来获得大级别的收益。

主升浪交易系统总结为以下两句话：

布林中轨定方向，三势合一做主升。

阶段级别明预期，买点必来等共振。

核心是"做主升"。如何做呢?

首先定方向。根据某个级别布林中轨的方向确定是做多还是做空。假设是做多,等待行情走势由布林上轨回踩到中轨附近时,观察对应级别是否出现了突破,如果出现则形成共振,执行买入操作。如果没有出现,则在该级别不会有主升段出现,需要观察其他的级别。

其次,要分析主升段是否得到其他因素的支持和配合,也就是三势合一。基本面上是国家宏观政策、行业发展前景、公司发展阶段的三势合一,技术面上是大盘走势、板块走势、个股走势的三势合一。

再次,因为主升段的级别是确定的,所以走势的未来预期是明确的。行情会走多远?先看行情能否向上轨运行,然后再观察行情是否会沿上轨运行走出加速段。行情会在哪里结束?具体方法是先识别运行级别,如果运行级别出现背离,则走势将切换级别;如果主升级别出现背离转折,则行情结束。

最后,在以上情况都明晰的前提下,不要着急慌张,买点一定会来的。对应级别临界突破时,入场就是了。

这就是主升段交易系统。

人有两种基本的思维方式:正态分布思维和分形分布思维。正态分布思维追求的是众多的小趋势;分形分布思维追求的是少数的大趋势。大级别主升段是分形分布思维;小级别主升段是正态分布思维。

需要指出的是,优先做大级别的主升段,大级别处于明显的振荡时,再选择做小级别的主升段。大级别的主升段应该承受回撤,因为获利大,机会少;小级别的主升段不用扛回撤,因为获利小,机会多。(本节讲解视频,见"主升浪体系全阶段学习视频"的第21、25讲。)

九、辅助交易系统

只有捕捉到大级别主升段行情才能大幅度获利,所以主升段交易系统是主要的交易系统。但大级别的主升段行情并不经常有,在这种情况下,我们也有辅助交易系统来把握一些小的机会。

1.回撤交易模式

以上涨为例,在某级别主升段背离时,一般会回撤到更大级别的中轨。如果背离的级别比较大，那么在较小的级别就会形成下跌N形结构，出现小级别的主跌段，于是这样的回撤就会在小级别出现操作机会，这样的交易模式就叫回撤交易模式。

2. 振荡交易模式

有时候市场会处于没有明显趋势的横盘振荡状态或回落幅度很大的弱趋势中，这时自然不会出现大级别的主升段交易机会，这种时候我们也有办法进行交易，我们可以在市场上涨出现背离时，寻找小级别的下跌N形结构做空；市场下跌出现背离时，寻找小级别上涨N形结构做多。这样的交易模式就叫振荡交易模式。

3. 万能交易模式

在符合预期的方向上，有时市场会突然出现大幅度强烈的单边运动，这时若执行主升段交易系统，会因为止损太大、盈亏比不够等情况而无法入场交易。这时就可以在最小级别等待走势出现一个停顿或回撤，以该停顿或回撤作为止损，当停顿或回撤结束后再度运动时入场交易，这样的交易模式因为随时都可以入场，所以就叫万能交易模式。

上述三类辅助交易系统与三段结构论是和谐统一的，它运用的还是三段结构论的基本原理，它的交易机制与主升段是一模一样的，知道了主升段系统的交易，就知道辅助系统的交易。

主升段系统与辅助系统的区别只存在于级别与预期方面。

万能模式的级别是最小的，它的特点是以极小的止损去博取极大的收益，这种交易只有在强烈的单边运动时可以进行。回撤模式做的是上涨中的回落，或下跌中的反抽，大级别逆势，小级别顺势，预期目标与级别都是已知的。振荡模式做的是没方向中的小方向，运行空间是明摆着的。所以回撤模式与振荡模式都要小止损、主动止盈，而万能模式则是小止损、背离止盈。

郑重提醒一句：辅助系统只是起辅助作用，用来保持对市场的感知，机会极好时可以使用。但是因为它们的止损都极小，很容易触及止损，所以不能经常使用。

第二章　市场的规律

市场的运行到底有没有规律？当然是有的。

为什么市场的运行会有规律？

从哲学的角度看，辩证唯物主义认为：世界是物质的，物质是运动的，运动是有规律的，规律是可以认识的。

从物理学的角度看，这个世界大到遥远的天体，小到不可见的原子，其运动都是受客观规律支配的。

世界上不管是生命体还是非生命体，不管是无机物还是有机物，都是物质的，它们的运动都受一定的客观规律支配。薛定谔在《生命是什么》一书中说：有序产生有序。人是物质的，人的思想情感和心理活动也是受一定规律支配的。

从人类发展的历史进程来看，人类对规律的认识全部来源于两个基本事实：一个事实是地球在绕太阳旋转；另一个事实是地球在自转。这两颗星球的重复运动造成了某些事件每隔一段时间就会出现，在漫长的历史中，有一些人把这些事件记录下来，有一些人观察到了某些事件会在同样的情况下重复发生，这就是规律。

市场的涨跌运动也具有相似的情形。有些人不相信市场有规律，他们也不会下功夫去寻找，自然他们永远也不会发现市场的规律。另一些人相信市场有规律，经过长期的努力后，他们确实发现了一些市场规律。

我大学学的是物理学，物理学的思维训练让我坚信世界上一切事物都是有规律可循的，市场也一样。只要付出足够的努力，就有可能发现市场运动的规律。

必须澄清的是，不同于自然科学领域的规律是简单与线性的，社会科学领域的规律是复杂与非线性的，这是因为社会科学的研究大多与人相关，而人是活的，总有新的因素在产生和变化，从而影响规律也会产生一些变化。

在这里，我把经过二十年探索所发现的规律描述出来，具体的应用场景将在后文借机会渐次展开。

我只是一个观察者和记录者，我暂时不回答为什么会有这样的规律，正如牛顿不回答星球为什么会旋转一样。

1. 主升段是普遍的存在

主升段存在的原因是事物在量变的积累充分后，一定会发生质变。这样的变化相当于能量的转化，比如势能转化为动能或热能转化为机械能。

2. 主升段的起点位于三维共振带

三维共振带是时空共振点，这里的能量聚焦充分，容易引发变化。有一些看上去是 V 形反转走出来的单边行情，在大级别上观察没有明显的回踩，但在更小的维度观察，起点还是在三维共振带，途中还是会回踩中轨。

3. 主升段启动的标志是对应级别走出临界突破

某级别在回踩中轨后要走出主升段，那么在小级别就应走出凌厉的突破走势。如果小级别的走势没有力量，那它就容易产生背离，市场就会去寻找更大的级别。

4. 主升段结束的迹象是运行级别出现背离转折

运行级别是代表主升段走势运行节奏的级别，当它背离转折后，市场将切换到更大级别。级别扩大意味着减速，所以运行级别的背离就应该引起警惕，当市场跌穿启动级别时，主升段就结束了。

5. 三维共振带是普遍的存在

三维共振带是随处可见的，因为密集区、黄金分割位和布林中轨是普遍存在的。

6. 最小阻力路径就是单边势

在著名的《股票大作手回忆录》中有一句话叫"最小阻力路径"，但书中没能说明什么叫"最小阻力路径"。我在这里明确地指出所谓"最小阻力路径"就是各级别都走单边势的市场行情。

当某级别处于单边势时，比它小的级别都处于最小阻力路径上。有且只有在这种情况下，小级别才具有交易价值。单边势次低点可入场，创新高可入场，持有到运行级别背离转折。

这种行情在理论上是最容易赚钱的行情，因为它运行速度快，节奏明确，回撤时间短，回撤幅度小。

7. 洗盘与出货的区分标准是走势是否击穿三维共振带

洗盘只是利润回吐，它不应破坏趋势，不会击穿三维共振带，所以洗盘的本质就是回踩三维共振带。如果击穿了三维共振带，那么走势性质就变为振荡，不再是趋势，就变成了所谓出货。

8. 回调与反弹的结束标志是反向推动

当市场反弹时，市场的主要运行方向是向下的，在反弹遇到上方压力区时，一般先回落，再次反弹不能创新高形成次高点，或略创新高后形成背离，反弹就变化为区间振荡，如果出现向下的突破走势，就已经满足某级别做空的主升段条件，本次反弹就结束了。

当市场回调时，市场的主要运行方向是向上的，在回调遇到下方支撑区时，一般先上涨，再次回调不能创新低形成次低点，或略创新低后形成背离，回调就变化为区间振荡，如果出现向上的突破走势，就已经满足某级别做多的主升段条件，本次回调就结束了。

9. 某级别的单边势来源于大级别在上中下轨间的强烈运动

小级别要走出单边的上涨，大级别必须处于由中轨向上轨运行的趋势之中，反之亦然。当行情由上轨向中轨快速回落时，小级别也可能走出单边下跌走势，反之亦然。

10. 高开或低开的规律

顺势高开或回调后高开是做多信号，顺势低开或反弹后低开是做空信号。顺势高开是行情加速上涨的标志，回调后高开是调整结束的标志。顺势低开是行情加速下跌的标志，反弹后低开是反弹结束的标志。如果上方或下方不远处有三维共振带则不适用。

11. 大级别三维共振带处的高开是主升段启动的标志

在大级别三维共振带处出现高开或低开，那就是不但出现了大级别主升段（或主跌段），而且主升段正在启动。碰到这样的行情，那就是市场送红包来了。

12. 当天的市场运动方向一般由 15 分钟级别中轨决定

每天的市场运动方向一般由 15 分钟级别中轨决定。如果 15 分钟中轨向上，那么当天适宜看多，如果 15 分钟中轨向下，那么当天适宜看空，除非市场反向运动击穿三维共振带。

每周的市场运动方向一般由 60 分钟级别中轨决定。如果 60 分钟中轨向上，那么本周适宜看多，如果 60 分钟中轨向下，那么本周适宜看空。

每月的市场运动方向一般由日线级别中轨决定。如果日线中轨向上，那么本月适宜看多，如果日线中轨向下，那么本月适宜看空。

13. 背离必然导致级别扩大

小级别的背离，可能会形成新的运行级别，大级别的背离，会导致趋势的结束。

14. 趋势要结束，必先减速

减速没发生之前，趋势不会结束，这就是趋势中必须持仓的理由。减速由三种情况引发：小级别 V 形反转、小级别背离或小级别形成次高点。

15. 突破的规律

突破必然在临界点发生。突破必然导致某级别的主升段启动，所以突破必然位于某个三维共振带附近。一段振荡走势突破之前，一般会进行某种程度的收敛，以便形成临界点效应。趋势末期的突破容易形成所谓"假突破"，其实是因为创新高后形成了背离转折。

16. 渐变与突变的规律

趋势中市场一般会采取渐变方式，所以趋势中的出场可以分步进行。而突变经常存在于振荡势中，所以反弹结束时要及时离场，回调结束时要及时入场。

17. 蓄势与振荡的规律

蓄势是为了等待某级别主升段启动的条件具备，所以找到运行级别就会突破。振荡是某级别主升段持续的条件已经消失，所以跌穿运行级别就会转折。

18. 高胜率的规律

在单边势中进行交易，胜算最高。胜算高的原因是入场之后，行情可能就大幅度运动，这是单边势的特征。

19. 亏损的规律

逆势或振荡势交易是亏损的根源。逆势或振荡势交易，根源在于无知或贪婪。

20. 不能盈利的规律

主升段不敢参与或不能持盈是不赚钱的根源。主升段不敢参与或不能持盈，根源在于无知或恐惧。

21. 长阳线位于对应级别做好准备时

日线要出长阳，必须 15 分钟做好上涨的准备；周线要出长阳，必须 60 分钟做好上涨的准备；月线要出长阳，必须日线做好上涨的准备。

22. 主升段的级别越大，行情也越大

酝酿大级别主升段的时间更长，所需要素更多。大级别的主升段是由多个小级别的主升段连接而成的，当然持续时间更长，涨升空间更广。

23. 跳空缺口的规律

跳空缺口可分为三类：突破缺口、顺势缺口、逆势缺口。

突破缺口是指在某级别主升段启动的位置产生的跳空缺口。突破缺口可以直接追涨，形态变为振荡 N 形时止损。

顺势缺口是指与主升段方向相同的缺口。顺势缺口要观察运行级别，盈亏比合适才入场交易。

逆势缺口是指与主升段方向相反的缺口。逆势缺口遇到压力区一般会回落，不能追涨，也不要急于放空。

当你做好了跟厄运死磕到底的准备时，厄运也就快结束了。当你下决心要寻找规律时，规律就会出现。

必须申明：以上规律源于统计学意义上的归纳法，它的样本数量是足够的，至少对中国过去三十年的资本市场是适用的，在后文的操盘训练和交易实录中会有充分的行情走势证明这一点。

实际应用中，要注意隐含的前提或适用范围，对市场的认识不到位的，先体会，请慎用。

所有的具体方法，都应区分不同的情况，区别对待，做不到这一点，是认知不到位的表现。（本节讲解视频，见"主升浪体系全阶段学习视频"的第 31–33 讲。）

第三章　读图的能力

世界上最有价值的图是价格走势图。

只要能读懂价格走势图中一点点确定性稍高的东西，就足以在市场中生存了。

三段结构论就是这样的读图工具，主升段就是那一点点稍稍可以确定的东西。

在三段结构论的语境下，读图的首要目的在于寻找主升段。

主升段的定义已经给出了它存在的位置。

主升段的启动源于临界突破，临界点常常与三维共振带处于同一位置。主升段的结束源于趋势运行节奏的改变。所以，三维共振带、临界点与行情的运行节奏是从三段结构论中高度提炼出来的读图要素。

如果说主升段的启动是对临界点进行突破而产生的，那么主升段的结束就来源于对趋势的运行节奏的改变，也就是运行级别的背离转折。

在资本市场，特别是对技术分析派的交易者来说，对临界点和节奏的深度研究和熟练掌握，是提升交易能力的必经之路。甚至可以说，不认识临界点和趋势的运行节奏，对行情走势的认识就不到位。

三段结构论使用的走势分析法叫多周期联动分析法。后文所有图例基本都是多个周期共居一图，只有这样才能对行情性质有整体的把握，这是由级别论决定的。

多周期联动图中的走势图按级别从大到小排列，这是因为大级别的主升段比小级别主升段更具操作价值。另外，从行情走势的性质来看，大级别的方向稳定性较强，小级别的方向更易于变化。所以，一般先分析大级别的走势性质，在大级别的框架下再去分析小级别的走势。（本节讲解视频，见"主升浪体系全阶段学习视频"的第 28 讲。)

一、主升段与三维共振带

主升段上文已经作了定义，此处不再赘述。

三维共振带是一个很重要的区间，很多主升段的起点都与三维共振带重合。

在一般的市场分析中，走势在三维共振带处的反应，是被压制还是能突破，是能支撑还是被跌穿，直接可以验证走势的强弱。

图 3–1 是海兰信周线的主升段与三维共振带图，图表展示的是周线的走势，图中三条横向的虚线是三维共振带。如图所示：

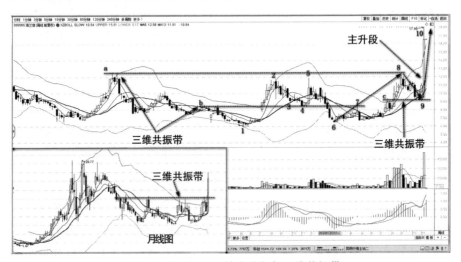

图 3–1　海兰信周线的主升段与三维共振带

（1）点 1 到点 2 走了一段上涨，同时带动中轨上行，点 3 位于点 1 到点 2 间的 50%，若走势在此处向上运动，就形成了周线级别的主升段雏形，可惜走势跌破了中轨；

（2）点 4 位于点 1 到点 2 间的 61.8%，同时是前方密集成交区，这里形成了以线 b 表示的三维共振带，这是在走势从点 2 回落时就可以预知的区域，走势在这里止跌反弹，至点 5 未能创新高，形成振荡走势；

（3）点 7 位于点 5 到点 6 间的 38.2%，它与前方低点点 4 平行，这里形成了以线 b 表示的三维共振带，这是在走势从点 6 开始反弹时就可以预知的区域，走势反弹至此处受到压制，反弹结束；

（4）点 6 到点 8 走了一段上涨，同时带动中轨上行，点 9 位于点 6 到点 8 间的 50%，这里与下方高点重合，形成了以线 c 表示的三维共振带，这是在走势从点 8 开始回落时就可以预知的区域，走势在点 9 处止跌，开启了一段短时间内翻番的周线主升段的旅程。

综合分析：

　　走势横盘振荡了近三年时间，为什么直到点 9 才开启了周线主升段？左下角的月线图给出了答案。月线图中形成了以线 a 表示的三维共振带，持续对走势形成压制，导致走势在点 2、点 5、点 8 处的回落，直到点 6 到点 8 的上涨，不但让周线中轨上行，同时致使月线中轨上行，月周共振，最后终于形成由点 6、点 8、点 9、点 10 四点相连形成的折线表示的上涨 N 形结构，这个 N 形结构的最后一段，也就是点 9 到点 10 这一段，就是主升段。

　　主升段与三维共振带是普遍的存在，在每一个级别都能发现它们的身影，同样是海兰信，下面我们来看一下它在日线级别的主升段与三维共振带。

　　图 3-2 是海兰信日线的主升段与三维共振带图，图中两条横向的虚线是三维共振带，如图所示：

（1）点 3 位于点 1 到点 2 之间的 50%，与日线中轨和前方高点处于同一位置，形成了三维共振带，走势从这里开始，走了一段日线级别的主升段；

（2）点 7 位于点 5 到点 6 之间的 50%，与日线中轨和前方低点处于同一位置，形成了三维共振带，走势反弹到这里受到压制，又走了一段日线级别的下跌段；

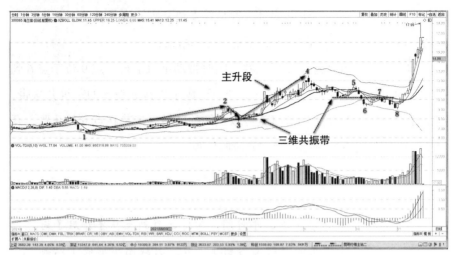

图 3-2　海兰信日线的主升段与三维共振带

综合分析：

　　结合图 3-1 来看，点 2 处的回落是受到前方密集区的压力，回踩日线中轨后走出日线主升段。点 4 处的回落是受到前方高点的压力，回踩周线中轨后走出周线主升段。由图表也可以看出，点 8 开始的主升段是在长阳突破点 7 形成的三维共振带的压力后展开的，点 7 也形成了下一节要谈的临界点。

　　哪怕是在最小的 1 分钟级别也一样存在主升段与三维共振带。再来看一个 1 分钟级别主升段与三维共振带的示例。

　　图 3-3 是沥青 1 分钟的主升段与三维共振带图，图中两条横向虚线是三维共振带，如图所示：

　　（1）图中点 3 位于点 1 点 2 间的 38.2%，此处与中轨和前方高点组成了三维共振带，行情由此走出了点 3、点 4 这一段 1 分钟级别的主升段；

　　（2）图中点 7 位于点 5、点 6 间的 38.2%，此处看似跌破了中轨，其实从左下方 3 分钟图可以看到，点 7 是回踩 3 分钟中轨的级别，它与前方高点组成了三维共振带，行情由此走出了点 7、点 8 这一段 3 分钟级别的主升段。

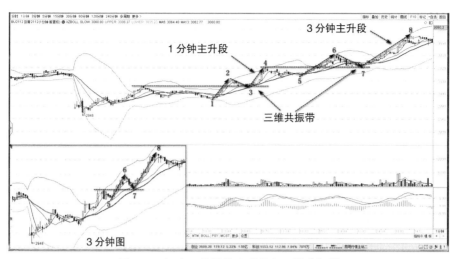

图3-3 沥青1分钟的主升段与三维共振带

综合分析：

　　小级别的主升段，一般只是作为认识结构来用。实际操作下来，由于它的运行节奏过快，容易触及止损，有限的盈利空间很容易回撤殆尽，是不太符合大多数交易者的操作习惯的。除非它本身是大级别主升段的一部分，交易者用来作为上车机会或加仓机会，也就是符合万能模式的交易条件，才建议偶尔用一下。本例中1分钟走势是30分钟级别主升段的一部分。

　　学习三段结构论，就是要形成一种稳定的操作模式：交易者可以在不同级别寻找符合主升段的机会去交易，但不去交易别的机会。这样集中精力练习一段时间之后，交易的胜率和赔率就能稳定下来，心态也就能稳定下来，最后，业绩自然也就稳定下来，自然也就能感受到境界提升后的愉悦。

　　这里必须要明确地指出：我们不是在预测，不是预测行情在哪里会受到支撑、在哪里会有主升段。而是去观察，观察在要素齐备的地方，市场是不是有走出主升段的标志。我们的优势是：我们手里有一把标尺，一把主升段的标尺，上面有N形结构的刻度，有三维共振带的刻度，有临界点的刻度，有运行节奏的刻度，有背离转折的刻度等，我们用这把标尺去量度一切走势，符合标尺度量的，就入场，不符合的，就让它飘过，如此而已。事实上，不符合标尺度量的远远多过符合标尺度量的。

二、临界点

临界是物理学中的一个概念，它是物质性质发生变化的一个区间，背后展现的是量变、质变的规律。

在金融交易市场中，临界点是导致行情走势发生变化的一个转折位置或区间。

市场走势的临界点是在行情发展过程中反复试探形成的一个区间。这样的一个区间的形态传统技术分析已经做出了总结，比如三角形、矩形、旗形等等。只是传统的技术分析没有把这些图形放到具体的走势中去界定它的作用，在不同的走势中同样图形的形成机理和所起的作用完全不一样。

三段结构论不但不排斥传统技术分析，而且有机吸收了它们的精华。临界点处并不必然产生成功的突破，临界点也可以对后续走势形成压制。对普通的临界点的突破会导致走势性质在某个级别发生某种程度的变化，这些变化也会形成某些交易机会，但是我们不关心这些机会，我们只关心在某个级别可能出现主升段的地方形成的临界点。

请牢牢记住这一点：三段结构论只做主升段。

三段结构论的核心逻辑是：只在有可能走主升段的位置去分析走势，去观察临界点，去尝试参与市场。

三段结构论当然有能力分析市场的所有走势，但是，这些分析是为做主升段服务的。下面一句话怎么强调都不过分：不知道应该做什么与什么都想做，正是多数交易者亏损的主要原因。

下文我们将通过一些示例来认识临界点。

1. 月周级别的临界点

月周级别的临界点因为其对应的目标级别是年线或季线，形成的周期很长，构建的形态很大，突破之后，大都会形成大牛市或大熊市，所以要特别关注。

图3-4是汇川技术季线主升段的临界点图，图中三个圆点标示处是同

一位置，时间是 2020 年 4 月 30 日，如图所示：

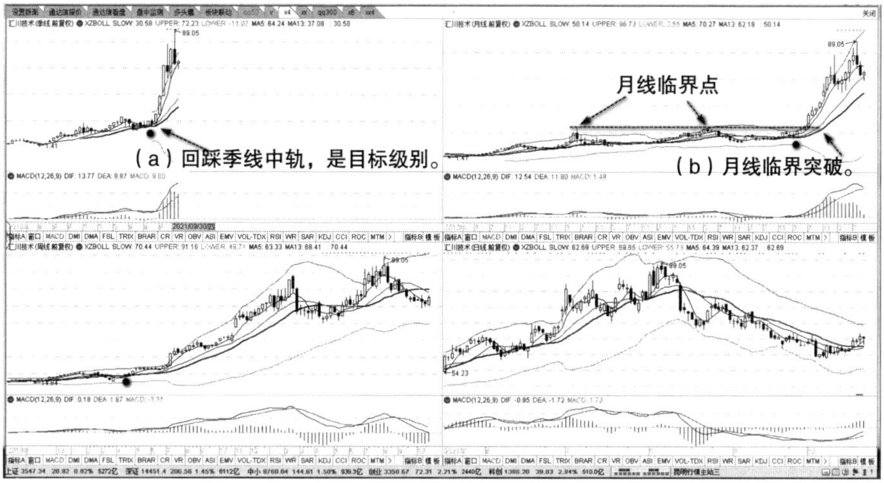

图 3-4　汇川技术季线主升段的临界点

（1）图（a）中走势回踩季线中轨，是操作的目标级别；

（2）图（b）中走势突破了月线临界点，展开了季线级别的主升段。

综合分析：

（1）走势在月线形成了几个由历史高点组成的临界区间。季线回踩中轨，也可以破位下跌，结束上涨，走入熊市。但在季线的对应级别周线的走势在振荡后站上周线中轨并向上运行后，就应做好走季线主升段的预期，并买入开仓，在月线临界突破时可以加仓，参与季线主升段；

（2）汇川技术的上涨在技术走势上做好了准备，在基本面上公司业绩也同样增长，其所处的自动化产品行业，在人工智能的背景下得到了市场的追捧，才在创历史新高后又走出了大幅度的主升段行情。这是多种因素共同作用的结果。

图 3-5 是中兵红箭月线主升段的临界点图，图中四个圆点标示处是同一位置，时间是 2021 年 7 月 15 日，如图所示：

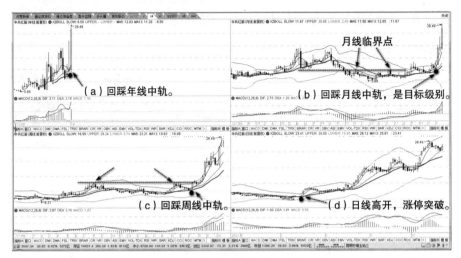

图 3-5　中兵红箭月线主升段的临界点

（1）图（a）中走势在创历史新高后大幅度回落至年线中轨附近；

（2）图（b）中在月线级别上，走势先是多次运行至前方密集区遇阻回落，形成月线级别的临界区间，后来上涨突破月线临界区后回踩月线中轨，形成了月线主升段的雏形，是操作的目标级别；

（3）图（c）中周线级别冲击前方高点失败，回踩周线中轨，同时形成周线级别临界点；

（4）图（d）中日线级别涨停突破，不但与周线回踩中轨形成共振，也呼应了月线回踩中轨，是极佳的买点。

综合分析：

（1）走势回踩年线中轨后，在月线级别第一次反弹遇到上方密集区压力回落创新低；然后第二次反弹，仍然遇阻回落，但未创新低，形成了月线级别临界区间；第三次反弹突破了临界区间，并带动月线中轨转向向上，之后缓慢回落，靠向中轨后稳住，形成了月线主升段雏形。回踩月线中轨稳定之后的首次上涨，受前高压制回落，形成了周线级别的临界点。后来日线涨停冲击周线临界，回落至日线中轨，然后沿中轨上行，展开了一段主升行情。这一走势可以看作是年、月、周三个级别主升段的共振，在目标级别月线的对应级别日线突破时就必须进场；

（2）中兵红箭是军工企业，在2020年中有一波军工的整体行情，它的表现差强人意，在技术上只完成了月线级别主升段的准备，在一年之后才展开了主升。军工行业受国际局势的影响，业绩普遍改善，近两年是热门行业，中兵红箭在得到技术走势的助力后，走出了波澜壮阔的行情。

图3-6是大金重工月线主升段的临界点图，图中四个圆点标示处是同一位置，时间是2021年7月22日，如图所示：

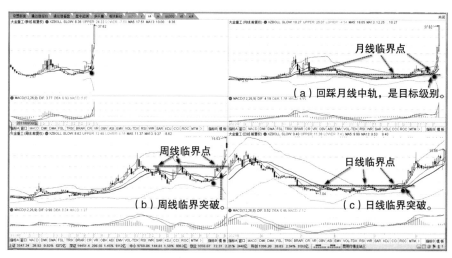

图3-6 大金重工月线主升段的临界点

（1）图（a）中月线级别走势下跌后反弹，受制于上方密集区压力回落，形成临界点后上涨突破临界，带动月线中轨转向向上，再回落回踩月线中轨，形成月线主升段雏形。这个位置也是前面临界点区间，也就是前面的压力现在转变为了支撑；

（2）图（b）中在周线级别三次反弹遇阻回落，形成了临界区间；

（3）图（c）中在日线级别也是三次反弹遇阻回落，形成临界区间，后来突破上涨，展开了一段主升行情。

综合分析：

（1）本例中在月线看到了压力转变为支撑、同时也是主升段起点的情况。月线的对应级别日线的临界突破位置低于周线的临界突破，这种分级突破形成了更多的介入机会，当然前提是小级别的突破买入始终处于获利状态；

（2）大金重工的主业是风电设备。在碳中和的背景下，新能源领导了一波市场走势，大金重工的主升段也受益于此。

2.日时级别的临界点

日时级别的临界点其对应的目标级别是月线或周线级别，月线主升段和周线主升段是标准的主升段级别，如果成功走出主升段，一般获利都比较丰厚，一年之中的机会有限，是主升段操盘首要把握的目标。下面我们来看几个商品期货的示例。

图3-7是橡胶月线主升段的临界点图，图中四个圆点标示处是同一位置，时间是2021年9月30日，如图所示：

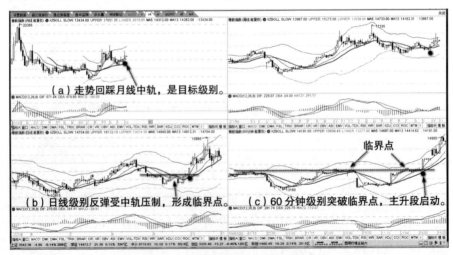

图3-7　橡胶月线主升段的临界点

（1）图（a）中月线级别走出了一波涨势，带动中轨转向后再回踩中轨，形成了主升段雏形；

（2）图（b）中日线反弹受中轨压制，形成临界点，后来进行了突破；

（3）图（c）中在60分钟级别可以更清晰地看到，60分钟形成了强趋势，回踩中轨后进行临界突破，主升段启动。

（4）图（d）无标注。

综合分析：

在月线靠向中轨的过程中，周线级别形成次低点，说明回落企稳，同时日线受中轨压制后也形成次低点，此时就说明月线级别的回踩随时可能到位，当60分钟上轨打开，回踩中轨后向上突破临界点时，月线的对应级别日线也同步突破，此时就必须进场了。

图3-8是郑棉周线主升段的临界点图，图中四个圆点标示处是同一位置，时间是2021年9月27日，如图所示：

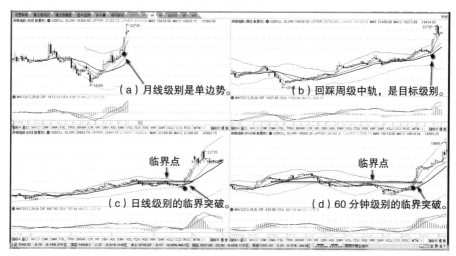

图 3-8　郑棉周线主升段的临界点

（1）图（a）中月线级别走势沿上轨运行，走出单边势；

（2）图（b）中走势回踩周线中轨，是操作的目标级别；

（3）图（c）中走势回踩到周线中轨后在日线级别进行了强力的临界突破；

（4）图（d）中在日线临界突破之前更低的位置，60分钟级别率先进行了临界突破，周线主升段启动。

综合分析：

因为在月线级别是单边势，所以所有级别的临界突破都果断有力，没有回踩。本例从时间上来讲是周线的对应级别60分钟先突破，行情继续上涨，次级别日线也随之突破，提供了两次进场的机会，不过两次都是要追涨买入，止损稍大。

图3-9是纸浆周线主跌段的临界点图，图中四个圆点标示处是同一位置，时间是2021年9月24日，如图所示：

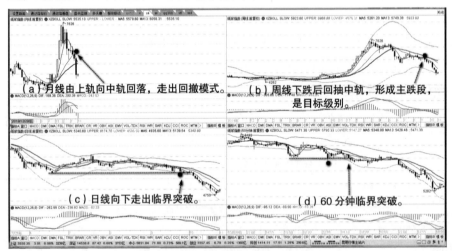

图3-9　纸浆周线主跌段的临界点

（1）图（a）中月线级别走势由上轨向中轨回落，这种走势会在小级别形成主跌段行情，属于前文提及的回撤模式；

（2）图（b）中周线级别走势跌破中轨，带动中轨向下转向，在走势横盘靠向中轨时，形成主跌段雏形；

（3）图（c）中日线级别向下进行了临界突破；

（4）图（d）中在日线向下突破后，60分钟级别也进行了临界突破，周线主跌段启动。

综合分析：

本例在月线级别是回撤模式，但在周线级别却是标准的主跌段，只是逆大级别方向的操作是要主动止盈的，这在前文已经强调过了。本例中先是周线的次级别日线突破，然后才在对应级别60分钟突破，标准入场信号还是60分钟的临界突破。

3. 分钟级别的临界点

分钟级别的临界点其对应的目标级别是日线或更小级别，它是在没有月周级别主升段机会时的替代方案，机会比较常见，一般预期获利不能太高。它是保证在普通行情下获取绝对收益的有效手段。

图 3-10 是玻璃日线主跌段的临界点图，图中四个圆点标示处是同一位置，时间是 2021 年 10 月 21 日，如图所示：

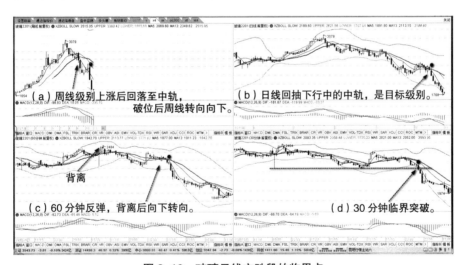

图 3-10 玻璃日线主跌段的临界点

（1）图（a）中周线跌破中轨，已经由上涨转变为下跌；

（2）图（b）中日线加速下行后回抽中轨，形成主跌段，是操作的目标级别；

（3）图（c）中在日线回抽过程中，60分钟的反弹已经两段背离，意味着反弹结束；

（4）图（d）中30分钟向下进行了临界突破，日线主跌段启动。

综合分析：

周线向下转向后，优先选择是在更小级别做空，一般不要做多，因为这才是顺大级别方向的操作。例如本例60分钟图表中，如果勉强在回踩60分钟中轨时做多，是很难获得盈利的。60分钟反弹背离后，已经进入做空的操作区间，只要日线的对应级别30分钟或15分钟出现临界突破，就可以入场。本例是30分钟的临界突破。

图3-11是豆粕日线主跌段的临界点图，图中四个圆点标示处是同一位置，时间是2021年11月1日，如图所示：

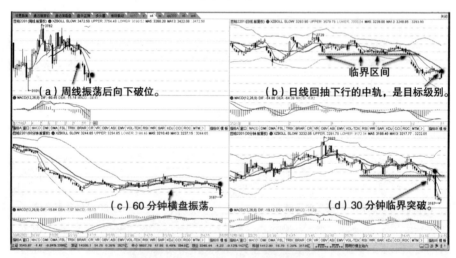

图 3-11　豆粕日线主跌段的临界点

（1）图（a）中周线振荡后向下破位，周线转变为下跌走势；

（2）图（b）中日线回抽中轨，形成主跌段雏形，是操作的目标级别；

（3）图（c）中日线回抽中轨的过程中，60分钟是横盘振荡走势；

（4）图（d）中30分钟级别向下进行了临界突破，日线主跌段启动。

综合分析：

在周线围绕中轨振荡的过程中，可以看到在日线形成了临界区间，后来走势向下跳空，突破了日线临界区间，行情向下运行。在数周的等待后，终于获得了一个日线主跌段的交易机会。

图 3-12 是螺纹日线主跌段的临界点图，图中四个圆点标示处是同一位置，时间是 2021 年 10 月 20 日，如图所示：

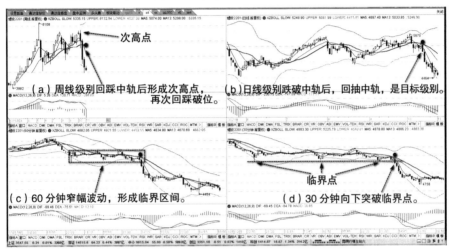

图 3-12　螺纹日线主跌段的临界点

（1）图（a）中周线级别走势两次回踩中轨都无法创新高，形成了次高点；

（2）图（b）中日线跌破中轨后，横盘数日，受下行的中轨压制，向下突破；

（3）图（c）中 60 分钟窄幅波，形成了一个带上下沿的临界区间；

（4）图（d）中 30 分钟级别向下突破临界点，启动了日线主跌段。

综合分析：

在周线最后一次回踩中轨时，日线在中轨下横盘，此时 60 分钟区间振荡，如果 60 分钟向上突破临界，就会再次形成周线回踩中轨的情况，就不会在这个位置出现日线的主跌段。这就是行情的变化。交易者只能以自己的系统为依据，根据市场的实际走势来交易，不要理解为系统有预测功能。

三、行情的节奏

节奏就是频率，频率是指单位时间内物体运动的次数。频率是由物体本身固有的特性决定的，投资者不但要了解市场的节奏，还要认识适合自身性格特点的投资节奏。请参阅后文"时间的迷思"。

在交易图表中节奏主要用来考量行情的运行状况。节奏可分为振荡的节奏和趋势的节奏。不管振荡还是趋势，在节奏运行过程中都不进行操作，只有当节奏改变时，才进入操作区间。研究振荡走势运行的节奏，目的是帮助交易者发现临界点，回避无效交易。研究趋势走势运行的节奏，目的是帮助交易者及时发现趋势的改变，适时调控仓位。趋势的节奏可以分为匀速、加速和减速，如果行情在同一级别运行就是匀速，运行的级别变小就是加速，级别变大就是减速。

1. 月周级别的运行节奏

图 3–13 是汇川技术季线主升段的节奏图，图中三个圆点标示处是同

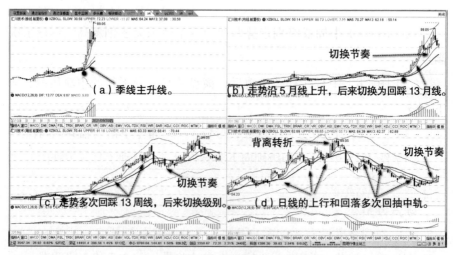

图 3–13　汇川技术季线主升段的节奏

一位置，时间是 2020 年 4 月 30 日，如图所示：

（1）图（a）中走势回踩季线中轨，走出了季线级别的主升段；

（2）图（b）中上述季线主升段在次级别月线上先是沿 5 月线上行，后来切换节奏，回踩 13 月线；

（3）图（c）中可以清晰地看到，上述季线级别的主升段三次回踩周线中轨，所以回踩周线中轨就是本轮季线主升段的运行节奏，周线就是本轮主升段的运行级别。后来走势跌破周线中轨，受到 13 月线支撑，再度上行；

（4）图（d）中显示的是最后一段回落多次回抽日线中轨，所以其下跌节奏是回抽日线中轨。

综合分析：

　　季线主升段启动后，首次回落回踩了周线中轨，后来又多次回踩，所以周线是季线主升段的运行级别。当周线的运行级别出现背离转折后，走势回撤，扩大级别，但没有回撤到 20 月线，只到 13 月线就再度上行。再度上行的这一段在日线上多次回踩中轨，所以它的运行级别是日线，节奏是回踩日线中轨。日线背离转折后，走势回落，回落的这一段也多次回抽日线中轨，所以其运行级别也是日线，节奏是回抽日线中轨。

图 3-14 是中兵红箭月线主升段的节奏图，图中四个圆点标示处是同一位置，时间是 2021 年 7 月 15 日，如图所示：

（1）图（a）中走势回踩月线中轨，走出月线主升段，是操作的目标级别；

（2）图（b）中走势先是沿 5 周线上行，后来切换节奏，回踩 13 周线后再度上行；

（3）图（c）中走势多次回踩日线中轨，所以本轮月线主升段的运行级别是日线，节奏是回踩日线中轨。后来走势跌破日线中轨，受到 13 周线支撑，继续上行。

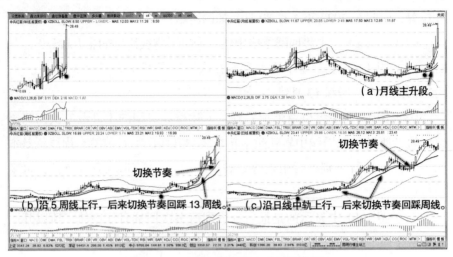

图 3-14　中兵红箭月线主升段的节奏

综合分析：

（1）月线主升段启动后，走势多次回踩日线中轨，所以月线主升段的运行级别是日线。日线背离转折后，受到 13 周线支撑，节奏切换为沿 13 周线上行。

图 3-15 是大金重工月线主升段的节奏图，图中四个圆点标示处是同

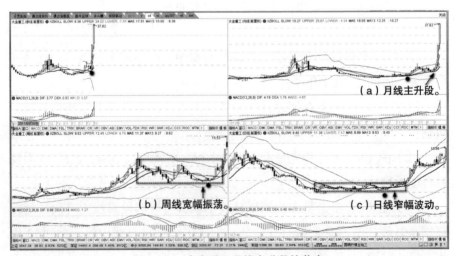

图 3-15　大金重工月线主升段的节奏

一位置，时间是 2021 年 7 月 22 日，如图所示：

（1）图（a）中走势回踩月线中轨，走出了月线主升段，是操作的目标级别；

（2）图（b）中在月线回踩中轨的过程中，周线级别走出了围绕周线布林中轨振荡的走势；

（3）图（c）中在周线振荡的第二段，日线形成了沿日线布林中轨振荡的走势。

综合分析：

月线回踩中轨，出现月线主升段的雏形，但在周线形成宽幅振荡，没有出现明显的次级折返结束的特征。再观察月线的对应级别日线，日线形成了围绕布林中轨上下波动的区间。周线和日线这样的区间就是月线在回踩的过程中形成的节奏，只有当这样的节奏改变时，才有可能进入月线主升段的启动。振荡的节奏同时也形成临界点，本例中，只有当日线站上中轨，向上突破波动区间时，才意味着主升段启动。

2. 日时级别的运行节奏

图 3-16 是橡胶月线主升段的节奏图，图中四个圆点标示处是同一位

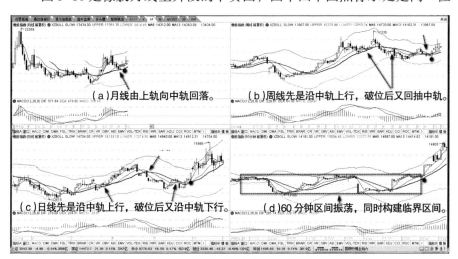

图 3-16　橡胶月线主升段的节奏图

置，时间是 2021 年 9 月 30 日，如图所示：

（1）图（a）中走势由月线上轨向中轨回落；

（2）图（b）中周线在回落途中回抽中轨，后来向上突破中轨后又回踩，节奏转换；

（3）图（c）中日线先是在上行时回踩中轨，跌破中轨后，又在下行时回抽中轨；

（4）图（d）中 60 分钟的节奏是区间振荡，并形成临界区间。

综合分析：

本案例月线主升段启动前，由月线上轨向中轨回落。在月线向上轨运行时，周线沿中轨上行，在月线向中轨回落时，周线跌破中轨沿中轨下行，后来向上突破中轨，回落又站稳中轨，形成次低点，意味着月线级别的回落可能到位。再看日线级别，在周线向上突破中轨然后回落站稳中轨的过程中，日线同样先沿中轨上行，跌破中轨后又沿中轨下行，向上突破中轨后再度回落，于中轨附近企稳，形成次低点，意味着周线回踩中轨到位。再看60 分钟，在日线形成次低点的过程中，60 分钟形成区间振荡，并构建临界点，后来突破向上临界区间。在这一示例中，通过对各级别节奏变化的洞察，周、日、时三级联动，准确地找到了月线回踩到位的临界区间。不论后续月线主升段是否能走出来，此处都是一个值得尝试的位置。

图 3-17 是郑棉周线主升段的节奏图，图中四个圆点标示处是同一位置，时间是 2021 年 9 月 27 日，如图所示：

（1）图（a）中月线由下轨向上轨突破，并沿上轨向上运行；

（2）图（b）中周线回踩中轨；

（3）图（c）中日线回踩中轨；

（4）图（d）中 60 分钟回踩中轨，跌破中轨后反弹结束。

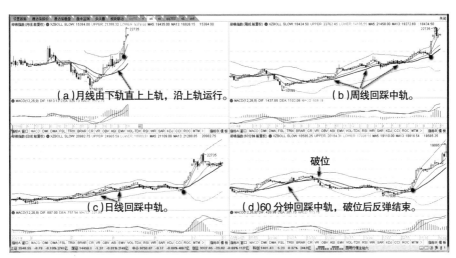

图 3-17　郑棉周线主升段的节奏

综合分析:

　　月线由下轨向上轨运行的过程中,周线级别是沿中轨向上运行的节奏。在周线后一段回踩中轨向上运行的过程中,日线级别是沿中轨上行的节奏。在日线跌破中轨反弹的过程中,60分钟是沿中轨上行的节奏。

　　图 3-18 是纸浆周线主跌段的节奏图,图中四个圆点标示处是同一位

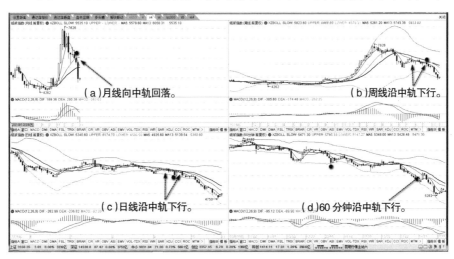

图 3-18　纸浆周线主跌段的节奏

置，时间是 2021 年 9 月 24 日，如图所示：

（1）图（a）中月线走势跌破中轨后向下运行；

（2）图（b）中周线走势沿中轨下行；

（3）图（c）中日线走势沿中轨下行；

（4）图（d）中 60 分钟走势沿中轨下行。

综合分析：

在月线由上方向中轨回落并跌破中轨的过程中，先是周线跌破中轨，回抽中轨后形成周线主跌段。在周线沿中轨向下运行的过程中，日线向下突破临界区间后也沿中轨向下运行。在日线下行的过程中，60 分钟也沿中轨下行。回抽级别逐渐变小，显示下跌加速。

3. 分钟级别的运行节奏

图 3-19 是玻璃日线主跌段的节奏图，图中四个圆点标示处是同一位置，时间是 2021 年 10 月 21 日，如图所示：

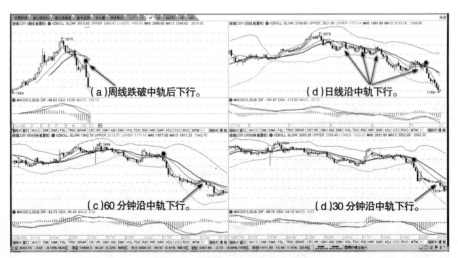

图 3-19　玻璃日线主跌段的节奏

（1）图（a）中周线跌破中轨后下行；

（2）图（b）中日线沿中轨下行；

（3）图（c）中60分钟沿中轨下行；

（4）图（d）中30分钟沿中轨下行。

综合分析：

　　周线破位后下跌的节奏是沿日线中轨下跌。日线主跌段的节奏是沿60分钟中轨下跌。60分钟下跌的第一段的节奏是沿30分钟中轨下行。回抽级别变小显示下跌在加速。

　　图3-20是豆粕日线主跌段的节奏图，图中四个圆点标示处是同一位置，时间是2021年11月1日，如图所示：

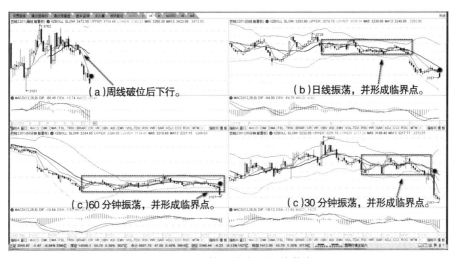

图3-20　豆粕日线主跌段的节奏

（1）图（a）中周线收敛振荡，后来跳空破位后下跌；

（2）图（b）中日线横盘振荡，并形成临界点；

（3）图（c）中60分钟横盘振荡，并形成临界点；

（4）图（d）中30分钟横盘振荡，并形成临界点。

综合分析：

    周线在沿中轨收敛的过程中，日线形成了横盘振荡的节奏，并形成了临界区间。后来走势跳空破位下跌，在日线靠向中轨的过程中，60分钟横盘振荡，并形成了临界区间。在60分钟横盘振荡的后面一段，30分钟也是横盘振荡，形成了临界区间。

    图3-21是螺纹日线主跌段的节奏图，图中四个圆点标示处是同一位置，时间是2021年10月20日，如图所示：

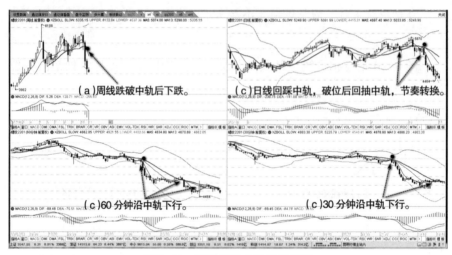

图 3-21　螺纹日线主跌段的节奏

（1）图（a）中周线跌破中轨下行；

（2）图（b）中日线走势在上涨过程中回踩中轨，后来跌破中轨后又回抽中轨，然后再度下跌；

（3）图（c）中60分钟走势沿中轨下行；

（4）图（d）中30分钟走势沿中轨下行。

综合分析：

    周线曾多次回踩中轨，在日线级别可以清晰地看到最后一次回踩时行情节奏的转换，日线走势由沿中轨上行到破位后回抽中轨，数日振荡后走出日线主跌段，周线也同时跌破中轨。日线主跌段的下跌节奏是沿 60 分钟中轨进行，60 分钟下跌的第一段节奏是沿 30 分钟中轨进行。

四、图表的解析

面对一张走势图，能读出图中的多少要素，可以评价一个交易者对图表的认知程度。（本节讲解视频，见"主升浪体系全阶段学习视频"的第 29 讲。）

上文"主升浪原理"中给出的概念和要素，是读图需要掌握的精华，请读者结合示例多加练习，熟练掌握，交易能力自然可以大幅提升。

图 3-22 是上证指数月线图，如图所示：

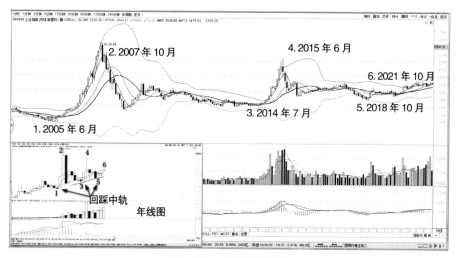

图 3-22　上证指数月线

图中走势形成了一个收敛三角形，分别由点 1 和点 3 启动的快速上涨没有发现符合主升段的要素。但是，如果放大一个视角，从年线级别来看，上证指数沿中轨走了一个标准的上升通道，点 1、点 3、点 5 三次回踩中轨，每一次都生成了两根以上年线级别的阳线，也就是说，每一次的回踩，上证指数都走出了至少两年的上涨行情。

综合分析：

事后来看，每一次的牛市好像都有宏观政策的基本面因素，但在当时，那些政策对市场的影响是扑朔迷离的，并没有事后认定的那样清晰，比如2005年的股改在刚提出来时就被看作是巨大的、利空的，因为它增加了市场的供给。但是，从三段结构论的视角，它却是符合主升段的标尺要素的。2005年6月，我还没建立起三段结构论，自然是懵懵懂懂的。2014年7月，三段结构论的框架虽然已经搭建，但还不够完善，我选了一只股票叫鲁信创投，是月线级别的主升段，日线启动点进场，赚20%被振出来，后来涨幅达5倍。2018年10月，在市场一片低迷时，我看到上证指数又回踩20年线，大好机会来临，我选了一只股票叫沪电股份，回踩周线中轨进场，5块多一直涨到30多块钱，接近6倍。2020年初，上证指数又回踩20年线，我选了一个股票叫长亮科技，最后涨了一倍。

图3-22我们谈了放大一个维度观察市场，那么，在2005年6月、2014年7月和2018年10月回踩年线中轨时，又该如何进场呢？自然地，按照级别论的思维，这里需要缩小级别去观察市场的细部结构了。

1. 2005年6月的上证指数

图3-23是上证指数2005年6月的周线图，如图所示：

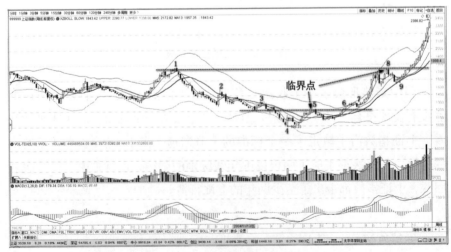

图3-23　上证指数2005年周线

（1）点 1 到点 4 走了一段下跌，途中点 2 和点 3 两次回抽周线中轨，所以这一段下跌的节奏是回抽周线中轨；

（2）点 5 的反弹受到前方密集区的压制回落，同时形成临界点；

（3）直到点 6 走势上穿上轨、带动中轨向上运行，同时穿越点 5 表示的临界点，行情终于向上突破；

（4）点 8 与前方高点组成临界点，点 9 回踩中轨后，又向上突破这一临界点。

综合分析：

我们的目的是寻找回踩年线中轨的买点。年线的对应级别是月线，在 2005 年，月线上还没有出现合适的买点，所以我们先观察月线的次级别周线。在周线图上，点 6 突破临界点时，周线已经形成上涨 N 形结构，点 7 回落时已经可以入场做多。用传统技术分析法，此时周线已经形成了一个类似双底的形态，而且已经突破了颈线，也符合入场做多条件。点 7 对应的时间是 2006 年 3 月，此时月线中轨还未明显上行，所以此时的做多还仅仅是试探性的。直到点 9 向上突破点 8 所表示的临界点时，月线上轨中轨同时上行，已经满足突破的定义，这时才可以确定年线级别的主升段开始了，这时已经是 2006 年 10 月。

还有没有更好的买点呢？月线的对应级别是日线，我们继续推演。

图 3-24 是上证指数 2005 年日线图，如图所示：

（1）点 3 位于点 1 和点 2 之间的 38.2%，回踩中轨，同时受三维共振带支撑，符合主升段条件，到点 4 时，3~4 段明显弱于 1~2 段，形成背离，这是逆势的背离，因为这时周线仍是下跌状态，背离转折后日线又重回跌势；

（2）从点 4 开始的下跌中，点 5、点 7 两次回抽中轨，所以下跌的节奏是回抽日线中轨；

（3）点 8 的反弹受前方密集区压制而回落，同时形成临界点；

（4）点 9 没能创新低，日线形成振荡走势，中轨渐次走平，至点 10 时，

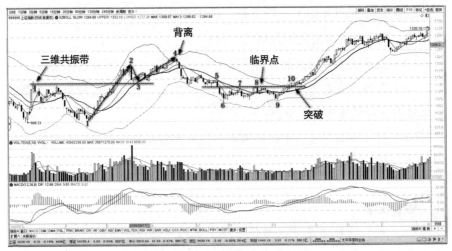

图 3-24　上证指数 2005 年日线

行情上涨，引领日线上轨中轨同时向上运行，展开了日线级别的突破。

综合分析：

（1）点 1 至点 4 的反弹虽然背离回落，但减缓了周线的下跌速度，至点 10 突破时，周线中轨已经走平，在日周级别，走势已经由多头主导了。

（2）如果心中装有年线级别主升段的大局，推演至日线点 10 突破买入，买入之后持续处于盈利状态，加上远大的预期，投资者就具备了长期持仓的底气。良好的心态会继续帮助投资者在周线突破、月线突破时继续加仓，就有可能捕捉到这一段 A 股历史上最大的牛市。

2. 2014 年 7 月的上证指数

图 3-25 是上证指数 2014 年 7 月的周线图，如图所示：

（1）点 3、点 4 形成临界区间，周线走势在穿越这个区间时，同时致使上轨、中轨向上运行，形成突破；

（2）后续走势在穿越点 1、点 2 形成的临界区间时，进行的已经是月

图 3-25 上证指数 2014 年周线

线级别的突破了。

综合分析：

2014 年 7 月，上证指数在回踩年线中轨时，走势在这里已经收敛振荡了一年，月线中轨和周线中轨都已经走平，所以突破起来较为容易。

还有没有更精确的介入位置呢？月线的对应级别是日线，我们继续推演。

图 3-26 是上证指数 2014 年日线图，如图所示：

（1）点 3 处曾经有过一次失败的突破，回落后形成临界点，走势在穿越这个区间时，同时使上轨、中轨向上运行，形成突破；

（2）后续走势在穿越点 1、点 2 形成的临界区间时，进行的已经是周线级别的突破了。

综合分析：

因为极度的收敛，日线级别的突破和周线级别的突破在时间上只相差 3 天，这就给在低位建立足够的仓位造成了困难。

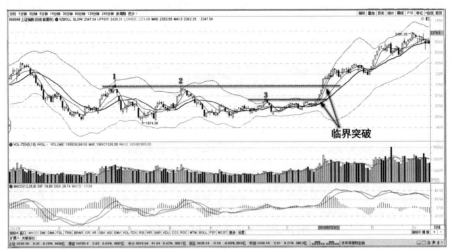

图 3-26　上证指数 2014 年日线

3. 2018 年 10 月的上证指数

图 3-27 是上证指数 2018 年日线图，如图所示：

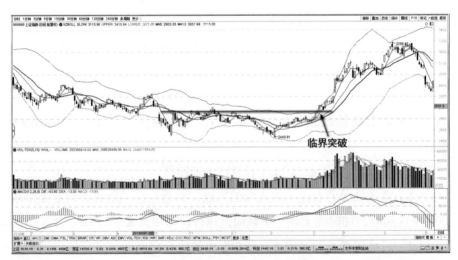

图 3-27　上证指数 2018 年日线

图中走势在穿越前方临界区时，上轨中轨同时向上运行，日线级别的突破启动。

综合分析:

　　本图走势在 2018 年底回踩了年线中轨,但因之前的快速下跌,月线、周线都还向下运行,离穿越上轨产生突破还有很大的空间,只有在日线级别形成一个合适的年线主升段的推演级别买点。

4. 2021 年 11 月的上证指数

前面分析的都是历史行情,本例分析当下的行情。

图 3-28 是上证指数 2021 年月线图,时间是 2021 年 11 月,如图所示:

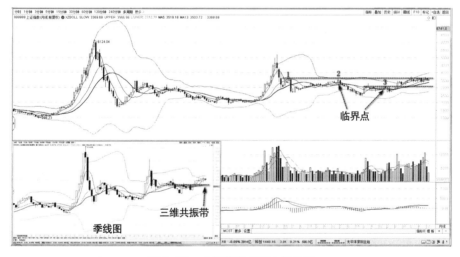

图 3-28　上证指数 2021 年月线

　　(1)图中点 1 是 2015 年熔断后反弹形成的高点,2018 年点 2 未能越过,形成临界区间,2018 年底回踩年线中轨的行情运行到 2021 年 11 月,仍然受这个临界区间的压制;

　　(2)点 3 形成的临界点与左下图季线的三维共振带重合。

综合分析:

　　年线上是 2018 年底回踩中轨后向上运行的行情,季线走势在上轨附近运行，月线处于由上轨向中轨振荡的过程，从目前的态势看，行情定性为多头市场是无疑的。如果走势现在上涨，或继续横盘，直到回踩月线中轨后上涨，都将形成季线级别的突破，那将形成比较好的交易机会。否则就只有日线以下级别的交易机会，因为周线是在收敛振荡。如果走势跌破月线中轨，那么观察走势在下方季线中轨处的运行情况，季线中轨的位置目前是3150点左右。

以上以图例的方式介绍了主升段、临界点与突破、运行级别与节奏等概念，投资者需要掌握这些方法，并在不同的级别之间综合运用，去寻找适合自己的主升段交易机会。

微信扫一扫，观看本节讲解视频

"主升浪体系全阶段学习视频"第29讲

第四章　交易的功力

交易的功力体现在知行合一的程度上。

知行难以合一的重要原因是认知可以是客观的，而行动是受利益驱动的，是主观的。

交易的功力首先体现在对市场的认知程度上，当认知的程度足够深入时，就会发现行动也必须客观，才会持续获得利益，于是就会慢慢改变利益观，调整行为，逐渐与认知相统一，然后纯主观的贪婪、恐惧、妄想、偏执等心理状态也会逐渐得到改善。

一、积累的愿力

《道德经》说："合抱之木，生于毫末。"《大学》说："如切如磋，如琢如磨。"这是在说积累及其过程。

1. 积累是一个必然的过程

从萌芽期到发展期，是一个内部因素和外部因素、必要条件与充分条件逐渐积累的过程，任何事物的发展都离不开这一过程。

在积累足够之前，只有投入，没有产出，所以在开始这一过程之前，做好充分的心理准备是至关重要的，这是让自己坚持到底、避免半途而废的必要前提。

在入市之初，我就立下了一个宏愿：愿花十年时间来研究这个市场。事实上我选择投资这一行的时候，已经暗下决心，这一生不再变更行业了，只是当时认为花上十年时间应该可以搞懂它了，所以定了个十年的时间。你看那些大侠不是在山里练个十年，出山就是一流高手了吗。现在看来，我还是低估了交易的难度，交易之难，难于练九阴真经。

把毕生精力投入到一件事中，对于一个人来讲，这是一个再也不可能更重大的事情了，所以必须要有充分的理由。

2. 积累之前的准备——战略规划

孔子说：三十而立。站在今天的立场来讲，就是三十岁的时候一个人应该选定了人生目标，知道这一生要完成一件什么事，然后心无旁骛，用毕生努力去实现这一目标。

这样的一个选择就是战略规划。

进行这个战略规划，有几点要素是必须考虑的：首先，这是一个什么样的时代？这个时代需要什么？其次，自己是一个什么样的人？自己喜欢什么？擅长什么？再次，自己的人生目标是什么？人生目标是否与前二者相吻合？

我在念大学期间就很清楚地知道，毕业后英语、计算机、法律方面的能力将会有用武之地。所以我就在坐公交的时候听英语，晚上自学法律参加律考，向计算机专业的人学习电脑。果然这三方面的能力在以前供职的公司都用上了，让我成为晋升最快的人。

后来工厂倒闭，很多同事被同行请到发达地区继续从事原来的行业，这时我做了一个判断：这个行业前景有限，我的同事难免还要中途失业。我不想再去无谓地消耗几年时间，必须选择一个可以终生从事的行业，从头学起，花一辈子的时间把它干好。

做投资符合我的要求。首先它符合时代的发展潮流，在中国它的发展刚刚起步，它的空间也很广阔，不会限制一个人的能量的发挥。其次，我喜欢与物打交道，研究一件事物的规律是我擅长的领域。再次，投资做好了，物质方面不匮乏，时间也比较多，我还可以完成通读经史子集的目标。

现在回望，当时所做的分析判断都一一得到了验证，除了一点：我完成积累的时间超出了当时的预期，多花了好几年。不过，这是值得的，失去的时间在积累够了之后都会得到回报的。

所以，战略规划就是找到一件在未来一段时间内必然会发生的事，将个人命运与它绑定在一起，不管中途遇到多大的困难都坚持不懈，埋头努力，直到目标的实现。

3.积累初步完成的标志

积累的过程有两个阶段，走完这两个阶段积累就初步完成了。

第一个阶段是路径选择阶段。路径选择之前要进行两个方面的认知，知己知彼。在投资领域，知彼就是对资本市场的认知，认识资本市场的本质及其运行规律，总结出盈利模式；知己就是对自己的认知，了解自己的性格特点及三观，找到自己与市场合拍的节奏，选定一种投资交易模式。

第二个阶段是体系构建阶段。选定了一种投资交易模式后，接着就需要围绕这一模式构建交易系统。首先要识别这一系统的适用范围，也就是要定义这一系统；其次再定义这一模式的相关要素，这些要素直接影响过程的开始与结束；再次要知道这一模式运行过程中的各种变化。

简单地说，只要选定了模式，自然地就会形成问题清单，把问题解决的过程就是构建体系的过程。

以前，农村建房子都是先在空地搭起一个木结构的架子，在给这个木架安装大梁的那一天会请亲友来聚会，并给大梁披上一块丝绸，叫作"挂红"。在大家的心目中，这一天就是建房日。

由于当时大家都不宽裕，房子难以一鼓作气建成。但是当架子搭成之后，自然就形成了任务清单：首先在每天有空的时候平整地基，其次在秋收后农闲时夯建土基墙，然后给屋顶铺瓦，以防下雨淋坏土基墙，之后一般都会因为没有物料停工很长时间，略有积攒之后再铺设木质楼板，最后安装门窗，这样房屋就可以入住了。

建房的过程展示了体系的构建过程。

只要走到体系构建阶段，随着时间的推移，认识逐步深入，通过不断地聚焦目标，解决问题，总是可以将系统慢慢构建完善，达到稳定运行的状态，只是时间长短因人而异罢了。

只要交易系统的框架搭起来了，交易者也应该给自己"挂红"。从这一天开始，问题的解决会形成正向反馈，交易能力会明显增长，并且形成扩展效应，把之前积累的看似零乱的经验有机地结合在一起，这与体系构建之前漫长的反复选择完全不一样。所以，只要坚持下去，不断解决遇到的问题，每个投资者都一定会建成自己的投资大厦。

系统的稳定与盈利的稳定、心态的稳定、贪婪、恐惧、妄想的消减是同步进行的，伴随着这样一个过程，人生的境界会一起得到提升。

4. 积累的效用

积累足够之后慢慢会感受到量变带来的质变。

（1）首先是见识会提升。积累必然带来对事物的分析能力和判断能力的提升，这就是见识。

人生境界的提升来源于在某一领域达到顶尖的状态。登东山小鲁，登泰山小天下。卖油翁"惟手熟耳"和庖丁"以无厚入有间"也是一样的情形。简单地说，境界就是不再被外部世界所影响、心态笃定、心境平和的一种状态。

不要轻视构建一个体系并完善它的过程。人类历史几千年的演进也是同样的过程。不管是自然科学领域还是社会科学领域，人们发现问题、解决问题，然后把不同领域的问题横向联合，找到背后的内在联系，就形成了今天的科学体系。

从无到有，独创一套系统，然后看着它在市场中有效地运行着，是会让人产生成就感的。

（2）其次是会具有兼容力。孔子说：六十而耳顺。所谓的"耳顺"其实是对不顺耳的话可以自然屏蔽，听而不闻，听到的都是顺耳的，同样，不顺眼的事也视而不见，看到的都是顺眼的。耳顺、眼顺之后，心也就顺了，如此，自能兼容外物，包容别人。

在构建一套体系的过程中，人的思维能力和理解能力都得到了训练，人适应外部环境的能力和对自身的控制能力都得到了提高。

人对外部世界的理解力和包容力都得到了加强之后，就具备了兼容性。

兼容自然带来平和安宁。

（3）再次是探索无人区，形成创新。当一个人在某个领域探索的时间足够长、走得足够远之后，一定会行进到无人区。在这个区域，没有前人活动过的痕迹，一切都要靠自己在现有积累的基础上独自探索，有可能产出成果，也可能一无所获，一切都是未知数。

不管如何，身处无人区，独自面对未知领域的感觉，是很动人的。

在三段结构论中，主升段的定义、其开始与结束的定义、三维共振荡带的概念都具有独创性，至于级别间的关系与推演、运行级别与对应级别之类的，那就肯定是无人区了。

提醒有心人对级别论认真揣摩，仔细领会，熟练掌握之后再去看行情走势，就能发现它背后的运行规律。

（4）最后，积累会触类旁通，直至融会贯通。N形结构的变化与连接能完美地解释形态理论，清晰地指明头肩底或双底的形成过程。三维共振带就是江恩理论要寻找的时空共振。振荡N形结构就是中枢振荡，强趋势就是中枢移动。加速主升段类似于波浪理论中的主升浪，但定义了启动与结束。级别的概念起源于道氏理论，但三段结构论中的级别论，已经深入了无人区。与均线理论比起来，各级别中轨组成的系统就强得太多了，首先，都用中轨来指示，逻辑很清晰，其次，各级别都有自己的时间和空间指示功能。

总之，经过举一反三，触类旁通，三段结构论中兼收了前人的成果，也形成了自己的独创。

我喜欢读儒家经典、道家经典和孙子兵法等诸子文章，当我把它们倒背如流之后，我就知道了他们的思维方式和立场的不同，能够明白他们的主张是给谁进行建议的，是针对什么问题提出的。然后根据各个时代的不同历史进程和社会环境，就能分析诸子的理论在不同时代的命运。

我还喜欢读《古文观止》，如《滕王阁序》、《前赤壁赋》、《前出师表》、《逍遥游》等等，当我把它们倒背如流之后，我才深深感受到中华文化之美，才深刻地感受到先贤伟大的人格魅力。

所以我希望把人类最顶尖的人物流传下来的精神财富倒背如流，融会贯通，让它们与我水乳交融。

人的学习能力和理解能力受知识体系的完备程度影响很大，如果某些学科的知识匮乏，就不会理解相关领域的现象，更不会具备相关学科的思维方式。

所以，那么多的学科还不懂，那么多的书还没读，凭什么不继续积累呢？

二、评价的体系

建立一套评价体系是很重要的。没有评价系统，人的行为就是盲目的，人的能力就不会有提高。

在 1990 年，为了提高管理水平，国内的外向型企业都进行过一项叫作"贯标"的工作，就是进行 ISO9000 系列质量管理体系认证。这一套管理体系包含有质量手册、程序文件、作业指导、记录表格四个层次的文件，对企业从战略目标、组织结构、部门规章、作业流程、操作记录和可追溯性等与质量相关的所有流程进行规范和全程监管，企业严格执行的话，确实能大大提高职工素质和管理水平。这一套管理体系就是对企业管理水平的一个评价系统，通过认证的企业，就代表着它的质量管理水平是合格的，产品是值得信赖的。

中国刚颁布了《民法典》，它是由《民法通则》（注：已在 2021 年 1 月 1 日废止）和《民法总则》发展而来的，它也是一套评价系统，用来界定一个人或组织的行为是否合法。

《孙子兵法》也建立了一套战争评价系统，在《计篇》里它用道、天、地、将、法五个方面来评价能不能进行战争，在《谋攻篇》里它用五个条件来判断能不能打胜仗，它们是：知可战与不可战者胜；识众寡之用者胜；上下同欲者胜；以虞待不虞者胜；将能而君不御者胜。

投资如用兵，投资者在交易过程中也必须有一套评价体系，用来评价市场可不可以进行投资，如何投资才有胜算。

三段结构论建立了一套完整的评价体系。

三段结构论用布林中轨的方向来评价市场是否处于趋势之中，进一步还要评价趋势是弱趋势，还是强趋势，还是单边势。

如果评价之后，市场是振荡势或弱趋势，那么三段结构论给出的对策是休息，不参与交易。

如果评价之后，市场是强趋势或单边势，那么就去观察它的运行节奏，在回踩某级别中轨，与对应级别共振且对应级别突破时参与到趋势中去。

参与之后如果又跌穿中轨或对应级别背离转折，退出来就是。

参与的过程中，如果评价市场是单边势，为了捕捉到加速段，那么承受市场的适度回撤是可以接受的。否则，就不承受回撤，达到目标后直接落袋为安。

这就是三段结构论对市场的完整评价过程。

有了一套评价体系，一切按程序来，自然有条不紊，盈利和亏损都是明明白白的，赚到的都是能力范围内的钱，知道该在什么地方改进和提高，不用画地为牢，不用故步自封，可以持续进步。

三、分类的机理

分类是对事物按性质或功能等特征进行区分或归类、以便更好地认识事物的行为。

1. 分类代表着认知体系化

人类对世界的认知水平体现在分类上。只有对事物认知比较全面以后，才具备分类的能力。

比如现代科学技术体系，经由几千年的发展，现在一般分为四个层次：第一层是哲学，第二层是基础科学，第三层是技术科学，第四层是工程技术。每一层下面又有多个类别，比如基础科学一般又分为自然科学、社会科学、思维科学、数学、系统科学、人体科学、军事科学、文化理论、行为科学九类。

分类并不是分隔，这些学科虽然门类繁多，但它们之间纵横交错、相互渗透、彼此融合，它们只是适用范围或看待事物的角度不同，融合的角度越多，对事物的认知越完整、全面。

2. 具体问题具体分析的前提是分类

辩证唯物主义活的灵魂是具体问题具体分析，要做到这一点，就必须具备随时随地区分不同情况的能力，也就是分类的能力，没有这个能力，理论就没有办法真正得到贯彻和落实。

不能具体问题具体分析就是对事物的认知不到位。

3. 三段结构论的分类

主升段按强弱分为两类：弱回踩和强回踩。弱回踩过程复杂，强回踩结构简单；按级别分也有两类：小级别主升，大级别主升。小级别机会多、空间小，不加减仓位，不扛回撤。大级别机会少、空间大，分批买入，应扛回撤。

买点按级别分有三类：推演级别、对应级别、运行级别；按性质分有三类：次低点、突破点、回撤点。它们分别对应不同的主升段类型和不同的位置。不同的主升类型有不同的买点。

止损点有三类：最低点、次低点、破位点。它们分别对应不同的级别和不同的买入方法。

卖点按级别分有三类：加速级别、运行级别、次级别；按性质分有三类：背离点、次高点、破位点。它们完成不同的功能。

高开有三类：突破高开、顺势高开、逆势高开。高开又叫缺口，不同的缺口处理方法完全不同。

行情运行模式有三类：加速模式、匀速模式、减速模式。

交易模式有四类：主升模式、回撤模式、同向 N 形模式、万能模式。

四、趋势的精义

在定义了趋势之后，它的问题清单就自然出现：趋势如何开始？趋势如何运行？趋势如何结束？它的答案是三句话，三句话构成一个闭环。

第一句：趋势是从对应级别的临界突破开始的。

第二句：趋势的运行是有明确的节奏的。

第三句：趋势的结束是从运行级别的背离转折开始的。

所有研究趋势的人，围绕以上几个问题进行就好。

五、盈损的秘密

对趋势有了认识之后，投资交易中最核心的几个问题的答案也就呼之欲出了：

1. 买点

推演级别突破点是试仓点。

对应级别次低点或突破点是必买点。

对应级别突破后回踩时是加仓点。

2. 止损点

推演级别或对应级别下方低点就是止损点。

没击穿下方低点，但对应级别变为振荡 N 形时也是止损点。

离开成本区之后，可以设运行级别下方的低点为移动止损点。

3. 止盈点

加速级别变大时是止盈点。

运行级别背离时是止盈点。

次级别背离时是止盈点。

跌破启动级别时是清仓点。

预期目标达成时是止盈点。

在三段结构论的语境中，交易者要紧紧围绕主升段来设计进出场。

进场分为三个时间段：一是次级折返背离后；二是主升段启动初期；三是主升段启动后。

止损的设置有两个原则：一是止损要与预期目标相对应，不能预期目标是月线主升，却在小时级别止损；二是要认识到：正确的买点都不会被打止损，被打止损的位置都不是正确买点。这样才能坚决执行止损。执行不了止损，一定是认知上还有重大缺陷，还不具备成熟交易者的能力。具体地，每一次的入场都以下方低点或上涨 N 形变化为振荡 N 形为止损位。

止盈有两个原则：一是预期目标达成时止盈；二是加速段减速时逐级止盈。

六、投资的本质

投资者进入市场的目的就是获取投资收益。

投资的收益水平取决于三个因素：胜率、赔率、机会频率。

胜率是指获利的交易次数占总交易次数的比值。赔率是指获利时的金额与亏损时的金额的比值。机会频率是指符合交易系统的交易信号在单位时间内出现的次数。

对于不同的投资者或者不同的投资方法来说，这三个因素的数值都是不同的。投资者应根据自身情况对这三个因素进行适当平衡，以达到收益最大化的目的。

短线交易者看重的是机会频率高，但赔率低，胜率也不是很高。

长线交易者对胜率和赔率要求很高，但对机会频率就没有那么敏感。

基本分析者相信买股票就是买公司，并且愿意花很长时间让公司价值回归正常水平，说明他们最看重的是胜率，他们追求的是百分百的胜率，但付出的代价就是机会频率极低，甚至赔率也不高。

趋势交易者珍惜时间，他们希望能提高效率，不愿意把时间浪费在没有趋势的行情中。

以上各种方法只是投资者根据自身情况和市场理念做出的选择，逻辑上并没有优劣之分，但收益水平在一定时间内却会有高低差别，投资者要认清这一点，不要去和别的方法比收益率，那不但没有意义，也不会有什么好处，还有可能产生自我怀疑，动摇坚持系统的信心。

要避免这种情况需要真诚地自我反省，投资者是投资界中一的员，必须认识到投资界是一个最势利的群体，要保持独立思维，不要不自觉地自己也跟着变成势利思维。投资界最常用的评价逻辑是"你既然这么厉害，那为什么你不赚钱？"在学校里学生不会因为物理老师不能把石头扔上天变为卫星而质疑第一宇宙速度。这种评价源于认知上的缺陷，投资是一个具有诸多环节的系统工程，缺乏任何一环都可能导致投资失败，不赚钱不代表认知不深刻。另外投资还有一个预期投资周期，用自己的周期去评价别人的周期没有任何意义。

中学时学过不等式方程组，每一个不等式方程相当于一个限制条件，能求得一个解，这个解在数轴上是一个区间，几个不等式方程组成的方程组，其解是数个区间的共同部分，这个区间小于任何单个方程的区间。

胜率、赔率和机会频率就相当于三个方程，单个来看，胜率最高的方式是死扛不止损；赔率最高的方式是抄底逃顶的逆势交易；机会频率最高的是最小级别的日内双向交易。但是把它们组合成为方程组之后，给投资者的选择空间就小了很多。

不等式方程组背后的数学思维是：我们总是要在种种限制条件的制约下进行投资，比如说要控制风险、资本金有限、投资周期受限制等等。

理解了不等式方程组的解，就理解了投资过程中，可选择的空间并不大，真正好的机会并不多，所以投资者不但需要擅战、胜战、速战，更多的时候，可能是慎战或不战。

同样运用数学思维，反过来再想，如果投资者有能力解除投资中的限制条件，那么就能大幅度降低投资的难度。比如风险承受能力强的人可以解除控制风险的限制，收入稳定的人可以解除投资周期的限制，风格稳健的人可以解除对高投资收益率要求的限制。对于非专业人士，尝试解除投资限制条件是一条可选的路径。能解除的限制条件越多，投资的难度越低，投资的成功率越高，获取适当收益的可能性越大。

三段结构论提倡做大级别主升段，看重的是胜率和赔率都比较高，但机会就没那么多，如果想要增加机会频率，那可以去做小级别的主升段，但相应地，胜率和赔率也会下降。三段结构论的适应性比较广泛，能满足多种投资风格的需求。但有一点，三段结构论坚决强调封闭亏损端，不会以敞开风险为代价去换取百分百的胜率，这是在运用过程中要注意的。

在三个因素中，胜率又是排在第一位的，如果胜率过低的话，不但赔率和机会频率没有意义，还会严重影响系统的执行。

因此，在保证稳定的胜率的前提下，综合平衡胜率、赔率和机会频率三个因素，因势利导，扬己之长，避己之短，这就是投资的本质，其他的都只是现象。

七、时间的迷思

时间是什么?

我们不是在讨论哲学,而是在讨论投资。时间在投资交易中有着很重要的作用,甚至有交易者认为时间是交易中最重要的因素。那么,我们不禁要问,时间到底是什么?

为了回答这个问题,我们不妨换个思路,从物理学的角度来探讨一下,来看一个公式:

$$f=1/T$$

上式中 f 是频率,T 是时间周期,频率和时间周期互为倒数。频率是描述振动物体往复运动频繁程度的量。每个物体都由它本身性质决定的,与振幅无关的频率,叫作固有频率。

物理学思维可以给我们一个启发:时间周期的背后站立的是频率,频率就是节奏,在不同的时间周期中,市场的节奏也不同,时间周期就是级别,于是我们得到一个结论:在不同的级别中,市场运行的节奏也不同。

也许有人会说,这只是一个常识,有什么好讨论的?

先等等,再问一个问题,交易者有没有频率?

根据物理学常识,每个物体都有固有频率。那么再次运用物理学思维,每个交易者都有自己的固有频率,也就是每个交易者所适宜交易的时间周期是相对固定的,并不是每个人都适合在所有时间框架下进行交易。

这个研究可以解释我们所熟知的现象:有的人喜欢长线,有的人喜欢短线,有的人喜欢波段。同一个人,一段时间交易很顺手,一段时间怎么做都不对。这些现象的背后都有时间周期在起着重要的作用。

到这里我们已经得到了两个结论:一是市场在不同的级别有着不同的节奏,二是交易者的频率是相对固定的。

接下来投资者要做的事就简单了:找到自己与市场同步的节奏,只做那个时间周期,交易就会顺畅得多。

所以,观察市场的节奏,寻找自己的节奏,让两者产生同频共振,是改善和提高交易水平的有效途径。

当然，发现市场的运行节奏和自己的固有频率也是一个困难的工作，但问题已经清楚，解决它只是需要时间而已，用功就行了。

投资者喜欢谈论的与时间相关的话题还有一个，那就是复利。我们来看复利公式：

$$F=P*(1+i)^n$$

上式中 F 是期末值，P 是期初值，i 是单位时间内的收益率，n 是单位时间内产生收益的次数。

投资者追求的是 F 值的最大化，P 值是固定的，那么首先必须要求 i 是正值，如果 i 是负值，那么不管 n 如何变化，F 都只会越来越小，所以我们可以得出结论：在单位时间内，追求正收益是至关重要的。在单位时间内，要保证获得正收益，交易的胜率又是最重要的。

在保证单位时间内获得正收益的前提下，n 值越大，收益越高。n 是频率，它越大，意味着时间周期越短，在单位时间内，短线高手的收益率更高，这就是交易者喜欢选择做短线的原因。但是千万别忘了，如果 i 为负值，n 越大，赔得越快，这同样是大多数交易者赔钱的原因。

上文我们谈到的胜率、赔率、机会频率三个问题，提高胜率、保证胜率的稳定是排在第一位的，在这里又得到了印证。

而要提高胜率、保证胜率的稳定，找到适合每个投资者的投资周期又是至关重要的。

这就是进行时间研究的价值。

八、独行的远志

在形形色色的行业中，有一部分行业的工作是凭一己之力就可以完成的，投资交易就是其中特点最鲜明的一种。唯其如此，有一项素质是投资者必须具备的，那就是独立精神。

为什么独立精神在投资中这么重要呢？

首先，投资是一项个性化很强的工作。当市场中的观点和意见极度一致的时候，就是市场发生重大变化的时候，此时若没有独立思考的能力，就无法抓住市场机会或回避市场风险。所以，在趋势运行的过程中，投资者可以随波逐流、顺势而行，但在趋势开始和结束的时候，却必须有独立的判断。

其次，市场广博无边，包罗万象，可以说，任何一种思维，任何一种方法，在市场中都可以找到适用的范围和盈利的机会。这会造成两种效应：一是很难找到判断具体方法好坏的标准；二是人人都有过盈利的经历，在顺利的时候认为自己的方法好，想去指导和修正别人，同样地，每个投资者都会有不顺利的时候，这时就会动摇自己的初衷，想去学习别人的方法。而市场中永远充斥着各种观点，它们总是在告诫你：你是个普通人，你能力有限，你无法改变自己，你无法超越自己，你的观点是错误的，你不应该坚持自己的风格。甚至让你画一个圆把自己圈起来，送你一根绳把自己拴起来。在这样的氛围中，身处逆境中的人没有一点"虽千万人吾往矣"的气概，是很容易被忽悠瘸的。如果在半瓶醋的讽刺和生活的压力下向世俗投降，那就真的万劫不复了。此时，独立精神才是浴火重生的根本前提。

事实上，既然每一种方法都有盈利的机会，投资者要做的就不是去学习别人的方法，而应该集中精力，研究自己的方法，把它的前提条件、适用范围、进退边界、变化趋向等情况弄得清清楚楚、明明白白，只做这种方法能把握的机会，放弃其他的机会，自然就能进退自如。

并且，随着对自己方法的前提条件的认识越来越清晰，人就会在条件不具备的时候耐心等待，不再急功近利，不再急于求成；随着对自己方法的适用范围的认识越来越清晰，人就会对范围之外的机会视而不见，不再贪婪，不再妄想；随着对自己方法的进退边界的认识越来越清晰，人就会坚定地执行既定策略，不再犹豫，不再恐惧；随着对自己方法的变化趋向的认识越来越清晰，人就会对市场的千变万化平静接受，不再固执，不再因市场不符合自己的预期而发怒。

伴随着以上过程，一个普普通通的人，经过长期不懈的努力，不知不觉地就认识了自己、改变了自己、超越了自己，就有可能做成不平凡的事。

这一切的前提，是一个人需要有点独立的意志，想要走得远一点。

第二篇 任督二脉——临界突破与背离转折

　　进行操盘训练，目的是让投资者熟悉主升段交易系统，通过对实际行情的大量研究，对三段结构论建立信心，认识到做主升段是一种优异的交易策略。进一步可降低实际交易时的风险，提高控制能力，加速成长为合格交易者。

　　操盘训练集中精力识别主升段，研究其启动时机，观察其运行状态，归纳其结束特征。

　　在研究实际走势案例时，建议读者打开走势图，回到主升段的对应各级别去感受各级别之间的关系，去感受行情的演变，才会对主升段的启动、运行和结束会有更深刻的理解。

　　操盘训练分为期货部分、股票部分和沪深 300 指数的跟踪分析。

第五章 商品期货市场的主升浪

2020 年商品期货市场走出了一波可观的行情，大多数品种都涨幅巨大。从技术上看，它们大多符合主升段的特征，多数品种都是在横盘后回踩大级别中轨，然后从小级别启动，发展成为大级别主升段行情的。

本章我们把现有的几十个期货品种的走势梳理一遍，来看看主升段 N 形结构是特例还是常态。

需要说明的是，本章是对历史行情的回顾，是对应某个大级别主升段，回溯到当时的各个小级别去观察行情的演变，研究方式是从宏观到微观，图例中级别由大到小，每一个小级别的走势图都只是大一级别走势图的一部分，以说明走势的逐级演化。

一、商品期货主升段的识别与启动

识别主升段使用的是主升段的定义。主升段的启动源于对应级别的临界突破。

这里再次复习一下主升段的定义：市场以流畅有力的推动浪方式有效改变原有趋势并形成了新的方向，在稍后的次级折返休整中，回落幅度有限，并且随着时间的推移，20 均线也转而向上移动，当价格在 20 均线附近稳住，并有迹象向上强势运动时，再度向上的这一段称为主升段。

所谓识别其实是观察。**观察是否形成上涨 N 形，观察上涨 N 形的回撤幅度，观察上涨 N 形的回撤是否落到中轨附近企稳，最后，观察以上情形发生在哪个级别。**

当观察到某个级别的走势符合主升段的定义时，再去观察它的对应级

别，如果在对应级别走出临界突破时，该级别主升段就启动了。

本节我们将分析历史走势，去熟悉主升段的级别与结构，了解它的启动特征。掌握了这些方法之后，未来就可以用同样的方法去发现新的主升段。

最后，投资交易总会面临不利的情况，所以要有止损机制。**止损有两个作用：一是控制损失；二是保持捕捉下一个机会的能力。**

若无特别说明，不管是在哪个级别进行交易，本书所有示例都在两个位置设置止损：一是买入的 N 形结构回撤幅度超过 2/3 时；二是买入 N 形结构的最低点。

二、黑色系列期货主升段的识别与临界突破

1. 螺纹主升段实战分析

图 5-1 是螺纹周线主升段图，图中六个圆点标示处是同一位置，时间是 2020 年 12 月 7 日，如图所示：

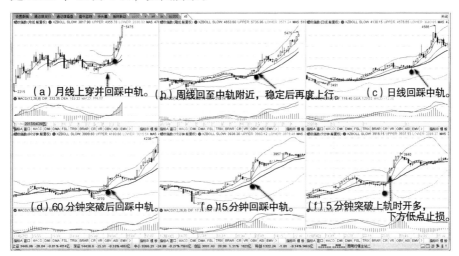

图 5-1　螺纹周线主升段

（1）图（a）中螺纹经过长期的振荡后在箭头所指处站上并回踩中轨，市场由弱转强，表示月线级别已经具备多头的基础。

（2）图（b）中周线走势已经上涨了一段时间，这段时间的上涨也导

致月线站上中轨，月线回踩中轨时，周线也随之回落至中轨下方不远，在受到密集区和分割位的支撑后，圆点标示的地方，次级折返早已结束，市场再度回到中轨上方，此时，大级别月线已经是多头，在本级别受到三维共振带的支撑，可以预期市场将由中轨向上轨运动，也就是走周线级别的主升段。后市的任务是寻找合适的机会介入。

（3）图（c）中日线级别走势回踩中轨，这是由周线箭头所指的停顿造成的。在日线圆点标示的地方，次级别折返已经完成，后市的任务是观察日线走势，如果日线主升段启动，则周线的行情将持续进行。

（4）图（d）中60分钟级别经过一段时间的横盘，在箭头所指的地方已经突破上轨，这说明日线对中轨的回踩已经结束，此处就是介入的临界区间。

（5）图（e）中15分钟回踩中轨，这是由于60分钟走势在箭头所指的地方有一个回落造成的，这也形成了15分钟级别的主升段，后市若15分钟主升段成功启动，将导致前面一系列的行情启动。

（6）图（f）中5分钟级别跟随15分钟的回踩，走势稍微跌破中轨，随后强力突破上轨向上运行，这说明15分钟的主升段启动了，应立即入场做多，止损设在下方低点。

复盘心得：

（1）周线级别的主升段在大级别得到月线站上中轨的助力，在次级别得到日线将走主升段的支撑，这是周线主升段成立的基本条件。若上方压制，或下方正在下跌，主升段都无法展开。

（2）要知道周线主升段能不能成功启动，就要去观察它的次级别是否做好了准备。逐级递推下去，若小级别行情启动，反过来也会逐级推动行情启动。这里有个双向进行的过程：某级别主升段空间大不大，要去看它的大级别，这是由大到小；它何时会启动，则要去看它的次级别，这是由小到大。在本例中，5分钟启动导致15分钟启动，15分钟启动导致日线启动，日线启动，则周线的行情也就会持续下去。这就是多级共振。

（3）本例中按时间先后顺序，在观察主升段的时候，先出现周线主升段，再出现日线主升段，再出现15分钟主升段；在判断主升段启动的时候，则反过来，先有小级别的启动，才能推动大级别启动。

2. 热卷主升段实战分析

图5-2是热卷周线主升段图，图中六个圆点标示处是同一位置，时间是2020年11月26日，如图所示：

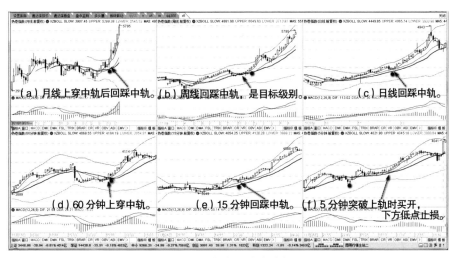

图5-2　热卷周线主升段

（1）图（a）中热卷横盘振荡后上穿月线中轨，在箭头所指处回踩月线中轨，市场已经具备做多的条件；

（2）图（b）中在箭头所指的地方走势回踩周线中轨后稳定下来，符合周线级别主升段的定义，是操作的目标级别，在圆点标示的地方，次级折返已经完成；

（3）图（c）中在日线级别市场是强趋势，在箭头所指的地方靠近中轨，是日线级别主升段的起点，也是周线级别主升段的一个介入机会；

（4）图（d）中60分钟走势上穿中轨，说明次级折返已经稳定下来；

（5）图（e）中15分钟回踩中轨，与日线级别主升段形成共振；

（6）图（f）中等待 5 分钟突破上轨时入场做多，止损设在下方低点，也就是圆点标示处，那里是 15 分钟中轨，如果被击穿，则说明 15 分钟主升段不成立，也就是日线的主升段还没到启动的时候。止损只有 23 个点。

复盘心得：

（1）热卷周线回踩中轨一段时间后，日线才回踩中轨，这样，日线的主升段才能得到周线级别的支持，才能发展起来；

（2）止损若设在跌破 5 分钟中轨，那不一定会破坏 15 分钟的节奏，会形成反复操作，影响心态。

（3）本例中按时间先后顺序，先出现周线主升段，再出现日线主升段，再出现 15 分钟主升段，再出现 5 分钟级别的主升段。启动时则反过来，大级别主升段的启动，依赖于小级别主升段的启动。

3. 铁矿石主升段实战分析

图 5-3 是铁矿周线主升段图，图中六个圆点标示处是同一位置，时间是 2020 年 11 月 17 日，如图所示：

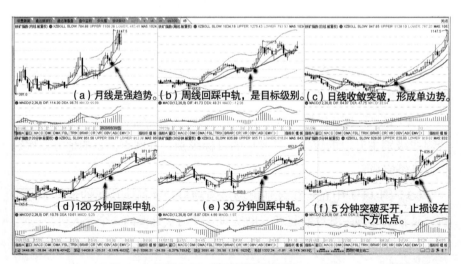

图 5-3　铁矿周线主升段

（1）图（a）中铁矿石在月线级别收敛后突破，然后回踩中轨形成月线级别主升段，上涨至箭头所指处略作停顿，再度单边上涨；

（2）图（b）中回踩周线中轨后稳住，形成周线级别主升段，是操作的目标级别，在圆点标示的地方，次级折返已经完成；

（3）图（c）中日线收敛后突破上轨，形成单边走势，同时也是周线主升段启动的标志，这种启动比回踩日线中轨的启动更强，但直接追涨止损太大，还得等待一个回档；

（4）图（d）中日线的回档造成了走势回踩120分钟中轨，形成120分钟级别的主升段；

（5）图（e）中120分钟回踩中轨起来后的回档形成了30分钟的主升段；

（6）图（f）中5分钟突破上轨时意味着30分钟主升段与120分钟主升段同时启动，也意味着日线回档结束，周线主升段的买点来临。止损设在5分钟下方低点。

复盘心得：

（1）本例中先出现月线主升段，再出现周线主升段，日线是收敛突破，再出现120分钟主升段，再出现30分钟主升段，启动标志是5分钟的突破；

（2）当某一级别没有回踩时，说明趋势更强，此时必须去更小级别等待回踩。

4. 焦炭主升段实战分析

图5-4是焦炭周线主升段图，图中六个圆点标示处是同一位置，时间是2020年11月2日，如图所示：

（1）图（a）中月线穿越中轨上行；

（2）图（b）中走势回踩周线中轨，符合主升段的定义，在圆点标示的地方，行情已经启动了几周，因启动是大幅高开形成的，无法介入，需要另等机会；

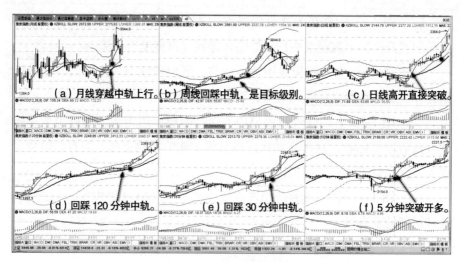

图5-4　焦炭周线主升段

（3）图（c）中箭头所指是日线级别高开的情况，在圆点标示的地方，行情回踩代表趋势更强的13日线，参与的机会出现了；

（4）图（d）中走势回踩120分钟中轨，符合主升段定义，后市观察对应级别的突破来确定启动时机；

（5）图（e）中走势回踩30分钟中轨，符合主升段的定义，后市观察对应级别的突破来确定启动时机；

（6）图（f）中5分钟突破上轨，意味着30分钟和120分钟的主升段启动，入场开多。

复盘心得：

（1）本例中周线主升段的启动是大幅高开形成的，这说明走势的力度很强，这从后面走势回踩的幅度较浅也可以感受得到；

（2）在错过第一启动点的情况下，应继续跟踪寻找第二启动点介入，本例对周线主升段的介入就是在第二启动点进行的。

（3）本例中出现了周线主升段，120分钟主升段，30分钟主升段，启动是由5分钟的突破引发的。

5. 焦煤主升段实战分析

图 5-5 是焦煤周线主升段图，图中六个圆点标示处是同一位置，时间是 2020 年 11 月 23 日，如图所示：

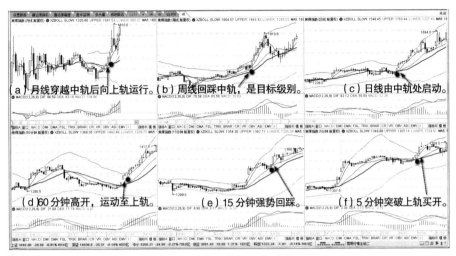

图 5-5　焦煤周线主升段

（1）图（a）中走势穿越月线中轨后向上轨运行；

（2）图（b）中走势回踩周线中轨，是周线主升段，次级折返结束后，对应级别突破是其启动的标志，后市跟踪对应级别；

（3）图（c）中日线收出中阳，站上中轨；

（4）图（d）中 60 分钟次级折返结束，走势站上中轨后，高开向上运行，突破上轨，周线主升段启动，后市寻找一个回档点介入；

（5）图（e）中 15 分钟回档，触及强趋势线；

（6）图（f）中 5 分钟突破上轨时买入开仓，止损设在下方低点。

复盘心得：

（1）不同于上面几例，本例展示的是第一启动位介入的情况。在对应级别 60 分钟确定启动后，在小级别寻找首次的回档介入；

（2）第一启动位介入的好处是可以在后市承受所有的回撤，坏处是可能还会有振荡，甚至会触及止损。

6. 动力煤主升段实战分析

图 5-6 是动力煤周线主升段图，图中六个圆点标示处是同一位置，时间是 2020 年 11 月 24 日，如图所示：

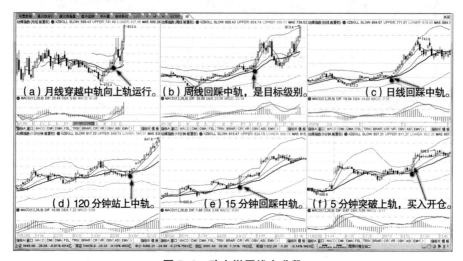

图 5-6　动力煤周线主升段

（1）图（a）中月线走势穿越中轨向上轨运行；

（2）图（b）中走势回踩周线中轨，是周线主升段，圆点标示处次级别日线已经是上涨趋势，说明次级折返已经完成；

（3）图（c）中日线回踩中轨，是日线主升段，圆点标示处对应级别 15 分钟已经是上涨趋势，说明次级折返已经完成；

（4）图（d）中 120 分钟走势上穿中轨，已经具备上行条件；

（5）图（e）中 15 分钟回踩中轨，圆点标示之处，表明次级别 5 分钟已经是上涨趋势，说明次级折返已经完成；

（6）图（f）中箭头所指处走势突破上轨，说明 15 分钟主升段启动，买入开仓。止损设在 15 分钟回踩中轨的低点。

复盘心得：

本例中日线主升段与周线主升段形成共振，5 分钟突破启动了 15 分钟主升段，15 分钟的主升段又去启动日线的主升段，再延伸到周线主升段。

7. 硅铁主升段实战分析

图 5-7 是硅铁日线主升段图，图中六个圆点标示处是同一位置，时间是 2020 年 11 月 19 日，如图所示：

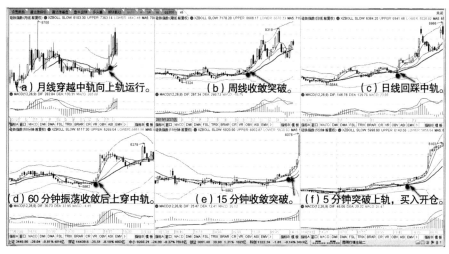

图 5-7　硅铁日线主升段

（1）图（a）中月线穿越中轨后向上轨运行；

（2）图（b）中周线收敛后向上突破，沿上轨上行，是单边势；

（3）图（c）中日线回踩中轨，是日线主升段，圆点标示处，对应级别 15 分钟已经突破上轨，说明不但次级折返已经结束，而且启动已经展开；

（4）图（d）中 60 分钟收敛后站上中轨；

（5）图（e）中 15 分钟收敛突破，开始了日线主升段的启动；

（6）图（f）中5分钟回踩中轨后向上突破，买入开仓，止损设在下方低点。

复盘心得：

（1）本例中只有日线级别是明显的主升段，它在15分钟收敛突破时已经启动，但在15分钟追涨止损较大，等到横盘后在5分钟突破时买入，止损就很小了；

（2）本例中周线级别的收敛突破，其实行情比主升段更强。

8. 锰硅主升段实战分析

图5-8是锰硅日线主升段图，图中六个圆点标示处是同一位置，时间是2020年12月14日，如图所示：

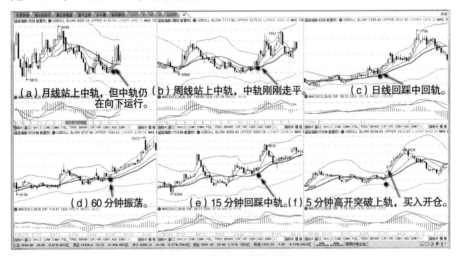

图5-8　锰硅日线主升段

（1）图（a）中月线站上中轨，但中轨仍向下运行，在圆点标示的地方市场止跌；

（2）图（b）中周线站上中轨，中轨刚刚走平，在圆点标示处走势向上创出新高，是弱趋势；

（3）图（c）中走势回踩日线中轨，是日线主升段，圆点标示处从60分钟看，走势仍在振荡中，次级折返不能确定是否结束；

（4）图（d）中60分钟处于振荡之中；

（5）图（e）中15分钟回踩中轨，与日线形成共振；

（6）图（f）中5分钟高开突破上轨，同时15分钟突破上轨，标志着日线主升段启动，买入开仓，止损设在5分钟下方低点。

复盘心得：

（1）本例中由于月线仍处弱势，所以没有周线主升段，只有日线主升段；

（2）本例中，在圆点标示处，日线的次级折返并没有结束，但当5分钟高开时，次级折返的结束与主升段的启动就同时发生了。

三、有色系列期货主升段的识别与临界突破

1. 白银主升段启动实战分析

图5-9是白银日线主升段图，图中六个圆点标示处是同一位置，时间是2020年7月21日，如图所示：

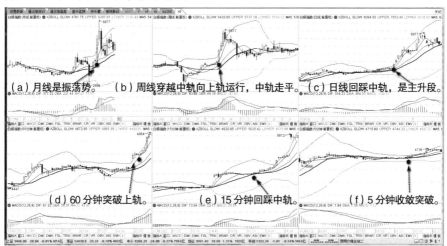

（a）月线是振荡势　（b）周线穿越中轨向上轨运行，中轨走平。　（c）日线回踩中轨，是主升段。

（d）60分钟突破上轨　（e）15分钟回踩中轨。　（f）5分钟收敛突破。

图5-9　白银日线主升段

（1）图（a）中月线大幅跌破中轨后反弹，重新站上中轨，处于振荡之中；

（2）图（b）中周线没有回踩，而是在中轨之上窄幅横盘；

（3）图（c）中日线回踩中轨，是主升段，圆点标示处从 60 分钟看仍处于振荡之中，次级折返没有结束；

（4）图（d）中 60 分钟高开之前横盘振荡，高开之后突破上轨，确定次级折返结束且日线主升段启动，但直接追涨止损太大，需要等待回档点；

（5）图（e）中行情回档，回踩 15 分钟中轨；

（6）图（f）中 5 分钟收敛突破，买入开仓，止损设在下方低点。

复盘心得：

（1）周线采取横盘不回踩中轨的走势，强于回踩中轨的走势，但是也就没有周线主升段了；

（2）位于日线主升段处的大幅度高开，一方面导致了错过买点需要等待；另一方面却也说明主升段的启动更强。

2. 黄金主升段启动实战分析

图 5-10 是黄金周线主升段图，图中六个圆点标示处是同一位置，时间是 2019 年 5 月 31 日，如图所示：

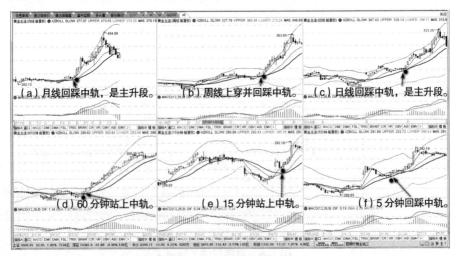

图 5-10　黄金周线主升段

（1）图（a）中月线回踩中轨，是主升段，圆点标示处从周线看走势已经站上并回踩中轨，说明次级折返已经结束，从对应级别日线看走势横盘靠近中轨，已经做好了突破的准备；

（2）图（b）中周线上穿并回踩中轨，是主升段，从对应级别60分钟看，圆点标示处仍在振荡，次级折返尚未结束；

（3）图（c）中日线回踩中轨，是主升段，从15分钟看走势仍在振荡，说明次级折返仍未结束；

（4）图（d）中60分钟站上中轨；

（5）图（e）中15分钟站上中轨；

（6）图（f）中5分钟回踩中轨，圆点标示处创出新高，在更小级别1分钟形成突破，买入开仓，止损设在下方低点。

复盘心得：

（1）本例中在月线上可以看出横盘时间长达三个月，这会有效地修复各级别的形态，所以形成了月线主升段、周线主升段、日线主升段几乎同步出现的情况；

（2）本例中月线主升段和周线主升段的启动都依赖于日线主升段的启动，在圆点标示处，市场仍在蓄势，当5分钟启动成功运行至上轨时，15分钟和60分钟也突破上轨，这就触发了日线主升段的启动，同步地也触发了周线主升段和月线主升段的启动，形成了少见的三级联动。

3. 沪镍主升段启动实战分析

图5-11是沪镍周线主升段图，图中六个圆点标示处是同一位置，时间是2019年7月10日，如图所示：

（1）图（a）中月线站上中轨，中轨向上运行，是弱趋势；

（2）图（b）中周线回踩中轨，是主升段，圆点标示处日线是上涨趋势，走势回踩日线中轨后已经站上中轨，说明次级折返已经结束；

（3）图（c）中日线横盘后回踩中轨，略微破位后收复中轨，圆点标示处从15分钟看，走势收敛后已经突破15分钟上轨，说明日线的横盘突破已经启动，但是若在15分钟追涨买入的话，止损太大，可以再等回档的机会；

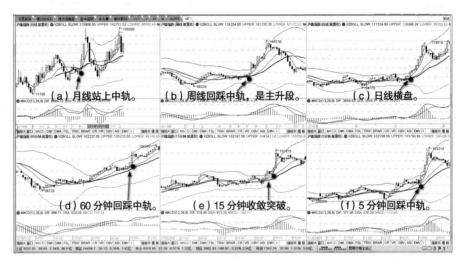

图 5-11 沪镍周线主升段

（4）图（d）中箭头所指 60 分钟回踩中轨，是主升段，圆点标示处在 5 分钟圆点标示处之前已经突破，60 分钟主升段已经启动，但若在当时追涨买入的话，对于 60 分钟的主升段来说止损过大，可以再等回档的机会；

（5）图（e）中 15 分钟收敛突破，是日线主升段启动的标志；

（6）图（f）中走势回踩 5 分钟中轨，这就是我们等待的回档，当 5 分钟再次突破上轨时买入开仓，止损设在中轨下方。

复盘心得：

（1）本例中出现了周线主升段和 60 分钟主升段，日线是收敛突破；

（2）本例中 15 分钟突破时各级别主升段已经启动，只是因止损设在启动点下方低点，15 分钟级别止损过大，所以才再次等待 5 分钟的突破。

4. 沪铝主升段启动实战分析

图 5-12 是沪铝周线主升段图，图中六个圆点标示处是同一位置，时间是 2020 年 11 月 6 日，如图所示：

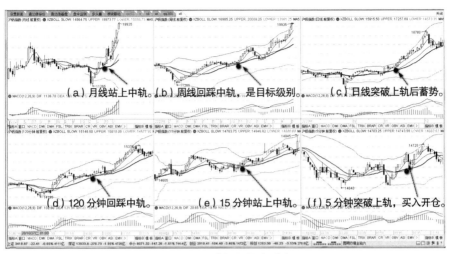

图 5-12 沪铝周线主升段

（1）图（a）中月线上穿中轨向上轨运动，中轨走平；

（2）图（b）中周线回踩中轨，圆点标示处日线上冲上轨，说明次级折返已经结束；

（3）图（c）中日线运行至上轨后横向蓄势；

（4）图（d）中120分钟回踩中轨，圆点标示处15分钟创出新高站上中轨，说明次级折返结束；

（5）图（e）中15分钟创出新高，说明次级折返结束，等待更合适买点；

（6）图（f）中5分钟突破上轨，主升段启动，买入开仓，止损设在下方低点。

复盘心得：

（1）本例中出现周线主升段和120分钟主升段，日线是单边势；

（2）15分钟创新高的同时5分钟突破，主升段启动。

5. 沪锌主升段启动实战分析

图 5-13 是沪锌周线主升段图，图中六个圆点标示处是同一位置，时

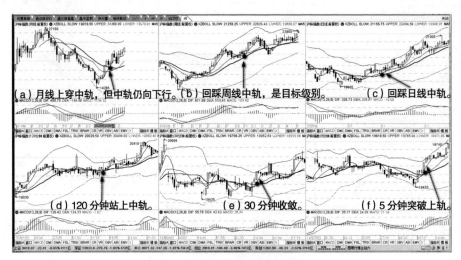

图 5-13　沪锌周线主升段

间是 2020 年 11 月 2 日，如图所示：

（1）图（a）中月线上穿中轨，但中轨仍向下运行，尚未止跌；

（2）图（b）中周线回踩中轨，圆点标示处日线已经突破回踩中轨，说明次级折返已经结束；

（3）图（c）中日线突破回踩，后市寻找介入点；

（4）图（d）中 120 分钟站上中轨，但仍处于振荡中；

（5）图（e）中 30 分钟处于收敛中，次级折返没有明显结束标志；

（6）图（f）中 5 分钟突破上轨，同时 30 分钟也运行至上轨，次级折返结束，主升段启动，买入开仓，止损设在下方低点。

复盘心得：

（1）本例中出现周线主升段和日线主升段，但月线仍在下行，主升段力度明显弱了许多；

（2）5 分钟突破的同时 30 分钟运行至上轨，主升段启动，但启动力度弱，后市行情出现反复。

6. 沪铜主升段启动实战分析

图 5-14 是沪铜周线主升段图，图中六个圆点标示处是同一位置，时

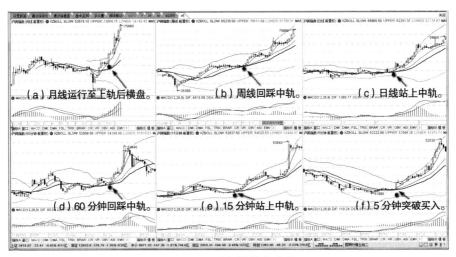

图 5-14　沪铜周线主升段

间是 2020 年 11 月 13 日，如图所示：

（1）图（a）中月线运行至上轨后横盘；

（2）图（b）中周线回踩中轨，是主升段；

（3）图（c）中日线站上中轨；

（4）图（d）中 60 分钟回踩中轨，圆点标示处 15 分钟创出新高站上中轨，说明次级折返结束；

（5）图（e）中 15 分钟创出新高，说明次级折返结束，等待更合适的买点；

（6）图（f）中 5 分钟突破上轨，主升段启动，买入开仓，止损设在下方低点。

复盘心得：

（1）本例中出现周线主升段和 60 分钟主升段；

（2）15 分钟创新高的同时 5 分钟突破，主升段启动。

四、能源化工系列期货主升段的识别与临界突破

1.甲醇主升段启动实战分析

图 5-15 是甲醇周线主升段图，图中六个圆点标示处是同一位置，时间是 2020 年 11 月 11 日，如图所示：

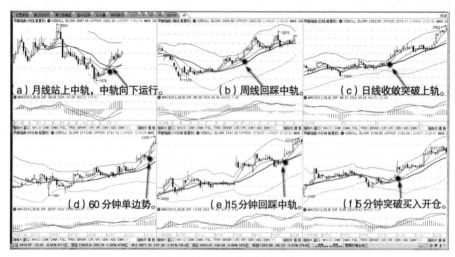

图 5-15　甲醇周线主升段

（1）图（a）中月线上穿中轨，但中轨仍向下运行，尚未止跌；

（2）图（b）中周线回踩中轨，在圆点标示处，日线运行至上轨，说明次级折返已经结束；

（3）图（c）中日线收敛突破；

（4）图（d）中 60 分钟高开突破后走出单边势，同时导致日线运行至上轨，说明周线主升段启动，但止损过大无法介入，尚需等待更好机会；

（5）图（e）中 15 分钟回踩中轨，机会来临；

（6）图（f）中 5 分钟突破上轨，买入开仓，止损设在下方低点。

复盘心得：

（1）本例中出现周线主升段，日线和 60 分钟是单边势；

（2）60 分钟高开突破，主升段启动。

2. 沥青主升段启动实战分析

图 5-16 是沥青周线主升段图，图中六个圆点标示处是同一位置，时间是 2020 年 11 月 6 日，如图所示：

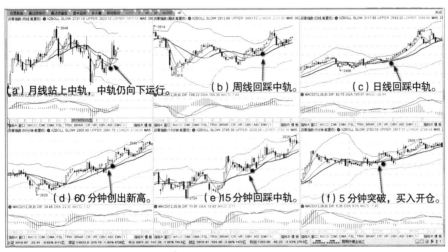

图 5-16　沥青周线主升段

（1）图（a）中月线上穿中轨，但中轨仍向下运行，尚未止跌；

（2）图（b）中周线回踩中轨；

（3）图（c）中日线回踩中轨；

（4）图（d）中 60 分钟创出新高，说明次级折返结束，主升段启动，但可以等待更好时机；

（5）图（e）中 15 分钟回踩中轨；

（6）图（f）中 5 分钟突破上轨，主升段启动，买入开仓，止损设在下方低点。

复盘心得：

（1）本例中出现周线主升段和日线主升段；

（2）60 分钟创新高时，主升段启动。

3.PTA 主升段启动实战分析

图 5-17 是 PTA 日线主升段图，图中六个圆点标示处是同一位置，时间是 2021 年 1 月 29 日，如图所示：

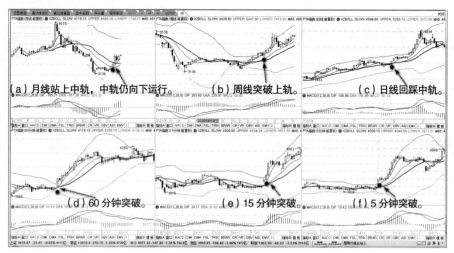

图 5-17　PTA 日线主升段

（1）图（a）中月线上穿中轨，但中轨仍向下运行，尚未止跌；

（2）图（b）中周线运行至上轨；

（3）图（c）中日线回踩中轨，是主升段；

（4）图（d）中 60 分钟突破上轨；

（5）图（e）中 15 分钟突破上轨；

（6）图（f）中 5 分钟突破上轨，它的持续上行进一步导致 15 分钟和 60 分钟渐次突破，主升段启动，买入开仓，止损设在下方低点。

复盘心得：

（1）本例中出现日线主升段，周线是单边势；

（2）5 分钟突破的同时 15 分钟创新高，主升段启动。

4.PVC 主升段启动实战分析

图 5-18 是 PVC 周线主升段图，图中六个圆点标示处是同一位置，时间是 2020 年 10 月 9 日，如图所示：

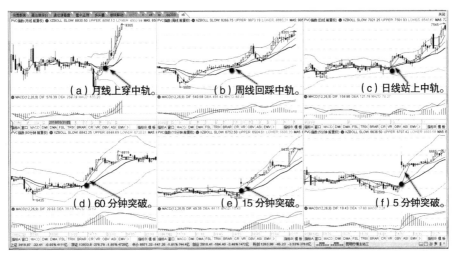

图 5-18　PVC 周线主升段

（1）图（a）中月线上穿中轨向上轨运动；

（2）图（b）中周线回踩中轨，是主升段；

（3）图（c）中日线运行至上轨，说明次级折返已经结束；

（4）图（d）中 60 分钟高开突破，主升段启动；

（5）图（e）中 15 分钟高开突破，主升段启动；

（6）图（f）中 5 分钟突破上轨，主升段启动，买入开仓，止损设在下方低点。

复盘心得：

（1）本例中出现周线主升段；

（2）5 分钟、15 分钟、60 分钟同时突破，主升段启动。

5. 丙烯主升段启动实战分析

图 5-19 是丙烯周线主升段图，图中六个圆点标示处是同一位置，时间是 2020 年 11 月 2 日，如图所示：

（1）图（a）中月线上穿中轨，中轨走平；

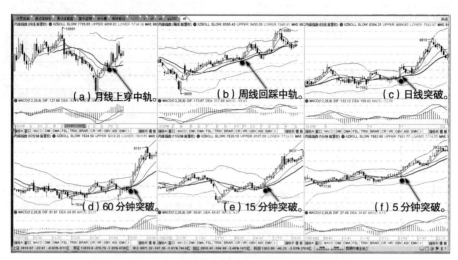

图 5-19 丙烯周线主升段

（2）图（b）中周线回踩中轨；

（3）图（c）中日线突破上轨，说明次级折返已经结束，主升段启动；

（4）图（d）中60分钟突破上轨，主升段启动；

（5）图（e）中15分钟突破上轨，主升段启动；

（6）图（f）中5分钟突破上轨，主升段启动，买入开仓，止损设在下方低点。

复盘心得：

　　（1）本例中出现周线主升段；

　　（2）5分钟、15分钟、60分钟同时突破，主升段启动。

6. 苯乙烯主升段启动实战分析

　　图5-20是苯乙烯周线主升段图，图中六个圆点标示处是同一位置，时间是2021年1月26日，如图所示：

　　（1）图（a）中月线因数据较少，布林指标尚未显示，但可以看出走势向上运动；

　　（2）图（b）中周线回踩中轨，是主升段；

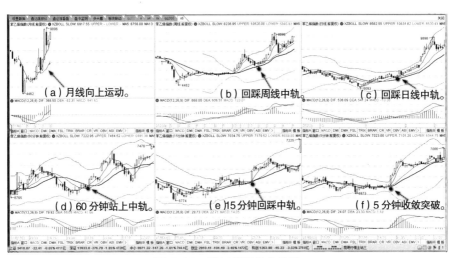

图 5-20　苯乙烯周线主升段

（3）图（c）中日线回踩中轨；

（4）图（d）中 60 分钟站上中轨；

（5）图（e）中 15 分钟突破，说明次级折返结束，主升段启动；

（6）图（f）中 5 分钟突破上轨，主升段启动，买入开仓，止损设在下方低点。

复盘心得：

（1）本例中出现周线主升段；

（2）5 分钟与 15 分钟同时突破，主升段启动。

7. 原油主升段启动实战分析

图 5-21 是原油日线主升段图，图中六个圆点标示处是同一位置，时间是 2021 年 2 月 2 日，如图所示：

（1）图（a）中月线站上中轨，但中轨仍向下运行；

（2）图（b）中周线是单边势；

（3）图（c）中日线回踩中轨，是主升段；

（4）图（d）中 60 分钟突破，主升段启动；

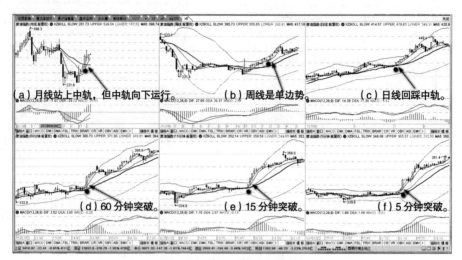

图 5-21　原油日线主升段

（5）图（e）中 15 分钟突破，主升段启动；

（6）图（f）中 5 分钟突破，主升段启动，买入开仓，止损设在下方低点。

复盘心得：

（1）本例中出现日线主升段；

（2）5 分钟、15 分钟、60 分钟同时突破，主升段启动。

8. 纸浆主升段启动实战分析

图 5-22 是纸浆周线主升段图，图中六个圆点标示处是同一位置，时间是 2020 年 12 月 7 日，如图所示：

（1）图（a）中月线上穿并回踩中轨；

（2）图（b）中周线回踩中轨，在圆点标示处日线上冲上轨，说明次级折返已经结束；

（3）图（c）中日线回踩中轨后向上轨运行；

（4）图（d）中 60 分钟回踩中轨后突破上轨，主升段启动；

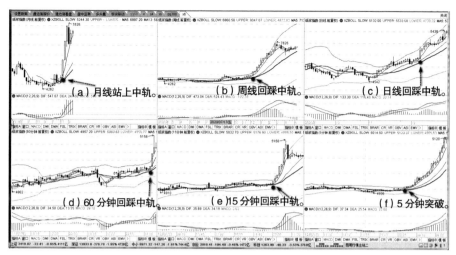

图 5-22　纸浆周线主升段

（5）图（e）中15分钟回踩中轨后突破上轨，主升段启动；

（6）图（f）中5分钟突破上轨，主升段启动，买入开仓，止损设在下方低点。

复盘心得：

（1）本例中出现周线主升段、日线主升段、60分钟主升段；

（2）5分钟、15分钟、60分钟同时突破，主升段启动。

五、农产品系列期货主升段的识别与临界突破

1. 豆粕主升段启动实战分析

图 5-23 是豆粕周线主升段第一买点图，图中六个圆点标示处是同一位置，时间是 2020 年 8 月 25 日，如图所示：

（1）图（a）中月线站上中轨；

（2）图（b）中周线回踩中轨，是操作的目标级别，圆点标示处走势受日线中轨压制，次级折返仍未结束；

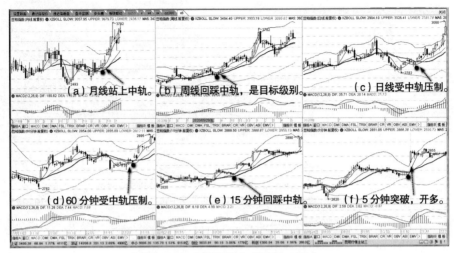

图 5-23　豆粕周线主升段第一买点

（3）图（c）中走势受日线中轨压制；

（4）图（d）中走势受60分钟中轨压制；

（5）图（e）中15分钟回踩中轨；

（6）图（f）中5分钟突破上轨，主升段启动，买入开仓，止损设在下方低点。

复盘心得：

　　（1）本例中出现周线主升段和15分钟主升段；

　　（2）5分钟突破的同时60分钟及日线站上中轨，15分钟主升段启动，本例操作的是周线主升段的第一买点。

图5-24是豆粕周线主升段第二买点图，图中四个圆点标示处是同一位置，时间是2020年9月4日，如图所示：

　　（1）图（a）中是周线主升段；

　　（2）图（b）中日线站上中轨后进行回撤，是第二买点；

　　（3）图（c）中120分钟两次回踩中轨，说明市场的上涨节奏是120分钟。

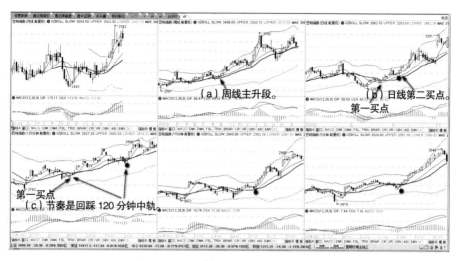

图 5-24 豆粕周线主升段第二买点

复盘心得：

（1）本例展示的是周线主升段的第二买点；

（2）在启动阶段建立足够仓位而又不放大风险，就需要多次盈利建仓。

2. 淀粉主升段启动实战分析

图 5-25 是淀粉周线主升段图，图中六个圆点标示处是同一位置，时间是 2020 年 6 月 11 日，如图所示：

（1）图（a）中月线站上中轨；

（2）图（b）中周线回踩中轨，是目标级别；

（3）图（c）中圆点标示处日线运行至上轨后回踩中轨，说明次级折返已经结束；

（4）图（d）中 60 分钟站上中轨；

（5）图（e）中 15 分钟回踩中轨；

（6）图（f）中 5 分钟突破上轨，主升段启动，买入开仓，止损设在下方低点。

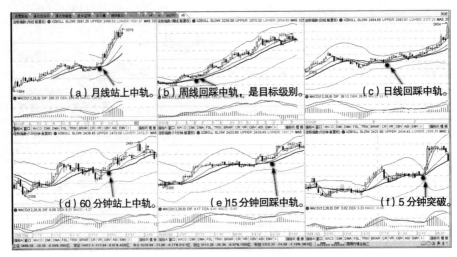

图 5-25　淀粉周线主升段

复盘心得：

（1）本例中出现周线主升段和日线主升段；

（2）5分钟突破的同时15分钟创新高，主升段启动。

六、商品期货主升段的运行与结束

本节我们研究的是主升段的运行节奏与结束特征。

既然是主升段，它就一定会在小级别有一段流畅的走势，这段流畅的走势一定会在某个级别形成依托中轨运行的强趋势，这个级别就是主升段的运行级别。 回踩该级别中轨就是主升段的运行节奏。

当运行级别出现背离转折并跌破运行级别中轨时，该节奏就改变了，市场既可以改变运行方向，也可以切换级别后继续沿原方向运行，无论如何，此时主升段都面临变化，都必须做好相应的准备。

常用的主升段的出场是三种：加速段的背离转折；运行级别的背离转折；次级别的背离转折。 至于目标级别的背离转折，它出现时利润已经所剩无几了。

主升段交易思维是一种分段思维。一段上涨行情结束后，市场可以转变为下跌趋势，同样地，市场也可以在切换级别后，形成另一段上涨行情。

当一段行情结束时，我们就退出来，若另一段行情开始，我们同样可以参与进去，这就是主升段思维的特点。

本节专门研究主升段的运行和结束的特征，掌握了这些特征，制定相应的对策，我们才能及时退出市场，锁定利润。

七、黑色系列期货主升段的运行节奏与背离转折

1. 螺纹主升段行情实战分析

图5-26是螺纹周线主升段的结束图，时间从2020年10月至2021年1月，如图所示：

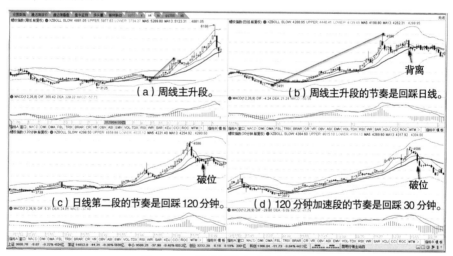

图 5-26　螺纹周线主升段的结束

（1）图（a）中线段是周线主升段；

（2）图（b）中走势回踩日线中轨，所以节奏是日线，在日线出现次高点时减仓；

（3）图（c）中走势回踩120分钟中轨，所以节奏是120分钟，在跌破中轨时减仓；

（4）图（d）中加速段走势回踩30分钟中轨，所以节奏是30分钟，在跌破中轨时减仓。

复盘心得：

（1）周线主升段的运行级别是日线，日线后段的运行级别是120分钟，120分钟后段的运行级别是30分钟，在跌破30分钟中轨时第一次减仓，跌破120分钟中轨时第二次减仓，日线出现次高点时第三次减仓；

（2）本段周线主升段结束后，市场做了数周的调整，又开始另一段主升行情。

2.热卷主升段行情实战分析

图5-27是热卷周线主升段的结束图，时间从2021年2月至2021年5月，如图所示：

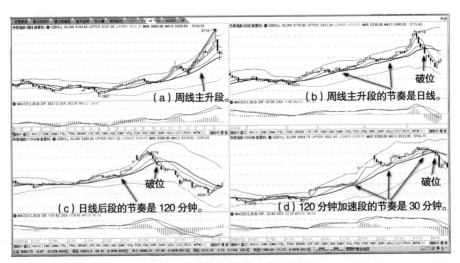

图5-27　热卷周线主升段的结束

（1）图（a）中线段是周线主升段；

（2）图（b）中走势回踩日线中轨，所以节奏是日线，在日线跌破中轨时减仓；

（3）图（c）中走势回踩120分钟中轨，所以节奏是120分钟，在跌破中轨时减仓；

（4）图（d）中加速段走势回踩30分钟中轨，所以节奏是30分钟，在跌破中轨时减仓。

复盘心得：

（1）周线主升段的运行级别是日线，日线后段的运行级别是120分钟，120分钟后段的运行级别是30分钟，在跌破30分钟中轨时第一次减仓，跌破120分钟中轨时第二次减仓，跌破日线中轨时第三次减仓；

（2）后市走势快速回落至周线中轨。

3. 铁矿石主升段行情实战分析

图5-28是铁矿石周线主升段的结束图，时间从2020年10月至2021年12月，如图所示：

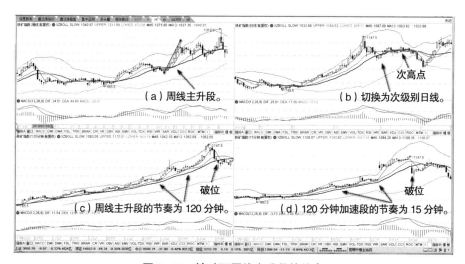

图5-28　铁矿石周线主升段的结束

（1）图（a）中线段是周线主升段；

（2）图（b）中周线主升段切换运行级别为日线，在日线出现次高点时减仓；

（3）图（c）中走势回踩 120 分钟中轨，所以周线主升段的运行级别为 120 分钟，在跌破中轨时减仓；

（4）图（d）中加速段走势回踩 15 分钟中轨，所以节奏是 15 分钟，在跌破中轨时减仓。

复盘心得：

（1）周线主升段的运行级别是 120 分钟，120 分钟破位后切换节奏为日线，120 分钟后段的运行级别是 15 分钟，在跌破 15 分钟中轨时第一次减仓，跌破 120 分钟中轨时第二次减仓，日线出现次高点时第三次减仓；

（2）本段周线主升段结束后，市场多次跌破周线中轨，进入弱趋势。

4. 焦煤主升段行情实战分析

图 5-29 是焦煤周线主升段的结束图，时间从 2020 年 11 月至 2021 年 1 月，如图所示：

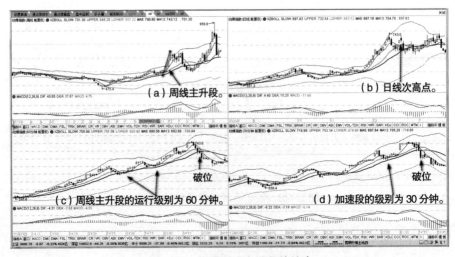

图 5-29　焦煤周线主升段的结束

（1）图（a）中线段是周线主升段；

（2）图（b）中走势回踩日线中轨，所以节奏是日线，在日线出现次高点时减仓；

（3）图（c）中走势回踩60分钟中轨，所以节奏是60分钟，在跌破中轨时减仓；

（4）图（d）中走势回踩30分钟中轨，所以节奏是30分钟，在出现次高点时减仓。

复盘心得：

（1）周线主升段的运行级别是日线，日线后段的运行级别是60分钟，60分钟后段的运行级别是30分钟，在30分钟出现次高点时第一次减仓，跌破60分钟中轨时第二次减仓，日线出现次高点时第三次减仓；

（2）本段周线主升段结束后，市场做了数周的调整，又开始了另一段主升行情。

5. 动力煤主升段行情实战分析

图5-30是动力煤周线主升段的结束图，时间从2020年11月至2021年1月，如图所示：

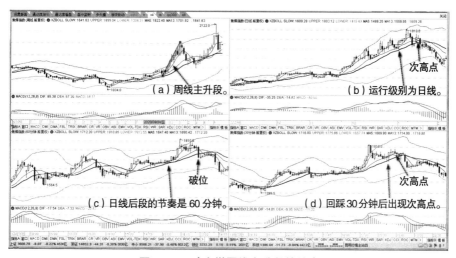

图5-30　动力煤周线主升段的结束

（1）图（a）中线段是周线主升段；

（2）图（b）中切换级别为日线后出现次高点，在日线出现次高点时减仓；

（3）图（c）中走势回踩60分钟中轨，所以节奏是60分钟，在跌破中轨时减仓；

（4）图（d）中走势回踩30分钟中轨，所以节奏是30分钟，在跌破中轨时减仓。

复盘心得：

（1）周线主升段的运行级别是60分钟，60分钟跌破中轨切换级别为日线，日线回踩中轨后出现次高点，60分钟加速段的运行级别是30分钟，在跌破30分钟中轨时第一次减仓，跌破60分钟中轨时第二次减仓，日线出现次高点时第三次减仓；

（2）本段周线主升段结束后，市场切换为比周线更大的级别后，又开始了另一段主升行情。

6. 硅铁主升段行情实战分析

图5-31是硅铁周线主升段的结束图，时间从2020年11月至2021年1月，如图所示：

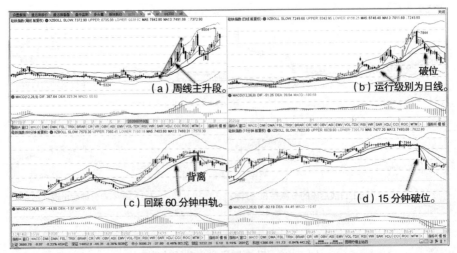

图5-31　硅铁周线主升段的结束

（1）图（a）中线段是周线主升段；

（2）图（b）中走势回踩日线中轨，所以节奏是日线，在日线跌破中轨时减仓；

（3）图（c）中走势回踩 60 分钟中轨，在 60 分钟背离时减仓；

（4）图（d）中走势回踩 15 分钟中轨，在跌破中轨时减仓。

复盘心得：

（1）周线主升段的运行级别是日线，日线后段的运行级别是 60 分钟，60 分钟后段的运行级别是 15 分钟，在跌破 15 分钟中轨时第一次减仓，在 60 分钟背离时第二次减仓，日线破位时第三次减仓；

（2）走势在回踩到周线中轨后，又开始了另一段主升行情。

八、有色系列期货主升段的运行节奏与背离转折

1. 白银主升段行情实战分析

图 5-32 是白银日线主升段的结束图，时间从 2020 年 7 月至 2020 年 8 月，如图所示：

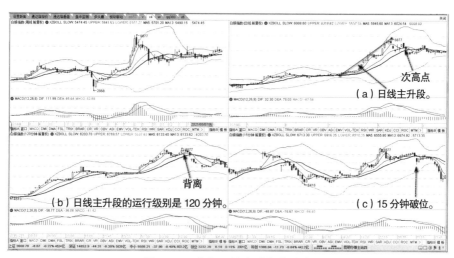

图 5-32　白银日线主升段的结束

（1）图（a）中线段是日线主升段；

（2）图（b）中走势回踩 120 分钟中轨，所以节奏是 120 分钟，在出现次高点时减仓；

（3）图（c）中走势回踩 15 分钟中轨，所以节奏是 15 分钟，在跌破中轨时减仓

复盘心得：

（1）日线主升段的运行级别是 120 分钟，120 分钟后段的运行级别是 15 分钟，在跌破 15 分钟中轨时第一次减仓，出现 120 分钟次高点时第二次减仓，出现日线次高点时第三次减仓；

（2）本段日线主升段结束后，市场的回落直接击穿周线中轨，涨幅回落殆尽。

2. 黄金主升段行情实战分析

图 5-33 是黄金周线主升段的结束图，时间从 2019 年 4 月至 2019 年 9 月，如图所示：

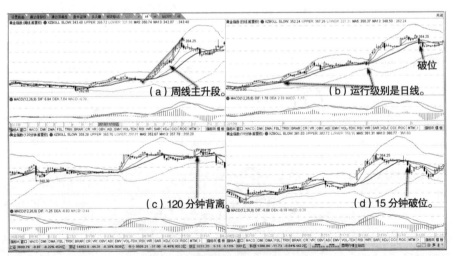

图 5-33　黄金周线主升段的结束

（1）图（a）中线段是周线主升段；

（2）图（b）中走势回踩日线中轨，所以节奏是日线，在日线破位时减仓；

（3）图（c）中走势回踩 120 分钟中轨，所以节奏是 120 分钟，在背离时减仓；

（4）图（d）中走势回踩 15 分钟中轨，在跌破中轨时减仓。

复盘心得：

（1）周线主升段的运行级别是日线，日线后段的运行级别是 120 分钟，120 分钟后段的运行级别是 15 分钟，在跌破 15 分钟中轨时第一次减仓，120 分钟背离时第二次减仓，日线破位时第三次减仓；

（2）本段周线主升段结束后，市场跌破周线中轨后，又开始了另一段上涨行情。

3. 沪镍主升段行情实战分析

图 5-34 是沪镍周线主升段的结束图，时间从 2019 年 7 月至 2019 年 9 月，如图所示：

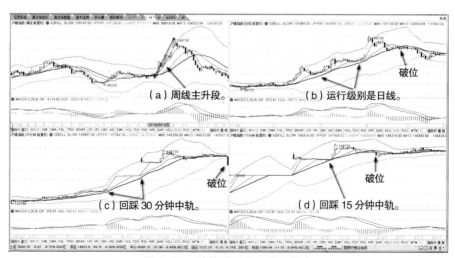

图 5-34　沪镍周线主升段的结束

（1）图（a）中线段是周线主升段；

（2）图（b）中走势回踩日线中轨，所以节奏是日线，在日线破位时减仓；

（3）图（c）中加速段走势回踩30分钟中轨，所以节奏是30分钟，在破位时减仓；

（4）图（d）中走势回踩15分钟中轨，在跌破中轨时减仓。

复盘心得：

（1）周线主升段的运行级别是日线，日线后段的运行级别是30分钟，30分钟后段的运行级别是15分钟，在跌破15分钟中轨时第一次减仓，跌破30分钟中轨时第二次减仓，跌破日线中轨时第三次减仓；

（2）本段周线主升段结束后，市场的调整直接回到起点。

4. 沪铝主升段行情实战分析

图5-35是沪铝周线主升段的结束图，时间从2021年1月至2021年5月，如图所示：

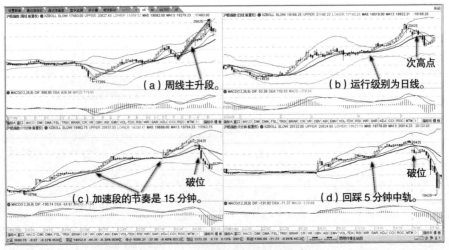

图5-35　沪铝周线主升段的结束

（1）图（a）中线段是周线主升段；

（2）图（b）中走势回踩日线中轨，所以节奏是日线，在日线出现次高点时减仓；

（3）图（c）中加速段走势回踩15分钟中轨，节奏是15分钟，在跌破中轨时减仓；

（4）图（d）中走势回踩5分钟中轨，在跌破中轨时减仓。

复盘心得：

（1）周线主升段的运行级别是日线，日线后段的运行级别是15分钟，15分钟后段的运行级别是5分钟，在跌破5分钟中轨时第一次减仓，跌破15分钟中轨时第二次减仓，日线出现次高点时第三次减仓；

（2）本段周线主升段正在切换级别。

5. 沪锌主升段行情实战分析

图5-36是沪锌周线主升段的结束图，时间从2020年10月至2020年12月，如图所示：

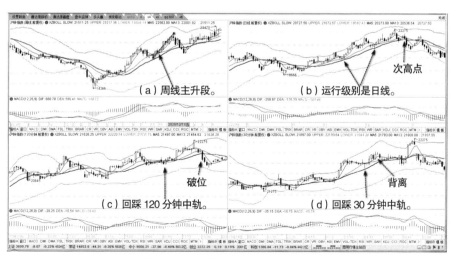

图5-36　沪锌周线主升段的结束

（1）图（a）中线段是周线主升段；

（2）图（b）中走势回踩日线中轨，所以节奏是日线，在日线出现次高点时减仓；

（3）图（c）中走势回踩120分钟中轨，所以节奏是120分钟，在跌破中轨时减仓；

（4）图（d）中走势回踩30分钟中轨，所以节奏是30分钟，在背离时减仓。

复盘心得：

（1）周线主升段的运行级别是日线，日线后段的运行级别是120分钟，120分钟后段的运行级别是30分钟，在30分钟背离时第一次减仓，跌破120分钟中轨时第二次减仓，日线出现次高点时第三次减仓；

（2）本段周线主升段结束后，市场切换到更大的级别后，又走了一段周线弱趋势行情。

6. 沪铜主升段行情实战分析

图5-37是沪铜周线主升段的结束图，时间从2021年2月至2021年5月，如图所示：

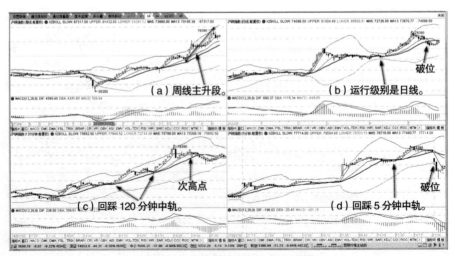

图 5-37　沪铜周线主升段的结束

（1）图（a）中线段是周线主升段；

（2）图（b）中走势回踩日线中轨，所以节奏是日线，在日线破位时减仓；

（3）图（c）中走势回踩120分钟中轨，所以节奏是120分钟，再次高点减仓；

（4）图（d）中走势回踩5分钟中轨，在跌破中轨时减仓。

复盘心得：

（1）周线主升段的运行级别是日线，日线后段的运行级别是120分钟，120分钟后段的运行级别是5分钟，在跌破5分钟中轨时第一次减仓，120分钟出现次高点时第二次减仓，日线破位时第三次减仓；

（2）本段周线主升段还不能定义为结束。

九、能源化工系列期货主升段的运行节奏与背离转折

1. 甲醇主升段行情实战分析

图5-38是甲醇周线主升段的结束图，时间从2020年10月至2020年12月，如图所示：

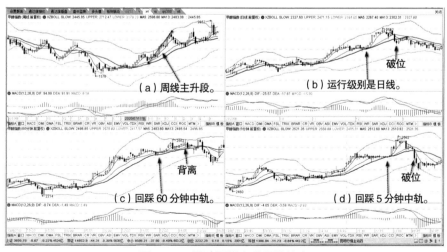

图5-38 甲醇周线主升段的结束

（1）图（a）中线段是周线主升段；

（2）图（b）中走势回踩日线中轨，所以节奏是日线，在日线跌破中轨时减仓；

（3）图（c）中走势回踩 60 分钟中轨，所以节奏是 60 分钟，在背离时减仓；

（4）图（d）中走势回踩 5 分钟中轨，所以节奏是 5 分钟，在跌破中轨时减仓。

复盘心得：

（1）周线主升段的运行级别是日线，日线后段的运行级别是 60 分钟，60 分钟后段的运行级别是 5 分钟，在跌破 5 分钟中轨时第一次减仓，60 分钟背离时第二次减仓，日线破位时第三次减仓；

（2）本段周线主升段结束后，市场做了数周的调整，走势进入弱趋势状态。

2. 尿素主升段行情实战分析

图 5-39 是尿素周线主升段的运行图，时间从 2021 年 4 月至 2021 年 5 月，如图所示：

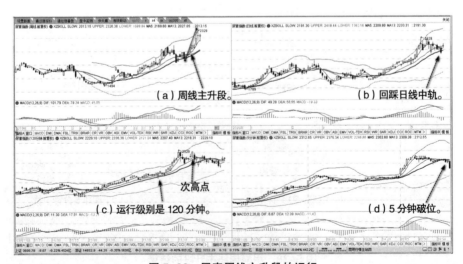

图 5-39　尿素周线主升段的运行

（1）图（a）中线段是周线主升段；

（2）图（b）中日线回踩中轨，切换级别；

（3）图（c）中走势回踩 120 分钟中轨，所以节奏是 120 分钟，在次高点减仓；

（4）图（d）中走势回踩 5 分钟中轨，在跌破中轨时减仓。

复盘心得：

（1）周线主升段的运行级别是 120 分钟，120 分钟后段的运行级别是 5 分钟，在跌破 5 分钟中轨时第一次减仓，120 分钟出现次高点时第二次减仓，走势跌破 120 分钟中轨后回踩日线中轨，级别切换为日线；

（2）本段周线主升段正在进行级别切换，不能定义为主升段结束。

3. 纯碱主升段行情实战分析

图 5-40 是纯碱周线主升段的运行图，时间从 2021 年 4 月至 2021 年 5 月，如图所示：

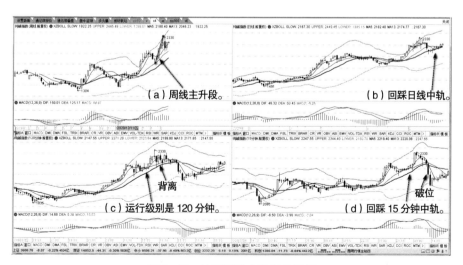

图 5-40　纯碱周线主升段的运行

（1）图（a）中线段是周线主升段；

（2）图（b）中走势回踩日线中轨，切换级别；

（3）图（c）中走势回踩 120 分钟中轨，所以节奏是 120 分钟，在背离时减仓；

（4）图（d）中走势回踩 15 分钟中轨，在跌破中轨时减仓。

复盘心得：

（1）周线主升段的运行级别是 120 分钟，120 分钟后段的运行级别是 15 分钟，在跌破 15 分钟中轨时第一次减仓，120 分钟背离时第二次减仓，走势跌破 120 分钟中轨后回踩日线中轨，级别切换为日线；

（2）本段周线主升段正在进行级别切换，不能定义为主升段结束。

4. 苯乙烯主升段行情实战分析

图 5-41 是苯乙烯周线主升段的结束图，时间从 2021 年 4 月至 2021 年 5 月，如图所示：

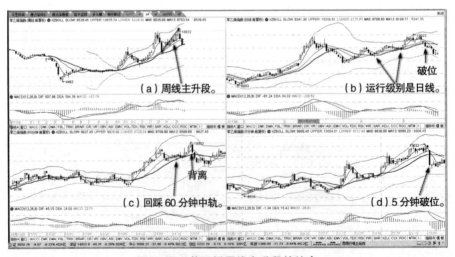

图 5-41　苯乙烯周线主升段的结束

（1）图（a）中线段是周线主升段；

（2）图（b）中走势回踩日线中轨，所以节奏是日线，在日线破位时减仓；

（3）图（c）中走势回踩60分钟中轨，所以节奏是60分钟，在背离时减仓；

（4）图（d）中走势回踩5分钟中轨，在跌破中轨时减仓。

复盘心得：

（1）周线主升段的运行级别是日线，日线后段的运行级别是60分钟，60分钟后段的运行级别是5分钟，在跌破5分钟中轨时第一次减仓，60分钟背离时第二次减仓，日线破位时第三次减仓；

（2）本段周线主升段的回调击穿了中轨。

5. 液化气主升段行情实战分析

图5-42是液化气周线主升段的运行图，时间从2021年4月至2021年5月，如图所示：

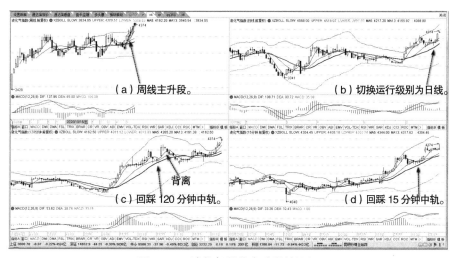

图5-42　液化气周线主升段的运行

（1）图（a）中线段是周线主升段；

（2）图（b）中走势回踩日线中轨，运行级别切换为日线；

（3）图（c）中走势回踩 120 分钟中轨，所以节奏是 120 分钟，在背离时减仓；

（4）图（d）中走势回踩 15 分钟中轨，所以节奏是 15 分钟。

复盘心得：

（1）周线主升段的运行级别开始是 120 分钟，背离后切换为日线级别。120 分钟背离时减仓。日线启动后，目前的运行级别为 15 分钟；

（2）本段周线主升段现在运行级别切换为日线，行情正在运行之中。

6. 不锈钢主升段行情实战分析

图 5-43 是不锈钢周线主升段的运行图，时间从 2021 年 4 月至 2021 年 5 月，如图所示：

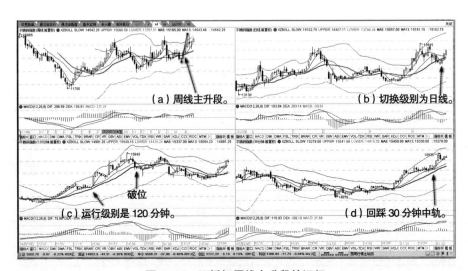

图 5-43　不锈钢周线主升段的运行

（1）图（a）中线段是周线主升段；

（2）图（b）中走势回踩日线中轨，运行级别切换为日线；

（3）图（c）中走势回踩120分钟中轨，所以节奏是120分钟，在破位时减仓；

（4）图（d）中走势回踩30分钟中轨，所以节奏是30分钟。

复盘心得：

（1）周线主升段的运行级别开始是120分钟，破位后切换为日线级别。120分钟破位时减仓。日线启动后，目前的运行级别为30分钟；

（2）本段周线主升段现在运行级别切换为日线，行情正在运行之中。

7. 玻璃主升段行情实战分析

图5-44是玻璃周线主升段的结束图，时间从2021年1月至2021年5月，如图所示：

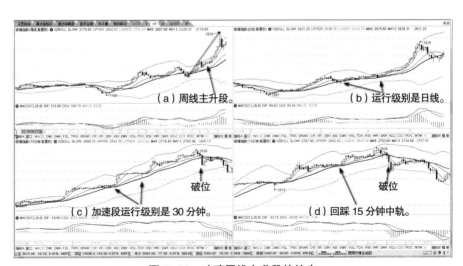

图5-44 玻璃周线主升段的结束

（1）图（a）中线段是周线主升段；

（2）图（b）中走势回踩日线中轨，所以节奏是日线，日线未出现减仓信号；

（3）图（c）中加速段走势回踩 30 分钟中轨，所以节奏是 30 分钟，在破位时减仓；

（4）图（d）中走势回踩 15 分钟中轨，在跌破中轨时减仓。

复盘心得：

（1）周线主升段的运行级别是日线，日线后段的运行级别是 30 分钟，30 分钟后段的运行级别是 15 分钟，在跌破 15 分钟中轨时第一次减仓，跌破 30 分钟中轨时第二次减仓；

（2）本段周线主升段回调后在日线附近稳住。

十、农产品系列期货主升段的运行节奏与背离转折

1.豆粕主升段行情实战分析

图 5-45 是豆粕周线上涨段的结束图，时间从 2021 年 3 月至 2021 年 5 月，如图所示：

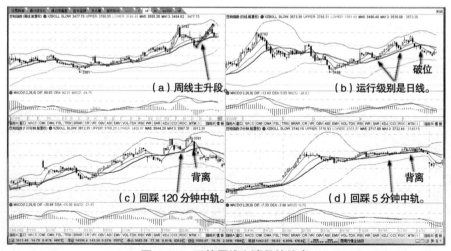

图 5-45　豆粕周线上涨段的结束

（1）图（a）中线段是周线上涨段；

（2）图（b）中走势回踩日线中轨，所以节奏是日线，在日线破位时减仓；

（3）图（c）中走势回踩120分钟中轨，所以节奏是120分钟，在背离时减仓；

（4）图（d）中走势回踩5分钟中轨，在背离时减仓。

复盘心得：

（1）周线上涨段的运行级别是日线，日线后段的运行级别是120分钟，120分钟后段的运行级别是5分钟，在5分钟背离时第一次减仓，120分钟背离时第二次减仓，日线出现破位时第三次减仓；

（2）本段周线上涨段结束后，市场回调到周线中轨附近。

2. 淀粉主升段行情实战分析

图5-46是淀粉周线上涨段的结束图，时间从2021年4月至2021年5月，如图所示：

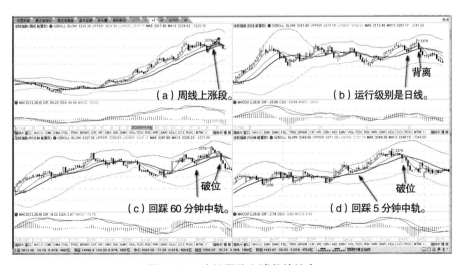

图5-46　淀粉周线上涨段的结束

（1）图（a）中线段是周线上涨段；

（2）图（b）中走势回踩日线中轨，所以节奏是日线，在日线背离时减仓；

（3）图（c）中走势回踩60分钟中轨，所以节奏是60分钟，在跌破中轨时减仓；

（4）图（d）中走势回踩5分钟中轨，在跌破中轨时减仓。

复盘心得：

（1）周线上涨段的运行级别是日线，日线后段的运行级别是60分钟，60分钟后段的运行级别是5分钟，在跌破5分钟中轨时第一次减仓，跌破60分钟中轨时第二次减仓，日线背离时第三次减仓；

（2）本段周线上涨段本身处于周线背离状态，后市回调跌破周线中轨。

3. 白糖主升段行情实战分析

图5-47是白糖周线主升段的结束图，时间从2021年4月至2021年5月，如图所示：

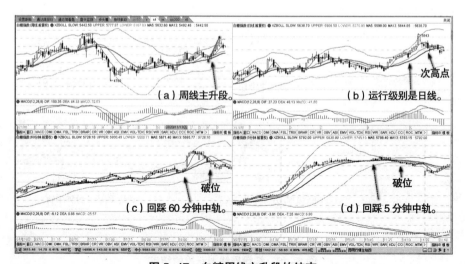

图 5-47　白糖周线主升段的结束

（1）图（a）中线段是周线主升段；

（2）图（b）中走势回踩日线中轨，所以节奏是日线，在日线出现次高点时减仓；

（3）图（c）中走势回踩60分钟中轨，所以节奏是60分钟，在跌破中轨时减仓；

（4）图（d）中走势回踩5分钟中轨，在跌破中轨时减仓。

复盘心得：

（1）周线主升段的运行级别是日线，日线后段的运行级别是60分钟，60分钟后段的运行级别是5分钟，在跌破5分钟中轨时第一次减仓，跌破60分钟中轨时第二次减仓，日线出现次高点时第三次减仓；

（2）本段周线主升段结束后，市场跌破日线中轨，但幅度不大。

4. 棕榈主升段行情实战分析

图5-48是棕榈周线主升段的结束图，时间从2021年4月至2021年5月，如图所示：

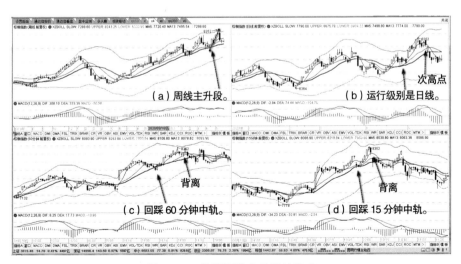

图5-48　棕榈周线主升段的结束

（1）图（a）中线段是周线主升段；

（2）图（b）中走势回踩日线中轨，所以节奏是日线，在日线出现次高点时减仓；

（3）图（c）中走势回踩60分钟中轨，所以节奏是60分钟，在背离时减仓；

（4）图（d）中走势回踩15分钟中轨，在背离时减仓。

复盘心得：

（1）周线主升段的运行级别是日线，日线后段的运行级别是60分钟，60分钟后段的运行级别是15分钟，在15分钟背离时第一次减仓，60分钟背离时第二次减仓，日线出现次高点时第三次减仓；

（2）本段周线主升段结束后，市场再次回踩周线中轨。

第六章　半年涨幅达 300% 的股票主升浪

上一章我们用几乎所有的期货品种去验证主升段的普遍性，同样地，在股票市场也要进行同样的验证。

股票数量众多，显然不可能一一验证，只能选择一些样本。我的方案是这样的：选出一段时间内涨幅达到一定幅度的股票，把它们作为样本，来分析符合主升段特征的股票占比是多少。

我设定的条件是：2021 年 1 月 1 日至 2021 年 6 月 30 日涨幅超过200%。设定这个时间没有任何特别的含义，仅仅是本书行文至此时就在这个时间段。结果按这个方案选出来的股票达几百只，还是太多了。我又做了调整，时间区间没变，当调整上涨幅度到 300% 时，选出了 58 只股票，我就决定以这 58 只股票作为样本来看看符合主升段交易条件的股票的分布情况。

投资者选择做主升段，主要原因是因为主升段涨升幅度大，运动速度快。

在金融交易市场中，满足幅度大速度快的行情走势有三种：一是主升段；二是收敛突破；三是 V 形反转。

收敛突破是指走势在一段时间内窄幅波动，致使布林上、中、下轨极度靠近，然后突然向某个方向快速运动的状态；V 形反转（以上涨为例）是指正在下跌的走势突然向上快速大幅度上涨的状态；主升段则包含了以上两者的变化。如果收敛突破后回踩了某级别中轨后企稳，那么就是该级别主升段；如果 V 形反转后回踩了某级别中轨后企稳，那么同样是该级别主升段。

在这 58 只半年内涨幅达到 300% 的股票中，同样验证了上述的分布情况。剔除 8 只 ST 股和 16 只次新股，剩下的 34 只股票中，走出符合主升段定义的有 13 只，占比 38.2%，走出收敛突破的有 6 只，占比 17.6%，走出 V 形反转的有 12 只，占比 35.3%，另有 3 只难以归类。

下面图 6-1 和图 6-2 分别是半年涨幅达 300% 的选股结果（上）和（下）。

	代码	名称	涨幅%	现价	涨跌	买价	卖价	总量	现量	涨速%	换手%	今开	最高	最低	昨收	市盈(动)	总金额	量比	细分行业	地区	振幅%
1	000150	宜华健康	-3.35	3.17	-0.11	3.16	3.17	327141	7468	0.00	4.06	3.28	3.29	3.16	3.28	--	1.05亿	0.92	医疗保健	广东	3.96
2	000422	湖北宜化	-2.38	29.57	-0.72	29.56	29.57	131.37万	31864	-0.16	14.62	30.20	31.45	29.13	30.29	13.39	39.8亿	0.86	农药化肥	湖北	7.66
3	000615	美丽美谷	-1.77	11.63	-0.21	11.63	11.64	213670	3207	-0.16	2.77	11.74	11.98	11.62	11.84	32.30	2.51亿	0.59	区域地产	湖北	3.04
4	000663	永安林业	0.00	9.75	0.00	9.75	9.77	32924	72	0.10	1.07	9.73	9.89	9.69	9.75	26.76	3216万	0.17	林业	福建	2.05
5	000820	*ST节能	-2.54	3.45	-0.09	3.45	3.46	89973	2352	-0.28	3.13	3.50	3.53	3.45	3.54	0.83	3132万	0.92	环境保护	辽宁	2.26
6	000928	中钢国际	0.55	7.25	0.04	7.24	7.25	288959	4282	-0.13	2.26	7.24	7.28	7.05	7.21	13.48	2.08亿	0.65	建筑工程	吉林	3.19
7	000966	长源电力	-1.19	7.48	-0.09	7.48	7.49	230499	3940	0.00	2.08	7.46	7.60	7.42	7.57	59.11	1.72亿	0.48	火力发电	湖北	2.38
8	000980	*ST众泰	-3.99	8.66	-0.36	8.65	8.66	417969	11410	-0.56	3.35	8.85	9.07	8.66	9.02	--	3.70亿	0.82	汽车整车	浙江	4.55
9	002147	*ST新光	-2.04	5.28	-0.11	5.28	5.29	110642	5389	0.00	2.57	5.36	5.49	5.21	5.39	7.50	5882万	0.75	区域地产	浙江	5.19
10	002269	美邦服饰	-0.88	2.24	-0.02	2.24	2.25	135132	4427	-0.43	0.54	2.25	2.26	2.23	2.26	--	3030万	0.56	服饰	上海	1.33
11	002280	联络互动	-0.19	5.18	-0.01	5.17	5.18	521839	10938	0.00	2.95	5.27	5.29	5.13	5.19	--	2.71亿	0.76	软件服务	浙江	3.09
12	002356	*ST赫美	0.93	4.33	0.04	4.33	4.34	192982	3581	0.93	3.66	4.28	4.48	4.23	4.29	--	8384万	0.87	其他商业	深圳	5.83
13	002592	ST八菱	-1.67	7.07	-0.12	7.06	7.07	32948	2349	0.00	3.41	7.17	7.24	7.06	7.19	6.98	630万	0.69	汽车配件	广西	2.55
14	002612	朗姿股份	-1.60	35.12	-0.57	35.11	35.12	151695	3141	-0.16	6.02	35.49	36.00	35.11	35.69	73.75	5.37亿	0.69	服饰	北京	2.49
15	002622	融钰集团	-4.13	5.11	-0.22	5.10	5.11	477801	6451	0.39	5.55	5.20	5.29	5.09	5.33	2704.16	2.46亿	1.51	电气设备	吉林	3.75
16	002759	天际股份	-0.80	32.09	-0.26	32.09	32.10	144482	1163	-0.05	3.59	32.50	32.62	31.78	32.35	21.68	4.64亿	0.87	家用电器	广东	2.60
17	002762	金发拉比	-4.42	11.02	-0.51	11.02	11.03	296675	5743	0.27	15.15	11.42	11.60	10.96	11.53	443.09	3.31亿	0.62	纺织服饰	广东	4.68
18	002900	哈三联	-1.08	20.98	-0.23	20.98	20.99	59114	849	-0.04	3.47	21.00	21.38	20.96	21.21	9.23	1.25亿	0.65	化学制药	黑龙江	1.98
19	003035	南网能源 R	1.11	8.23	0.09	8.23	8.24	230285	6192	0.00	3.04	8.17	8.24	8.12	8.14	76.74	1.89亿	1.22	新型电力	广东	1.47
20	003039	顺控发展	-0.83	31.07	-0.26	31.07	31.08	31722	981	-0.02	1.53	31.50	31.91	31.33	31.33	72.39	9858万	0.53	水务	广东	2.52
21	003040	楚天龙 R	0.72	25.18	0.18	25.17	25.18	90282	1957	-0.03	11.52	24.52	25.30	24.30	25.00	147.82	2.27亿	0.45	其他电子	广东	4.13
22	003043	华亚智能 R	2.54	92.05	2.28	92.05	92.08	13436	581	0.22	5.91	90.30	94.49	90.77	89.77	66.73	1.26亿	0.67	专用机械	江苏	4.79
23	300061	国兴科技	0.28	7.22	0.02	7.22	7.23	396753	15143	-0.40	7.29	7.20	7.37	7.04	7.20	--	2.85亿	0.78	互联网	上海	4.58
24	300093	金刚玻璃 R	11.26	24.70	2.50	24.69	24.70	77815	1099	-0.15	7.97	22.11	25.65	22.11	22.20	2641.19	18.82亿	3.56	玻璃	广东	15.95
25	300339	润和软件	-1.80	26.80	-0.49	26.79	26.80	493709	10632	-0.06	6.40	27.50	27.75	26.79	27.29	141.04	13.4亿	0.65	软件服务	江苏	3.52
26	300350	华鹏飞	0.62	8.18	0.05	8.17	8.18	138236	1758	0.12	4.24	8.14	8.20	8.03	8.13	40.41	1.12亿	1.03	仓储物流	广东	2.34
27	300458	全志科技	0.77	67.75	0.52	67.74	67.75	197447	1379	0.07	7.58	67.10	68.94	66.21	67.23	43.22	13.4亿	1.00	元器件	广东	4.06
28	300526	中潜股份	-1.95	21.57	-0.43	21.56	21.57	63846	894	-0.13	3.13	22.04	22.20	21.40	22.00	--	1.38亿	0.82	其他商业	广东	3.72
29	300365	*ST恒志	6.28	38.61	2.28	38.61	38.62	15807	275	1.02	1.34	36.11	38.61	35.75	36.33	--	5863万	1.65	化工原料	广东	7.87
30	300667	三能股份 R	0.29	17.12	0.05	17.11	17.12	120587	1317	0.14	5.35	17.17	17.25	17.00	17.07	--	2.06亿	0.80	软件服务	广东	1.46
31	300671	富满微	-1.24	84.88	-1.07	84.87	84.88	110754	1221	0.19	5.43	85.00	86.77	84.29	85.95	26.92	9.43亿	0.90	半导体	深圳	2.89
32	300672	国科微	2.71	212.60	5.60	212.58	212.60	53674	735	0.13	3.10	203.00	212.88	200.00	207.00	158.29	11.0亿	0.86	半导体	湖南	6.22

图 6-1　半年涨幅达 300% 的选股结果（上）

	代码	名称	涨幅%	现价	涨跌	买价	卖价	总量	现量	涨速%	换手%	今开	最高	最低	昨收	市盈(动)	总金额	量比	细分行业	地区	振幅%
32	300672	国科微	2.71	212.60	5.60	212.58	212.60	53674	735	0.11	3.10	203.00	212.88	200.00	207.00	158.29	11.0亿	0.86	半导体	湖南	6.22
33	600403	浙江新能	0.06	15.40	0.01	15.40	15.41	190576	3608	0.00	9.16	15.23	15.54	15.15	15.39	58.88	2.93亿	0.54	新型电力	浙江	2.53
34	600112	*ST天成	4.96	4.02	0.19	4.02	--	312875	1105	0.00	6.14	3.83	4.02	3.77	3.83	--	1.25亿	1.49	电气设备	贵州	6.53
35	600238	海南椰岛	-1.84	17.08	-0.32	17.08	17.09	192757	2823	0.06	4.33	17.60	17.64	17.02	17.40	--	3.32亿	0.64	红黄酒	海南	3.56
36	600365	ST通葡	-1.60	3.70	-0.06	3.70	3.71	45093	265	0.00	1.13	3.77	3.79	3.69	3.76	--	1682万	0.39	红黄酒	吉林	2.66
37	600696	岩石股份	-2.37	29.26	-0.71	29.25	29.26	38006	167	0.21	1.14	30.07	30.25	29.18	29.97	88.91	1.12亿	0.87	白酒	上海	3.57
38	600702	舍得酒业	-0.42	183.07	-0.77	183.06	183.07	77815	573	0.00	2.36	182.31	187.00	182.31	182.30	47.02	14.4亿	1.27	白酒	四川	2.57
39	600744	华银电力	-2.41	6.08	-0.15	6.08	6.09	520563	7167	0.16	6.29	6.00	6.27	5.92	6.23	--	3.17亿	0.98	火力发电	湖南	5.30
40	600725	云维股份	-1.31	16.63	-0.22	16.63	16.64	71587	1034	-0.11	3.33	16.48	17.00	16.35	16.85	75.93	1.18亿	0.93	商业代理	成都	3.86
41	600906	财达证券	-1.74	11.83	-0.21	11.82	11.83	269362	5547	-0.07	5.39	11.95	12.00	11.75	12.04	52.74	3.19亿	1.14	证券	河北	2.08
42	600916	中国黄金 R	-1.11	14.23	-0.16	14.23	14.24	47799	493	0.14	2.66	14.39	14.45	14.15	14.39	32.11	6847万	0.83	黄金	北京	2.08
43	601127	小康股份	0.92	62.39	0.57	62.39	62.40	143151	1420	0.02	1.38	61.85	62.45	60.00	61.82	--	8.86亿	0.82	汽车整车	成都	3.96
44	601238	广汽汽车	-0.12	8.12	-0.01	8.11	8.12	382967	4034	0.50	25.63	8.46	8.46	7.83	8.13	123.65	3.10亿	4.91	汽车整车	广东	7.75
45	601567	三星医疗	-1.60	14.18	-0.23	14.17	14.18	100881	1429	-0.06	1.78	14.40	14.60	14.10	14.41	22.10	1.54亿	0.60	电器仪表	浙江	3.52
46	601677	明泰铝业	-1.17	15.18	-0.18	15.18	15.19	116.87万	16063	0.13	1.03	15.40	15.59	15.16	15.36	2.70	17.6亿	0.88	水运	天津	2.80
47	603026	石大胜华	-3.20	202.61	-6.69	202.60	202.61	63289	1191	-0.38	3.12	205.99	210.99	202.61	209.30	41.54	12.9亿	0.88	化工原料	山东	4.00
48	603098	森特股份 V	0.12	51.30	0.06	51.29	51.30	69271	804	0.29	3.12	51.10	53.49	50.80	51.24	243.41	3.59亿	0.69	装修装饰	北京	5.25
49	603518	锦泓集团	-1.75	11.80	-0.21	11.80	11.81	28307	981	-0.05	12.00	12.02	11.79	12.01	18.67	3393万	0.85	服饰	江苏	1.92
50	605089	味知香 N	-1.80	70.23	-1.29	70.22	70.23	12007	161	-0.09	4.80	71.51	71.99	70.20	71.52	51.35	8492万	0.68	食品	江苏	2.50
51	605337	李子园 N	-5.44	42.20	-2.43	42.20	42.24	61944	728	-0.06	11.54	44.55	45.48	41.12	44.63	35.18	2.75亿	1.31	软饮料	浙江	9.77
52	605365	立达信 R	5.94	99.50	5.58	99.49	99.50	7274	50	0.00	2.60	94.30	99.86	93.09	93.92	33.35	7104万	2.76	医疗保健	浙江	7.21
53	605499	东鹏饮料	0.10	178.00	0.28	178.00	178.02	8467	71	0.07	2.12	178.50	183.00	177.70	53.61	1.12亿	0.71	软饮料	广东	3.38
54	688068	热景生物 K	1.88	96.46	1.78	96.45	96.46	14636	347	0.06	3.34	94.60	96.68	94.60	94.68	3.05	1.41亿	0.86	医疗保健	北京	2.20
55	688308	欧科亿 K	-0.44	72.16	-0.32	72.16	72.18	71000	346	-0.05	10.170	72.48	73.58	71.60	72.48	43.00	5075万	0.56	机械基础件	湖南	2.61
56	688356	键凯科技 K	5.05	319.88	15.38	319.88	319.90	10170	43	0.56	2.89	300.40	331.58	301.00	304.50	101.11	3.28亿	1.63	化学制药	北京	10.04
57	688699	明微电子 K	-2.07	222.88	-4.72	222.88	222.89	9657	81	-0.02	5.47	224.88	226.00	221.28	227.60	20.72	2.15亿	0.73	半导体	深圳	2.52
58	603688	石英股份	6.85	63.35	4.06	63.35	63.36	78533	507	0.32	2.22	60.22	64.20	59.29	59.29	95.65	4.90亿	1.09	矿物制品	江苏	8.28

图 6-2　半年涨幅达 300% 的选股结果（下）

在主升段、收敛突破和 V 形反转三种模式中，V 形反转在 N 形结构上是振荡 N 形，与主升段思维是相悖的，这一类行情超出三段结构论的能力范围，我们放弃不做。主升段模式占比最大，远超三分之一，说明它是很普遍的。收敛突破在认知和操作方面与主升段并无二致，可以合并到主升段模式中，两者合计占比达 55.8%。这说明三段结构论在一轮行情中抓到牛股的概率就是 55.8%。

下面我们在图 6-1 和图 6-2 所列的股票中，挑出符合主升段模式的股票 13 只，符合收敛突破模式的股票 6 只，展开解析它们的主升段的识别与启动。

一、股票主升段的识别与启动

股票主升段的识别与启动的判定方法与期货并无二致，区别只是股票主升段的级别较大，一般是周线级别或月线级别。

首先是观察哪个级别有主升段形态出现。观察是否形成上涨 N 形，观察上涨 N 形的回撤幅度，观察上涨 N 形的回撤是否落到中轨附近企稳，最后，观察以上情形发生在哪个级别。

当观察到某个级别的走势符合主升段的定义时，再去观察它的对应级别，如果在对应级别走出临界突破时，该级别主升段就启动了。

然后，再去观察大盘整体的状态，如果大盘处于多头，那么主升段成功的概率就高，如果大盘处于振荡或空头，要么主升段走出来的概率低，或者主升段的空间就有限。

最后，投资交易总会面临不利的情况，所以要有止损机制。止损有两个作用：一是控制损失，二是保持捕捉下一个机会的能力。

若无特别说明，不管是在哪个级别进行交易，本书所有示例都在两个位置设置止损：一、买入的 N 形结构回撤幅度超过三分之二时，二、买入的 N 形结构的最低点。

二、主升段模式的识别与临界突破

主升段模式是指符合主升段定义的行情走势。

1. 湖北宜化主升段模式启动

图 6-3 是湖北宜化周线主升段图，图中四个圆点标示处是同一位置，时间是 2021 年 2 月 19 日，如图所示：

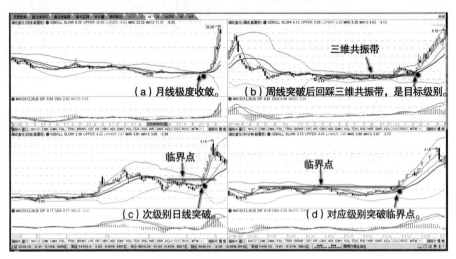

图 6-3 湖北宜化周线主升段

（1）图（a）中月线经过长期横盘已经走平，且布林上、中、下轨极度收敛；

（2）图（b）中周线上涨，致使布林上轨、中轨同时向上运行，一段时间后回踩三维共振带，符合主升段定义，是操作的目标级别；

（3）图（c）中次级别日线穿越临界点，同时形成突破状态；

（4）图（d）中周线主升段的对应级别 60 分钟穿越临界点，同时上轨、中轨向上运动，形成突破形态，主升段启动。止损可设三处：一是 60 分钟中轨转向；二是 60 分钟变振荡 N 形；三是 60 分钟下方低点。

综合分析：

本例如果周线不回踩，则形成收敛突破模式。本例中次级别日线与对应级别 60 分钟的突破发生在同一位置。

2. 奥园美谷主升段模式启动

图 6-4 是奥园美谷周线主升段图，图中四个圆点标示处是同一位置，时间是 2021 年 4 月 22 日，如图所示：

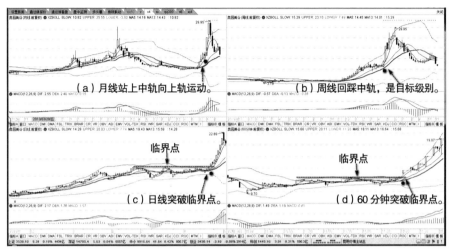

图 6-4　奥园美谷周线主升段图

（1）图（a）中月线收敛后由中轨向上轨运动，然后沿上轨走出单边势；

（2）图（b）中周线横盘振荡，靠近中轨，是操作的目标级别；

（3）图（c）中次级别日线突破临界点；

（4）图（d）中对应级别 60 分钟突破临界点，主升段启动。止损可设三处：一是 60 分钟中轨转向；二是 60 分钟变振荡 N 形；三是 60 分钟下方低点。

综合分析：

本例中周线没有明显回踩，而是横盘振荡，等待中轨靠上来，这样的走势更强。

3. 长源电力主升段模式启动

图 6-5 是长源电力年线主升段图，图中四个圆点标示处是同一位置，时间是 2021 年 3 月 10 日，如图所示：

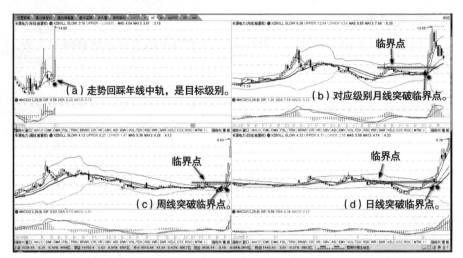

图6-5 长源电力年线主升段

（1）图（a）中走势回踩年线中轨，是操作的目标级别；

（2）图（b）中年线的对应级别月线突破临界点，年线主升段启动；

（3）图（c）中周线突破临界点；

（4）图（d）中日线突破临界点。

综合分析：

从级别来说，年线主升段的价值最大。本例当月线突破临界点时，年线主升段正式启动。但是，此时股份已经翻番，投资者未必敢在这么高的位置买入。当机会难得，行情又还没有正式启动的时候，我们可以运用级别推演，在更小的级别寻找买入时机。本例中可以推演到月线级别的对应级别日线，当日线突破临界点时试探性买入，当试探性仓位处于盈利状态时，可以在月线的次级别周线突破时加仓。进行级别推演是为了在更安全的位置持有仓位。所以，如此操作的前提是有走年线主升段行情的预期，没有这个前提，也就不存在推演。

4.天际股份主升段模式启动

图6-6是天际股份月线主升段图，图中四个圆点标示处是同一位置，时间是2021年4月20日，如图所示：

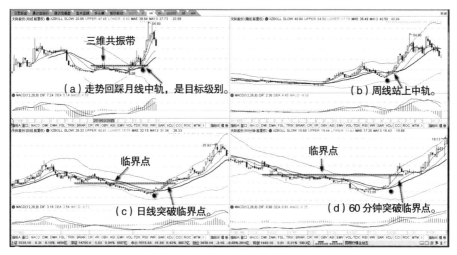

图6-6 天际股份月线主升段

（1）图（a）中月线走势回踩中轨，是操作的目标级别；

（2）图（b）中走势站上周线中轨；

（3）图（c）中对应级别日线走势突破临界点，同时突破上轨，月线主升段启动；

（4）图（d）中60分钟级别走势突破临界点，同时突破上轨。

综合分析：

当月线级别回踩中轨同时也是三维共振带时，就应跟踪对应级别日线的走势，当日线级别走势由下跌转变为上涨时，就意味着次级折返有结束的可能了。进一步地，可以推演到60分钟级别，当60分钟级别突破临界点与布林上轨时，日线的下跌也正处于结束之中。本例中，周线中轨与日线临界点处于同一区域，同时也是密集成交区，当走势突破这一区域时，主升段走出来的可能性进一步提高了。

5. 富满微主升段模式启动

图 6-7 是富满微月线主升段图，图中四个圆点标示处是同一位置，时间是 2021 年 4 月 1 日，如图所示：

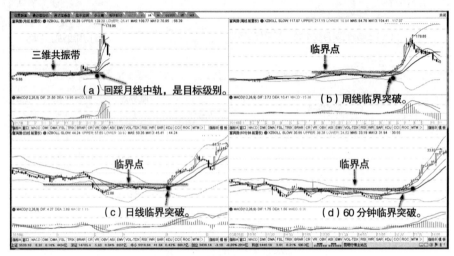

图 6-7　富满微月线主升段

（1）图（a）中走势回踩月线中轨，同时也是三维共振带，是操作的目标级别；

（2）图（b）中周线临界突破；

（3）图（c）中对应级别日线突破临界点，同时上穿布林上轨，标志月线主升段启动；

（4）图（d）中 60 分钟突破临界点，同时上穿布林上轨。

综合分析：

本例月线回踩中轨时，刚好下方有三维共振带，这是最标准的主升段。当对应级别日线产生临界突破时，主升段启动。在日线站上中轨的过程中，可以观察到 60 分钟产生临界突破，这时就可以试探建仓，因为月线级别主升段的预期是明确的。当周

线临界突破时，可以加仓，此时在 60 分钟和日线临界突破时建
立的仓位已经获利了。

6. 国科微主升段模式启动

图 6-8 是国科微月线主升段图，图中四个圆点标示处是同一位置，时
间是 2021 年 4 月 20 日，如图所示：

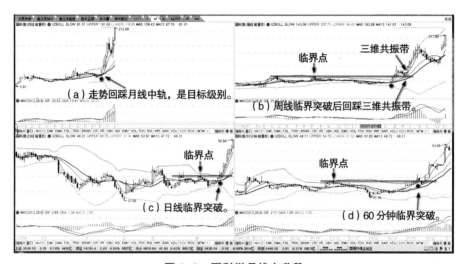

图 6-8　国科微月线主升段

（1）图（a）中走势回踩月线中轨，是操作的目标级别；

（2）图（b）中周线突破临界点后又回踩由临界点转变而成的三维共
振带；

（3）图（c）中对应级别日线突破临界点，同时穿越上轨，月线主升
段启动；

（4）图（d）中 60 分钟临界突破。

综合分析：

本例中日线突破与 60 分钟突破同步发生，在启动阶段两个级
别只有一次开仓机会。但后来走势回踩周线中轨，形成周线主升段，
又形成了一次加仓机会。本例在月线主升段中包含了周线主升段。

7. 海南椰岛主升段模式启动

图6-9是海南椰岛周线主升段图，图中四个圆点标示处是同一位置，时间是2021年3月19日，如图所示：

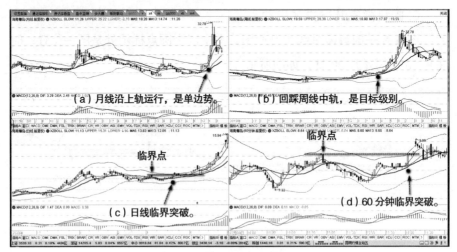

图6-9　海南椰岛周线主升段

（1）图（a）中走势沿月线上轨运行，是单边势；

（2）图（b）中走势回踩周线中轨，是操作的目标级别；

（3）图（c）中日线级别临界突破；

（4）图（d）中对应级别60分钟临界突破，周线主升段启动。

综合分析：

　　本例在月线上已经运行至上轨附近，已经做好走单边势的准备，周线回踩中轨后启动的主升段，得到大级别的配合，主升段更容易成功。对应级别60分钟的突破与日线重合，加仓时机可选在日线又回踩由临界点和日线中轨组成的三维共振带时。

8. 东方银星主升段模式启动

图6-10是东方银星年线主升段图，图中四个圆点标示处是同一位置，时间是2021年2月24日，如图所示：

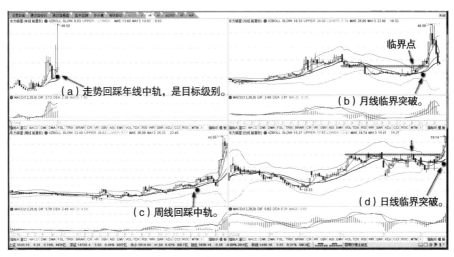

图6-10　东方银星年线主升段

（1）图（a）中走势回踩年线中轨，是操作的目标级别；

（2）图（b）中对应级别月线临界突破，标志年线主升段启动；

（3）图（c）中周线回踩中轨；

（4）图（d）中日线临界突破。

综合分析：

月线临界点与前方密集成交区重合，这样的突破指示意义
是很强的。在月线沿上轨振荡的过程中，还形成了周线回踩中
轨的状态，这给市场创造了一次利用日线临界突破建仓的机会。

9. 小康股份主升段模式启动

图6-11是小康股份周线主升段图，图中四个圆点标示处是同一位置，
时间是2021年2月24日，如图所示：

（1）图（a）中月线运行至上轨后走出单边势；

（2）图（b）中走势回踩周线中轨，是操作的目标级别；

（3）图（c）中日线突破临界点；

（4）图（d）中对应级别60分钟突破布林上轨，标志周线主升段启动。

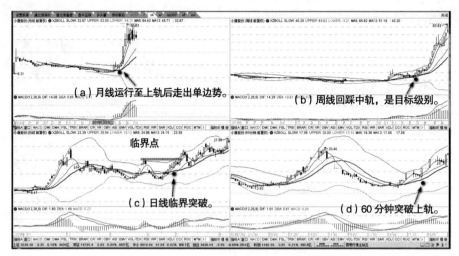

图 6-11 小康股份周线主升段

综合分析:

本例中对应级别 60 分钟突破上轨时相应位置没有明显的临界点, 行情继续上涨, 一段时间后在日线级别临界突破时可以加仓。

10. 中远海控主升段模式启动

图 6-12 是中远海控周线主升段图, 图中四个圆点标示处是同一位置,

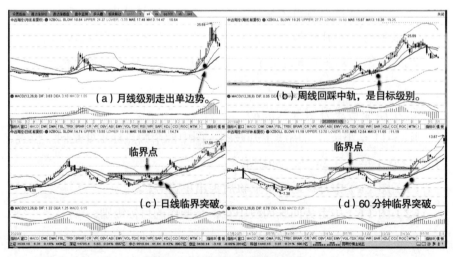

图 6-12 中远海控周线主升段

时间是 2021 年 3 月 31 日，如图所示：

（1）图（a）中月线级别走势沿上轨运行，走出单边势；

（2）图（b）中走势回踩周线中轨，是操作的目标级别；

（3）图（c）中日线突破临界点，同时上穿布林上轨；

（4）图（d）中对应级别 60 分钟突破临界点，同时上穿布林上轨，标志周线主升段启动。

综合分析：

本例中周线主升段是在月线走单边势的中途产生的，这样的主升段确定性最高，因为它本身就是大级别单边势的一部分。

11. 石英股份主升段模式启动

图 6-13 是石英股份季线主升段图，图中四个圆点标示处是同一位置，时间是 2021 年 5 月 27 日，如图所示：

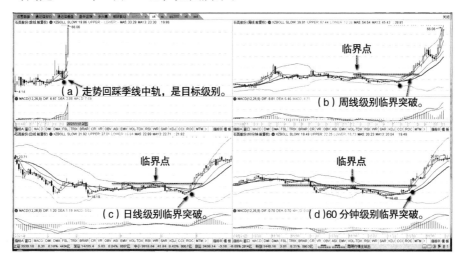

图 6-13　石英股份季线主升段

（1）图（a）中走势回踩季线中轨，是操作的目标级别；

（2）图（b）中对应级别周线临界突破，标志季线主升段启动；

（3）图（c）中日线级别突破临界点；

（4）图（d）中 60 分钟级别突破临界点。

综合分析:

　　本例在对应级别周线突破临界点之前,产生了两次较好的试探性建仓的机会,分别是 60 分钟临界突破和日线临界突破。

12.岩石股份主升段模式启动

　　图 6-14 是岩石股份月线主升段图,图中四个圆点标示处是同一位置,时间是 2020 年 11 月 12 日,如图所示:

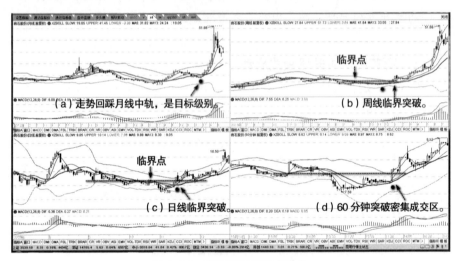

图 6-14　岩石股份月线主升段

　　(1)图(a)中走势回踩月线中轨,是操作的目标级别;

　　(2)图(b)中周线临界突破;

　　(3)图(c)中对应级别日线突破临界点,同时上穿布林上轨,标志月线主升段启动;

　　(4)图(d)中 60 分钟突破临界点,同时上穿布林上轨。

综合分析:

　　本例中,日线和 60 分钟突破的位置离周线突破的位置还有一段时间,但是月线已经回踩到前方三维共振带,所以在日线构筑底部形态并突破时建仓，后市在首批仓位盈利的情况下，在周线突破时加仓，总体上更为有利。

13. 全志科技主升段模式启动

图 6-15 是全志科技月线主升段图，图中四个圆点标示处是同一位置，时间是 2021 年 3 月 30 日，如图所示：

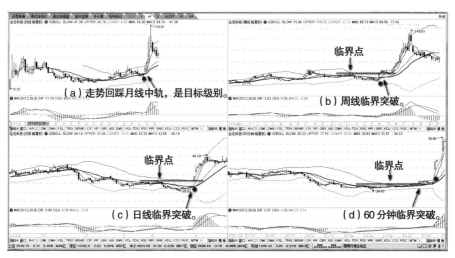

图 6-15　全志科技月线主升段

（1）图（a）中走势回踩月线中轨，是操作的目标级别；

（2）图（b）中周线临界突破；

（3）图（c）中对应级别日线突破临界点，同时上穿布林上轨，标志月线主升段启动；

（4）图（d）中 60 分钟突破临界点，同时上穿布林上轨。

综合分析：

本例在对应级别日线走出高开涨停突破，如果没有做好充分准备是不敢追的，在系统中加上一个对应级别日线的次级别 60 分钟临界突破买入，不但是为了能买入更多的仓位，也可以在一定程度解决高开的问题。一般来说，大级别主升段介入的机会是比较多的，本例中后市周线横盘后还有介入机会。

三、收敛突破模式的识别与临界突破

收敛模式是指长期在一个窄幅区间波动、致使布林上轨、中轨、下轨紧密靠拢、横向运行的行情走势。收敛突破模式与主升段模式的区别在于突破之后一般不再回踩中轨，而是经常沿上轨走出单边势。

1.朗姿股份收敛突破模式启动

图6-16是朗姿股份月线收敛突破图，图中四个圆点标示处是同一位置，时间是2020年11月4日，如图所示：

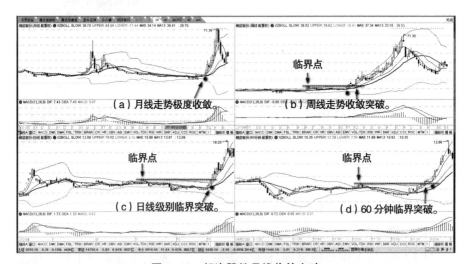

图 6-16　朗姿股份月线收敛突破

（1）图（a）中月线布林上、中、下轨黏合，走势极度收敛，是操作的目标级别；

（2）图（b）中周线临界突破；

（3）图（c）中对应级别日线突破临界点，同时上穿布林上轨，标志月线收敛走势开始突破；

（4）图（d）中60分钟突破临界点，同时上穿布林上轨。

综合分析：

收敛模式的突破一般比较突然，不会回踩，需要追涨买入。

但它的优势也是明显的，走势流畅，干净利落。

2.中钢国际收敛突破模式启动

图6-17是中钢国际周线收敛突破图，图中四个圆点标示处是同一位置，时间是2021年3月1日，如图所示：

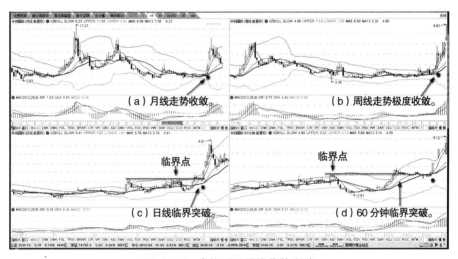

图6-17　中钢国际周线收敛突破

（1）图（a）中月线布林上下轨收口，走势收敛；

（2）图（b）中周线布林上、中、下轨黏合，走势极度收敛，是操作的目标级别；

（3）图（c）中次级别日线突破临界点；

（4）图（d）中对应级别60分钟突破临界点，同时上穿布林上轨，标志着周线收敛走势开始突破。

综合分析：

收敛模式的突破一般比较突然，很少回踩，需要追涨买入。

它的优势就是短时间内涨幅巨大。

3.舍得酒业收敛突破模式启动

图6-18是舍得酒业月线收敛突破图,图中四个圆点标示处是同一位置,时间是2020年10月22日,如图所示:

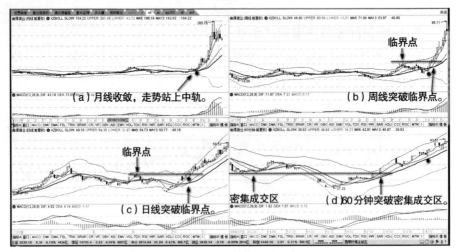

图6-18　舍得酒业月线收敛突破

(1)图(a)中月线布林上、中、下轨黏合,走势站上中轨,是操作的目标级别;

(2)图(b)中周线临界突破;

(3)图(c)中对应级别日线突破临界点,同时上穿布林上轨,标志月线收敛走势开始突破;

(4)图(d)中60分钟突破密集成交区。

综合分析:

本例中月线走势回踩中轨,同时也靠近周线中轨,只是回撤幅度大了一些,否则就是周线主升段了。不过在月线收敛突破后,还有一次回踩,那次就是标准的周线主升段了,请读者自己去复盘。所以,一个大级别的单边走势,其中会有多个小级别主升段的机会,专注于这些确定性更高的机会,比盲目寻找别的机会要好得多。

4. 华银电力收敛突破模式启动

图 6-19 是华银电力月线收敛突破图，图中四个圆点标示处是同一位置，时间是 2021 年 3 月 2 日，如图所示：

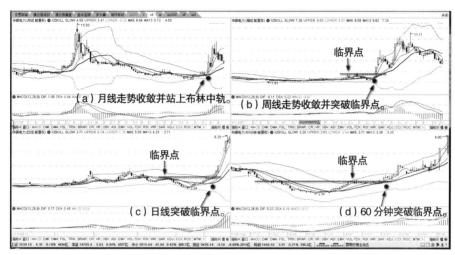

图 6-19 华银电力月线收敛突破

（1）图（a）中月线布林上、中、下轨黏合，走势站上中轨，是操作的目标级别；

（2）图（b）中周线临界突破；

（3）图（c）中对应级别日线突破临界点，同时上穿布林上轨，标志月线收敛走势开始突破；

（4）图（d）中 60 分钟突破临界点，同时上穿布林上轨。

综合分析：

月线收敛突破后，产生回踩，在周线形成一个主升段的机会。

本例收敛突破的涨势受前方高位密集成交区的压制，逐渐衰弱。

5. 三星医疗收敛突破模式启动

图 6-20 是三星医疗周线收敛突破图，图中四个圆点标示处是同一位置，时间是 2021 年 4 月 22 日，如图所示：

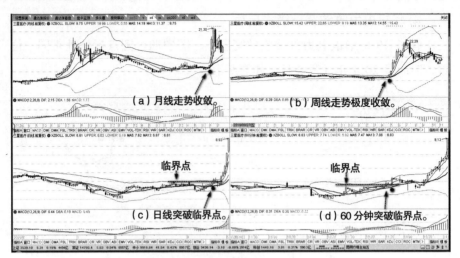

图 6-20　三星医疗周线收敛突破

（1）图（a）中月线走势收敛；

（2）图（b）中周线走势极度收敛，是操作的目标级别；

（3）图（c）中次级别日线突破临界点；

（4）图（d）中对应级别 60 分钟突破临界点，同时上穿布林上轨，标志周线收敛走势开始突破。

综合分析：

　　日线突破临界点后，还产生了一次回踩中轨的动作，形成了极好的加仓机会。

6. 永安林业收敛突破模式启动

图 6-21 是永安林业周线收敛突破图，图中四个圆点标示处是同一位置，时间是 2021 年 1 月 22 日，如图所示：

（1）图（a）中月线走势收敛；

（2）图（b）中周线走势极度收敛，是操作的目标级别；

（3）图（c）中次级别日线突破临界点；

（4）图（d）中对应级别 60 分钟突破临界点，同时上穿布林上轨，标

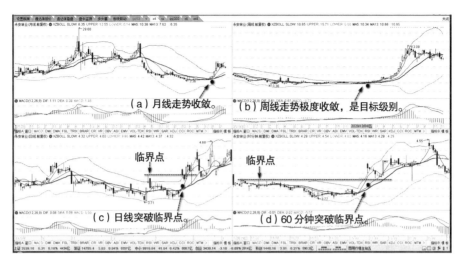

图6-21　永安林业周线收敛突破

志周线收敛走势开始突破。

综合分析：

　　　本次周线级别的收敛突破受到前方密集成交区的压制而结束。

　　至此，主升段的识别与启动的示例就展示结束了，有了直观感受之后，我们再来总结一下主升段的识别与启动要点：

　　首先，主升段做的是上涨N形同向的另一段，这就要求市场必须先有一段流畅的上涨走势，在这一段涨势回落到某一个大级别中轨附近稳定时，如果回落幅度小于三分之二，主升段就具备了基本条件，如果下方再有一个三维共振带的支撑，那就更可靠了。

　　其次，主升段的启动标志是对应级别发生了临界突破。一般地，走势在回落途中会形成由一些反弹高点形成的临界点或密集成交区，当对应级别向上突破这些高点或密集区时，主升段就启动了。为了避免在对应级别突破时涨幅过大不敢追涨或不敢重仓的情况，可以在更小级别临界突破时试探性地建一些仓位。

　　第三，主升段也会失败，或者买入过早，这时就需要止损，退出市场，以获得捕捉另一个主升段的机会。止损点有两个，一个是买入位置下方的最低点，或者是买入的 N 形结构变为振荡 N 形时。

四、股票主升段的运行与结束

　　下面我们研究的是股票主升段的运行节奏与结束特征。

　　既然是主升段，它就一定会在小级别有一段流畅的走势，这段流畅的走势一定会在某个级别形成依托中轨运行的强趋势，这个级别就是主升段的运行级别。回踩该级别中轨就是主升段的运行节奏。

　　当运行级别出现背离转折并跌破运行级别中轨时，该节奏就改变了，市场既可以改变运行方向，也可以切换级别后继续沿原方向运行，无论如何，此时主升段都面临变化，都必须做好相应的准备。

　　常用的主升段的出场是三种：加速段的背离转折；运行级别的背离转折；次级别的背离转折。至于目标级别的背离转折，它出现时利润已经所剩无几了。

　　我们就以上文的 19 个主升段和收敛突破的图例，来看看流畅走势的运行节奏及结束特征。

五、主升段模式的运行节奏与背离转折

1. 湖北宜化主升段行情实战训练

　　图 6-22 是湖北宜化周线主升段的运行图，如图所示：

　　（1）图（a）中是周线主升段，走势多次回踩 13 周线，跌破 13 周线时减仓；

　　（2）图（b）中走势沿 5 日线上行，跌破 5 日线时减仓；

　　（3）图（c）中走势沿 60 分钟中轨运行，跌破 60 分钟中轨时减仓；

　　（4）图（d）中 30 分钟级别走势出现背离转折，破位时减仓。

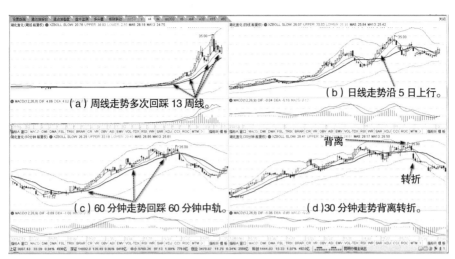

图 6-22　湖北宜化周线主升段的运行

复盘心得:

　　周线级别主升段的运行节奏是回踩 13 周线,目前已经跌破 13 周线,该运行节奏已经改变。沿 13 周线运行的最后一段的节奏是沿 5 日线上行,30 分钟与 60 分钟展示的是沿 5 日线上涨的这一段走势。在 60 分钟图可以看到走势多次回踩 60 分钟中轨,所以它的节奏是回踩 60 分钟中轨。30 分钟出现背离转折表示最后一段的上涨已经结束。逐级倒推回去,在相应级别节奏改变时分批减仓,可保证总体上在较优位置出场,锁定大部分利润。后市若跌破周线中轨,则该主升段结束。

2. 奥园美谷主升段行情实战训练

图 6-23 是奥园美谷周线主升段的运行图,如图所示:

(1)图(a)中是周线主升段;

(2)图(b)中走势先沿 5 日线上行,回踩中轨后背离,背离时减仓;

(3)图(c)中走势回踩 60 分钟中轨,跌破 60 分钟中轨时减仓;

(4)图(d)中 30 分钟级别走势跌破中轨,向下转折,破位时减仓。

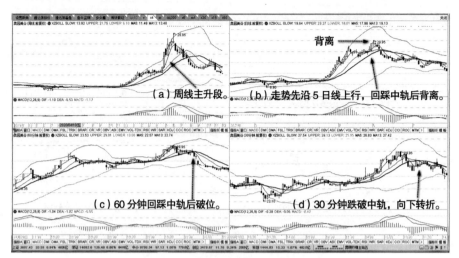

图 6-23　奥园美谷周线主升段的运行

复盘心得：

周线级别主升段的运行节奏是回踩日线中轨，只回踩了一次。30 分钟与 60 分钟展示的是日线的后一段走势。当 60 分钟跌破中轨时，可确认日线背离成立。逐级倒推回去，在相应级别破位时分批减仓，可保证总体上在较优位置出场，锁定大部分利润。后市走势跌破周线中轨，主升段结束。若跌破周线中轨才减仓，利润已经所剩无几了。

3. 长源电力主升段行情实战训练

图 6-24 是长源电力年线主升段的运行图，如图所示：

（1）图（a）中是年线主升段；

（2）图（b）中走势沿月线上轨上行；

（3）图（c）中走势多次回踩 13 周线，跌破 13 周线时减仓；

（4）图（d）中走势跌破日线中轨，破位时减仓。

复盘心得：

年线级别主升段的运行节奏是回踩 13 周线，日线走势跌破

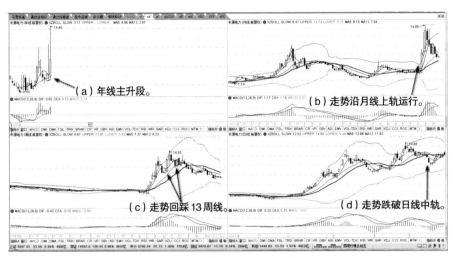

图 6-24　长源电力年线主升段的运行

中轨时可确认周线走势背离。后来走势在周线走出一个次高点后跌破中轨，此时就要将大部分仓位减掉。

4. 天际股份主升段行情实战训练

图 6-25 是天际股份月线主升段的运行图，如图所示：

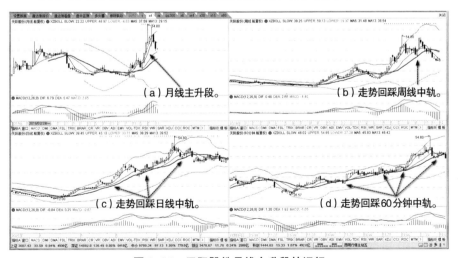

图 6-25　天际股份月线主升段的运行

（1）图（a）中是月线主升段；

（2）图（b）中走势回踩周线中轨后形成次高点；

（3）图（c）中走势多次回踩日线中轨，月线主升段的运行级别是日线，节奏是回踩日线中轨，破位时减仓；

（4）图（d）中走势多次回踩60分钟中轨，破位时减仓。

复盘心得：

月线级别主升段的运行节奏是回踩日线中轨，跌破日线中轨后走势切换级别，回踩了周线中轨，走势再向上涨，形成次高点，后来跌破周线中轨。60分钟展示的是日线级别最后一段加速行情的走势，加速段的节奏是回踩60分钟中轨。在跌破60分钟中轨时首次减仓，跌破日线中轨时再次减仓，跌破周线中轨时第三次减仓。

5. 富满微主升段行情实战训练

图6-26是富满微月线主升段的运行图，如图所示：

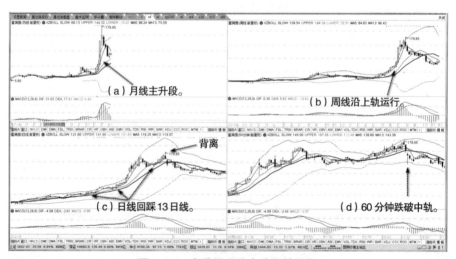

图6-26　富满微月线主升段的运行

（1）图（a）中是月线主升段；

（2）图（b）中走势沿周线上轨上行；

（3）图（c）中走势多次回踩13日线，月线主升段的运行级别是日线，节奏是回踩13日线，破位时减仓；

（4）图（d）中走势多次回踩60分钟中轨，破位时减仓。

复盘心得：

月线级别主升段的运行节奏是回踩13日线。60分钟展示的是日线级别最后一段行情的走势，当60分钟走势跌破中轨时可确认日线背离。在跌破60分钟中轨时首次减仓，跌破日线中轨时再次减仓，跌破周线中轨时第三次减仓。

6. 国科微主升段行情实战训练

图6-27是国科微月线主升段的运行图，如图所示：

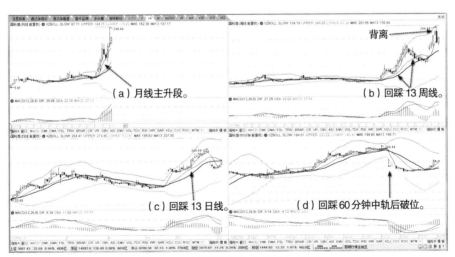

图6-27　国科微月线主升段的运行

（1）图（a）中是月线主升段；

（2）图（b）中走势回踩13周线，月线级别主升段的运行级别是周线，节奏是回踩13周线；

（3）图（c）中走势回踩13日线，周线主升段的运行级别是日线，破位时减仓；

（4）图（d）中走势多次回踩60分钟中轨，破位时减仓。

复盘心得：

月线级别主升段的运行节奏是回踩13周线，跌破13周线后进行级别切换，走势回踩周线中轨。日线展示的是周线回踩中轨后起来的一段走势，当日线走势跌破中轨时可确认周线背离。60分钟展示的是日线级别最后一段行情的走势。第一次减仓应该在跌破13周线时进行，跌破60分钟中轨时再次减仓，跌破日线中轨时第三次减仓。目前走势还没有跌破周线中轨，月线主升段后市的运行情况还不能下定论。

7. 海南椰岛主升段行情实战训练

图6-28是海南椰岛周线主升段的运行图，如图所示：

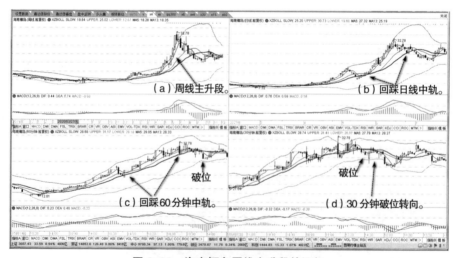

图6-28　海南椰岛周线主升段的运行

（1）图（a）中是周线主升段；

（2）图（b）中走势多次回踩日线中轨，周线主升段的运行级别是日线，节奏是回踩日线中轨，破位时减仓；

（3）图（c）中走势多次回踩60分钟中轨，破位时减仓；

（4）图（d）中30分钟走势已经转向下行，破位时减仓。

复盘心得：

周线级别主升段的运行节奏是回踩日线中轨。60分钟展示的是日线级别加速行情的走势。在跌破30分钟中轨时首次减仓，跌破60分钟中轨时再次减仓，跌破日线中轨时第三次减仓，跌破周线中轨时确认周线主升段行情结束。

8. 东方银星主升段行情实战训练

图6-29是东方银星年线主升段的运行图，如图所示：

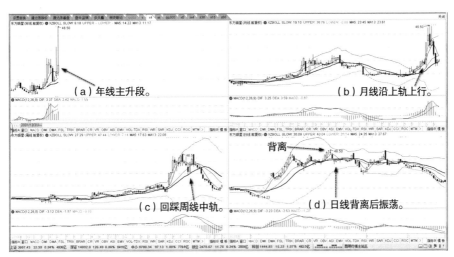

图6-29　东方银星年线主升段的运行

（1）图（a）中是年线主升段；

（2）图（b）中走势沿月线上轨上行；

（3）图（c）中走势回踩周线中轨，年线主升段的运行级别是周线，节奏是回踩周线中轨，破位时减仓；

（4）图（d）中走势多次回踩日线中轨，背离后破位，演变为振荡走势，破位时减仓。

复盘心得：

年线级别主升段的运行节奏是回踩周线中轨。日线展示的是周线级别第一段行情的走势。跌破日线中轨时首次减仓，跌破周线中轨时再次减仓。

9. 小康股份主升段行情实战训练

图 6-30 是小康股份周线主升段的运行图，如图所示：

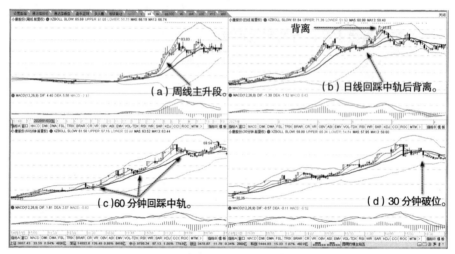

图 6-30　小康股份周线主升段的运行

（1）图（a）中是周线主升段；

（2）图（b）中走势回踩日线中轨，再度上涨后出现背离；

（3）图（c）中走势多次回踩 60 分钟中轨，周线主升段的运行级别是 60 分钟，节奏是回踩 60 分钟中轨，破位时减仓；

（4）图（d）中 30 分钟走势破位，转向向下，破位时减仓。

复盘心得：

周线级别主升段的运行节奏是回踩 60 分钟中轨。跌破 60 分钟中轨后切换级别，回踩日线中轨，日线再向上一段后出现背离。日线背离后走势再次切换级别，回踩周线中轨，再向上未能创新高，形成振荡。30分钟和60分钟展示的是周线主升段的第一段走势，在跌破30分钟和60分钟中轨时分批减仓，跌破日线中轨时再次减仓，跌破周线中轨时确认周线主升段结束。

10. 中远海控主升段行情实战训练

图6-31是中远海控周线主升段的运行图，如图所示：

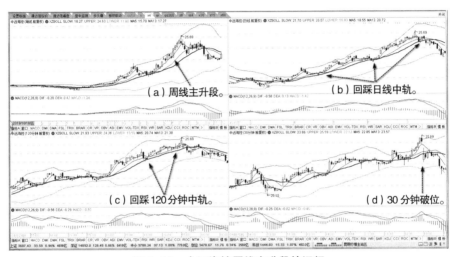

图6-31　中远海控周线主升段的运行

（1）图（a）中是周线主升段；

（2）图（b）中走势多次回踩日线中轨，周线主升段的运行级别是日线，节奏是回踩日线中轨，破位时减仓；

（3）图（c）中走势多次回踩120分钟中轨，破位时减仓；

（4）图（d）中30分钟级别破位转向，破位时减仓。

复盘心得：

　　周线级别主升段的运行节奏是回踩日线中轨。120分钟展示的是日线级别最后一段行情的走势，日线最后一段的运行节奏是回踩120分钟中轨。日线跌破中轨后，走势切换级别，回踩周线

中轨，再向上无力，形成次高点，回落跌破周线中轨，周线主升
段结束。在跌破30和120分钟中轨时分批减仓，跌破日线中轨
时再次减仓，跌破周线中轨时清仓。

11. 石英股份主升段行情实战训练

图6-32是石英股份季线主升段的运行图，如图所示：

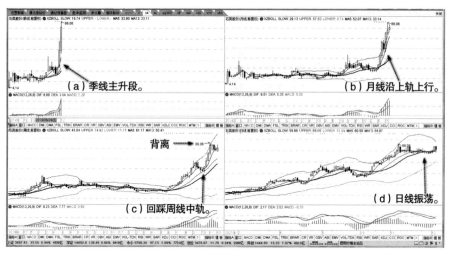

图6-32 石英股份季线主升段的运行

（1）图（a）中是季线主升段；

（2）图（b）中走势沿月线上轨上行；

（3）图（c）中走势回踩周线中轨，月线主升段的运行级别是周线，
节奏是回踩周线中轨；

（4）图（d）中日线走势跌破中轨后振荡，破位时减仓。

复盘心得：

　　季线级别主升段的运行节奏是回踩周线中轨。日线走势横
盘振荡，可确认周线背离。跌破日线中轨时首次减仓。目前没有
出现其他的减仓机会，后市重点观察是否再次回踩周线中轨。

12. 岩石股份主升段行情实战训练

图 6-33 是岩石股份月线主升段的运行图，如图所示：

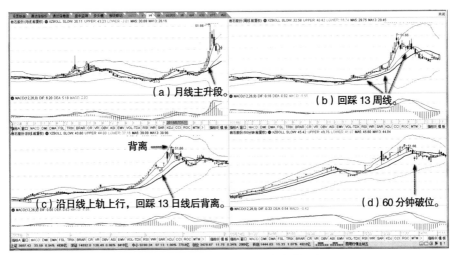

图 6-33 岩石股份月线主升段的运行

（1）图（a）中是月线主升段；

（2）图（b）中走势多次回踩13周线，月线主升段的运行级别是周线，节奏是回踩13周线，破位时减仓；

（3）图（c）中走势先沿日线上轨上行，回踩13日线后出现背离，破位时减仓；

（4）图（d）中60分钟跌破中轨，向下运行，破位时减仓。

复盘心得：

月线级别主升段的运行节奏是回踩13周线。60分钟展示的是日线级别最后一段行情的走势，当60分钟走势跌破中轨时可确认日线背离。在跌破60分钟中轨时首次减仓，跌破13日线时再次减仓，跌破13周线时第三次减仓。

13. 全志科技主升段行情实战训练

图 6-34 是全志科技月线主升段的运行图，如图所示：

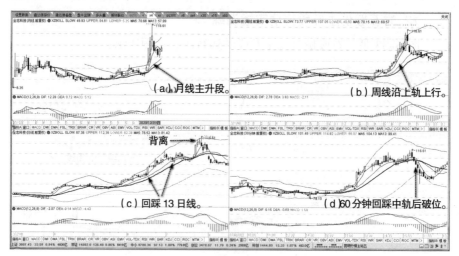

图 6-34　全志科技月线主升段的运行

（1）图（a）中是月线主升段；

（2）图（b）中走势沿周线上轨上行；

（3）图（c）中走势多次回踩13日线，月线主升段的运行级别是日线，节奏是回踩13日线，破位时减仓；

（4）图（d）中走势回踩60分钟中轨后破位，破位时减仓。

复盘心得：

月线级别主升段的运行节奏是回踩13日线，跌破13日线后回踩日线中轨，再度向上后创出新高。60分钟展示的是日线级别创新高这一段行情的走势，当60分钟走势跌破中轨时可确认日线背离。在跌破13日线时首次减仓，跌破60分钟中轨时再次减仓，跌破周线中轨时第三次减仓。

六、收敛突破模式的运行节奏与背离转折

1. 朗姿股份收敛突破行情实战训练

图6-35是朗姿股份月线收敛突破的运行图，如图所示：

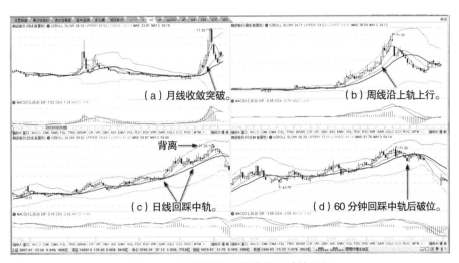

图6-35　朗姿股份月线收敛突破的运行

（1）图（a）中是月线收敛突破行情，是操作的目标级别；

（2）图（b）中走势沿周线上轨上行；

（3）图（c）中走势多次回踩日线中轨，月线收敛突破行情的运行级别是日线，节奏是回踩日线中轨，破位时减仓；

（4）图（d）中走势回踩60分钟中轨后破位，破位时减仓。

复盘心得：

月线级别收敛突破行情的运行节奏是回踩日线中轨。60分钟展示的是日线级别最后一段行情的走势，当60分钟走势跌破中轨时可确认日线背离。在跌破60分钟中轨时首次减仓，跌破日线中轨时再次减仓，跌破周线中轨时第三次减仓。

2. 中钢国际收敛突破行情实战训练

图6-36是中钢国际周线收敛突破的运行图，如图所示：

（1）图（a）中是周线收敛突破行情，是操作的目标级别；

（2）图（b）中走势多次回踩日线中轨，周线收敛突破行情的运行级

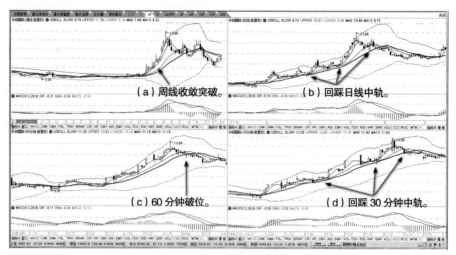

图6-36 中钢国际周线收敛突破的运行

别是日线，节奏是回踩日线中轨，破位时减仓；

（3）图（c）中60分钟破位，破位时减仓；

（4）图（d）中走势回踩30分钟中轨后破位，破位时减仓。

复盘心得：

　　月线级别收敛突破行情的运行节奏是回踩日线中轨。30分钟和60分钟展示的是日线级别最后一段行情的走势，最后一段走势的节奏是回踩30分钟中轨。当60分钟走势跌破中轨时可确认日线背离。在跌破30分钟中轨时首次减仓，跌破60分钟中轨时再次减仓，跌破日线中轨时第三次减仓，跌破周线中轨时清仓。

3. 舍得酒业收敛突破行情实战训练

图6-37是舍得酒业月线收敛突破的运行图，如图所示：

（1）图（a）中是月线收敛突破行情，是操作的目标级别；

（2）图（b）中走势多次回踩周线中轨，月线收敛突破行情的运行级别是周线，节奏是回踩周线中轨，破位时减仓；

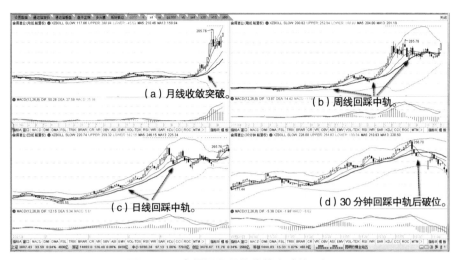

图6-37　舍得酒业月线收敛突破的运行

（3）图（c）中走势多次回踩日线中轨，破位时减仓；

（4）图（d）中走势回踩30分钟中轨后破位，破位时减仓。

复盘心得：

月线级别收敛突破行情的运行节奏是回踩周线中轨。月线突破行情一共回踩了三次周线中轨，日线展示的是第二次回踩周线中轨起来的行情，这一段行情的节奏是回踩日线中轨。30分钟展示的是日线级别加速段的走势，当30分钟走势跌破中轨时可确认日线加速段结束。在加速段结束亦即跌破30分钟中轨时首次减仓，跌破日线中轨时再次减仓，跌破周线中轨时第三次减仓。

4. 华银电力收敛突破行情实战训练

图6-38是华银电力月线收敛突破的运行图，如图所示：

（1）图（a）中是月线收敛突破行情，是操作的目标级别；

（2）图（b）中走势多次回踩13周线，月线收敛突破行情的运行级别

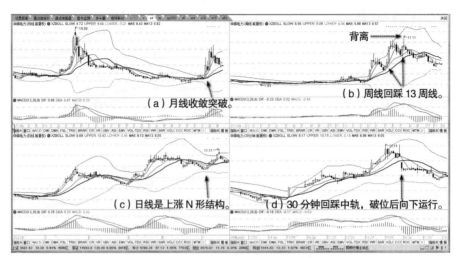

图 6-38　华银电力月线收敛突破的运行

是周线，节奏是回踩 13 周线，破位时减仓；

（3）图（c）中日线走势是上涨 N 形结构；

（4）图（d）中走势回踩 30 分钟中轨后破位，破位时减仓。

复盘心得：

　　月线级别收敛突破行情的运行节奏是回踩 13 周线。日线走势连弱趋势都算不上，只能算作一个大的上涨 N 形结构，它对应着回踩 13 周线的节奏。30 分钟展示的是周线第二次回踩 13 周线起来的走势，当 30 分钟走势跌破中轨时可以确认周线背离。在跌破 30 分钟中轨时首次减仓，跌破 13 周线时再次减仓，跌破周线中轨时第三次减仓。

5. 三星医疗收敛突破行情实战训练

图 6-39 是三星医疗周线收敛突破的运行图，如图所示：

（1）图（a）中是周线收敛突破行情，是操作的目标级别；

（2）图（b）中日线走势回踩中轨后背离；

（3）图（c）中走势多次回踩 120 分钟中轨，周线收敛突破行情的运

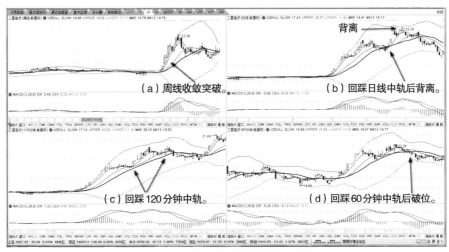

图 6-39 三星医疗周线收敛突破的运行

行级别是 120 分钟，节奏是回踩 120 分钟中轨，破位时减仓；

（4）图（d）中走势回踩 60 分钟中轨后破位，破位时减仓。

复盘心得：

周线级别收敛突破行情的运行节奏是回踩 120 分钟中轨。120 分钟跌破中轨后走势回踩日线中轨，再向上涨出现背离。60 分钟展示的是日线级别最后一段行情的走势，当 60 分钟走势跌破中轨时可确认日线背离。在跌破 120 分钟中轨时首次减仓，跌破 60 分钟中轨时再次减仓，跌破日线中轨时第三次减仓，跌破周线中轨时清仓。

6. 永安林业收敛突破行情实战训练

图 6-40 是永安林业周线收敛突破的运行图，如图所示：

（1）图（a）中是周线收敛突破行情，是操作的目标级别；

（2）图（b）中走势多次回踩日线中轨，周线收敛突破行情的运行级别是日线，节奏是回踩日线中轨，破位时减仓；

（3）图（c）中走势跌破 60 分钟中轨，破位时减仓；

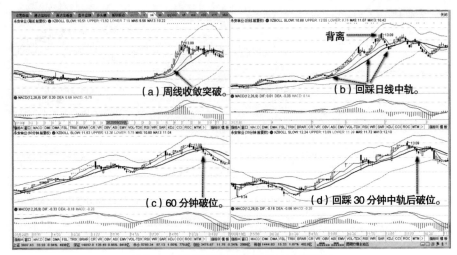

图 6-40　永安林业周线收敛突破的运行

（4）图（d）中走势回踩 30 分钟中轨后破位，破位时减仓。

复盘心得：

　　周线级别收敛突破行情的运行节奏是回踩日线中轨。30 分钟和 60 分钟展示的是日线级别加速段行情的走势，当 60 分钟走势跌破中轨时可确认加速段结束，同时日线背离，日线背离后再次回踩中轨，向上无力创出新高，形成次高点。在跌破 30 分钟和 60 分钟中轨时分批减仓，跌破日线中轨时再次减仓，跌破周线中轨时清仓。

　　至此，主升段的运行示例就已经展示结束了。有了直观感受之后，我们再来总结一下主升段运行与结束的特征：

　　第一，主升段的运行一般总是依托某一级别的中轨上行，一般是对应级别或次级别，当这一运行级别出现背离结束时，要进行减仓操作，锁定部分利润。一般这一段走势已经实现了主升段的大部分涨幅。

　　第二，运行级别结束以后，如果回踩次级别中轨，跌破中轨或再度向上出现背离时要进行减仓操作。这时，整个主升段结束的概率已经很高了。

第三，如果在运行级别的后期有一个明显的加速段，在加速段结束时要进行减仓操作，这是为了避免走势突然大幅度 V 形反转。

第四，走势的结束都是由背离引发的，而大级别的背离都是由小级别的破位转折决定的，所以，小级别破位也是一个减仓位置。

第七章 用主升浪原理跟踪分析沪深 300 指数

在股票市场中，股票价格的波动与指数的波动相关度很高。沪深 300 指数是最重要的指数，除股票外，与它对应的交易品种还有 ETF 基金、股指期货和期权，不同的品种对应着不同的交易周期，所以研究沪深 300 指数的走势对交易具有很强的指导作用。

在本章，我们每天盘中实时跟踪沪深 300 指数，运用三段结构论对其走势进行分析，研究其走势的演化，观察可能出现的主升段机会，锁定级别共振的交易信号，提供给股票期权交易、股指期货交易或股票交易作为决策依据。本章中图例八个周期合于一图，依次是：日线、120 分钟、60 分钟、30 分钟、15 分钟、5 分钟、3 分钟、1 分钟。

另外，通过长期跟踪同一个品种，能更深刻地理解行情的发生、发展和变化，为执行一致性的单一交易模式奠定认知基础。

这样的跟踪分析在市场中是极为罕见的，其价值是难以估量的。

读完你就会明白。

一、2021 年 4 月第 4 周沪深 300 指数跟踪分析

1. 2021 年 4 月 21 日主升段交易机会分析

图 7-1 是沪深 300 指数走势图，如图所示：

（1）图（a）中日线级别自 2 月 18 日以来的下跌走势背离后反弹，反弹后再次的回落没能创出新低，形成了振荡 N 形结构；

（2）图（b）中 60 分钟级别展开了反弹，反弹受上方密集区压制，幅度接近 80%，有效地改变了市场的下跌状态；

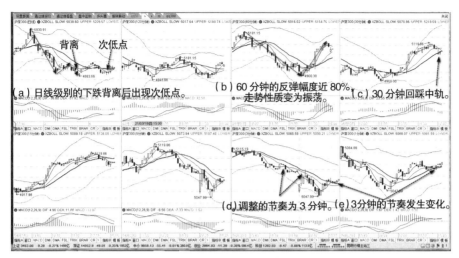

图 7-1　沪深 300 指数走势图

（3）图（c）中走势回落靠近 30 分钟中轨，后市重点观察此处能否形成 30 分钟主升段的交易机会；

（4）图（d）中可以看到回落 30 分钟中轨的这一段走势多次回抽 3 分钟中轨，说明回落走势的运行级别是 3 分钟，后市只要走势上穿 3 分钟中轨，就说明回落走势将发生变化；

（5）图（e）中 1 分钟级别展开一波反弹，同时价格站上 3 分钟中轨，说明本段回落告一段落。此时 1 分钟与 30 分钟有形成共振的迹象，但 1 分钟级别的上涨还要接受 5 分钟和 15 分钟中轨压力的考验，稳健的投资者仍可选择观望。

综合分析：

（1）由于 3 分钟站上中轨，下跌节奏变化，30 分钟中轨企稳的可能性出现，若 3 分钟上涨至上轨，可寻找 30 分钟主升段的做多机会；

（2）本图中没有出现合适的主升段交易机会。

图 7-2 是沪深 300 指数走势图，它承接上一张图，如图所示：

（1）图（a）中走势站稳了 30 分钟中轨，并沿中轨上行；

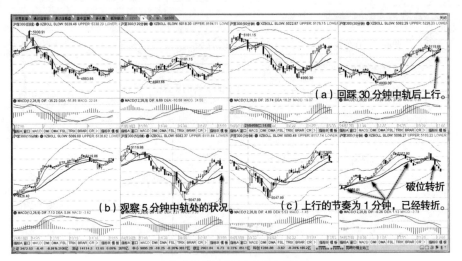

图 7-2　沪深 300 指数走势图

（2）图（b）中可以看到，在 5 分钟级别出现了一波上涨，成功将 5 分钟的方向扭转为向上，之后受上方密集区压制，走势出现回落，后市重点观察走势在 5 分钟中轨处的状况；

（3）图（c）中可以看到，本段 5 分钟的上行走势其运行级别是 1 分钟，因 1 分钟转折导致 5 分钟的上行结束，出现回落。

综合分析：

（1）沿 30 分钟中轨上行的走势较弱，后市即使再度上行，也很容易出现背离，观望；

（2）本图中没有出现合适的主升段交易机会。

图 7-3 是沪深 300 指数走势图，它承接上一张图，如图所示：

（1）图（a）中走势回踩 30 分钟中轨后，向上的运动力量不强，无力创出新高；

（2）图（b）中走势多次回踩 5 分钟中轨，现在已经背离转折，说明这一段 5 分钟级别的上行已经结束。

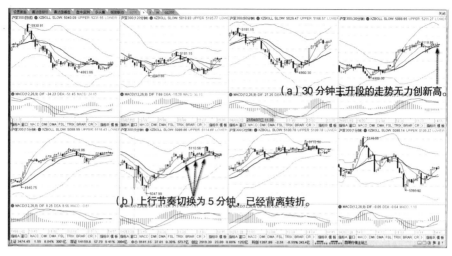

图 7-3　沪深 300 指数走势图

综合分析：

（1）后市将在 30 分钟级别形成振荡走势，观望；

（2）本图中没有出现合适的主升段交易机会。

2. 2021 年 4 月 22 日的沪深 300 指数

图 7-4 是沪深 300 指数走势图，它承接上一张图，如图所示：

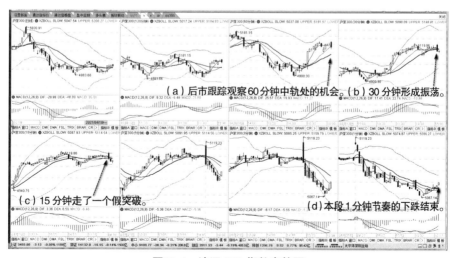

图 7-4　沪深 300 指数走势图

（1）图（a）中60分钟级别方向向上，后市重点观察走势能否回踩中轨形成主升段；

（2）图（b）中30分钟级别走势已经跌破中轨，形成振荡走势；

（3）图（c）中15分钟级别走势收敛，高开后回落，突破失败；

（4）图（d）中显示回落的运行级别为1分钟，现在走势已经站上1分钟中轨，该回落节奏已经改变。

综合分析：

（1）30分钟级别主升段没走出来，后市的机会在于能否出现60分钟主升段；

（2）本图中没有出现合适的主升段交易机会。

图7-5是沪深300指数走势图，它承接上一张图，如图所示：

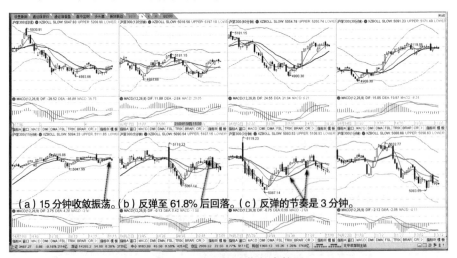

图7-5　沪深300指数走势图

（1）图（a）中15分钟再度收敛；

（2）图（b）中5分钟反弹至黄金分割位后回落；

（3）图（c）中反弹的节奏是回踩3分钟中轨，已经破位。

综合分析：

（1）现在自 30 分钟以下，各级别均处于振荡之中。后市重点观察 60 分钟；

（2）本图中没有出现合适的主升段交易机会。

图 7-6 是沪深 300 指数走势图，它承接上一张图，如图所示：

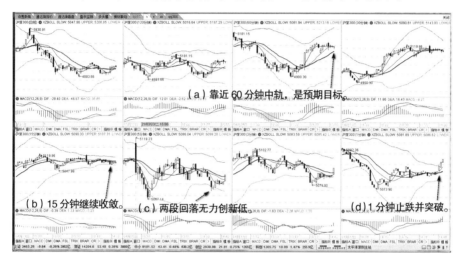

图 7-6　沪深 300 指数走势图

（1）图（a）中走势已经渐次靠向 60 分钟中轨；

（2）图（b）中 15 分钟继续收敛；

（3）图（c）中 5 分钟回落走了两段，无力创新低，已经止跌；

（4）图（d）中 1 分钟已经出现了突破走势。

综合分析：

（1）走势靠近 60 分钟中轨，若出现对应级别突破上轨，应买入多单；

（2）本图中没有出现合适的主升段交易机会。

3. 2021 年 4 月 23 日主升段交易机会分析

图 7-7 是沪深 300 指数走势图，它承接上一张图，如图所示：

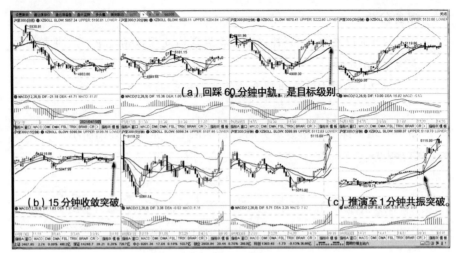

图 7-7　沪深 300 指数走势图

（1）图（a）中 60 分钟回踩中轨，形成了主升段；

（2）图（b）中 15 分钟级别形成突破；

（3）图（c）中 1 分钟级别经过长时间的横盘，致使走势站上 3 分钟和 5 分钟中轨，在回踩 1 分钟中轨向上突破时，就是 60 分钟主升段的共振买点。

综合分析：

（1）经过两天的振荡，市场最后选择的是 60 分钟级别的上涨节奏；

（2）本图中出现了 60 分钟主升段的机会，1 分钟突破时就是买点。

图 7-8 是沪深 300 指数走势图，它承接上一张图，如图所示：

（1）图（a）中是 60 分钟主升段；

（2）图（b）中走势回踩 3 分钟中轨，表明 60 分钟主升段的运行级别是 3 分钟。

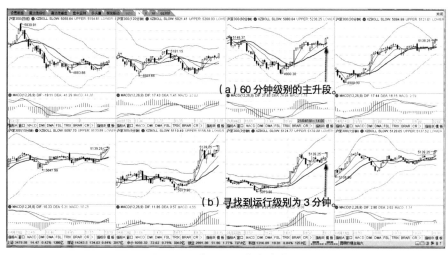

图 7-8　沪深 300 指数走势图

综合分析：

（1）当前回踩 60 分钟中轨是主要节奏，而 60 分钟第二段上行的节奏是 3 分钟，当 3 分钟节奏变化时，就有可能带动 60 分钟节奏变化；

（2）本图中没有出现合适的主升段交易机会。

图 7-9 是沪深 300 指数走势图，它承接上一张图，如图所示：

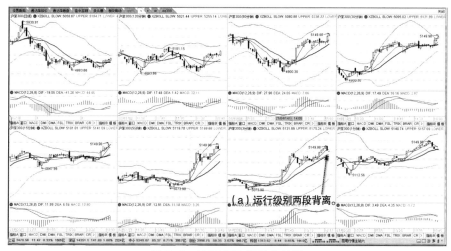

图 7-9　沪深 300 指数走势图

图（a）中3分钟的运行级别已经背离，观察回落后级别切换的情况。

综合分析：

（1）3分钟背离后将切换级别，后市重点观察新级别的运行情况；

（2）本图中可将前面60分钟主升段的交易单减仓或平仓，本图中没有出现新的主升段交易机会。

图7-10是沪深300指数走势图，它承接上一张图，如图所示：

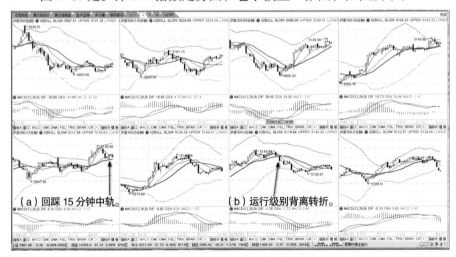

图7-10　沪深300指数走势图

（1）图（a）中走势回踩15分钟中轨，观察能否出现交易机会。

（2）图（b）中表明走势回踩15分钟中轨是由于3分钟的运行级别背离转折后的回落导致的。

综合分析：

（1）3分钟背离转折后，走势回踩15分钟中轨，说明运行级别切换为15分钟，后市若跌破15分钟中轨，则确定60分钟主升段背离；

（2）本图中没有出现合适的主升段交易机会。

图 7-11 是沪深 300 指数走势图，它承接上一张图，如图所示：

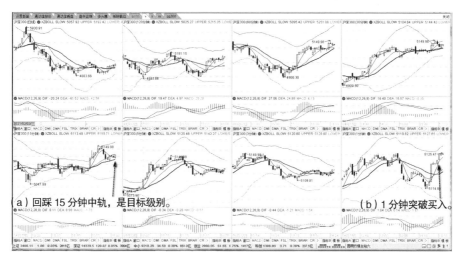

图 7-11 沪深 300 指数走势图

（1）图（a）中走势回踩 15 分钟中轨，形成了交易机会，15 分钟是目标级别；

（2）图（b）中当走势向上突破 1 分钟上轨时可以买入。

综合分析：

（1）1 分钟与 15 分钟形成共振，符合 15 分钟主升段的条件，60 分钟主升段还没有丧失希望；

（2）本图中出现 15 分钟主升段的交易机会，1 分钟突破上轨时就是买点。

图 7-12 是沪深 300 指数走势图，它承接上一张图，如图所示：

（1）图（a）中是 15 分钟主升段；

（2）图（b）中当对应级别 1 分钟背离时可以平仓。

图 7-12　沪深 300 指数走势图

综合分析：

（1）15 分钟成为新的运行级别，它的背离转折决定了 60 分钟主升段的命运；

（2）本图中可将 15 分钟主升段的交易单减仓或平仓，本图中没有出现新的主升段交易机会。

二、2021 年 4 月第 5 周沪深 300 指数跟踪分析

1. 2021 年 4 月 26 日主升段交易机会分析

图 7-13 是沪深 300 指数走势图，它承接上一张图，如图所示：

（1）图（a）中日线站上中轨后向上轨运动；

（2）图（b）中日线运动的运行级别是 60 分钟；

（3）图（c）中 60 分钟主升段的运行级别是 15 分钟；

（4）图（d）中 15 分钟主升段的运行级别是 5 分钟；

（5）图（e）中 5 分钟的节奏是回踩 1 分钟中轨。

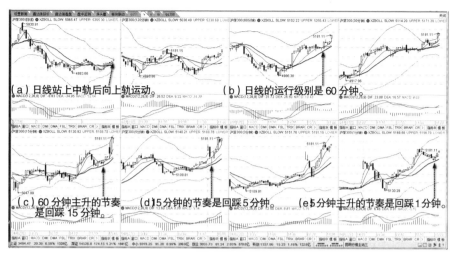

图 7-13　沪深 300 指数走势图

综合分析：

　　（1）15 分钟第二段上涨的节奏是 5 分钟级别，后市观察 5 分钟的运行情况，若它发生背离转折，将会引发连锁反应；

　　（2）本图中没有出现合适的主升段交易机会。

　　图 7-14 是沪深 300 指数走势图，它承接上一张图，如图所示：

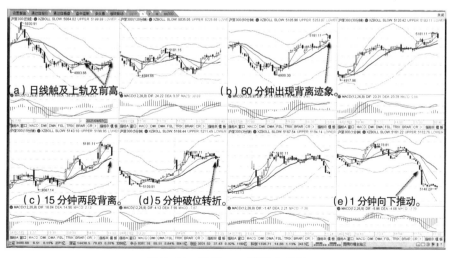

图 7-14　沪深 300 指数走势图

（1）图（a）中日线走势触及上轨，同时也是前面高点；

（2）图（b）中60分钟出现背离迹象，说明日线前方压力在起作用；

（3）图（c）中15分钟已经两段背离，传导到60分钟也开始回落；

（4）图（d）中5分钟横盘振荡后跌破运行级别，引起连锁反应，它是这一系列背离的起点；

（5）图（e）中1分钟向下推动，标志着本段日线级别的上行结束。它诠释了规律八：反弹结束的标志是向下推动。

综合分析：

（1）5分钟背离转折导致15分钟背离，15分钟背离导致60分钟背离，而日线又到了前高和上轨压力区，所以这一轮以回踩60分钟中轨为节奏的上行结束概率大增。跌破5分钟中轨时可以做空，预期目标是行情向60分钟中轨回落。

（2）本图中可以在5分钟跌破中轨、同时1分钟向下突破下轨时开出空单，预期交易的是60分钟由上轨向中轨快速回落，在小级别会形成单边势。这是规律九中所描述的内容。

图7-15是沪深300指数走势图，它承接上一张图，如图所示：

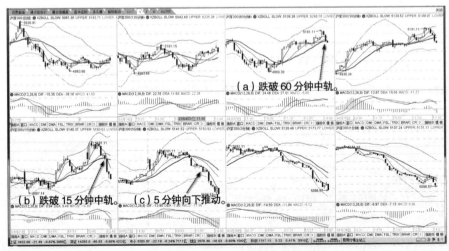

图7-15　沪深300指数走势图

（1）图（a）中60分钟出现背离迹象后继续下跌，击穿了中轨，宣告该运行级别结束；

（2）图（b）中15分钟跌破中轨，把60分钟的背离迹象变为现实；

（3）图（c）中1分钟的向下推动扩展至5分钟，导致15分钟向上的趋势演变为振荡。

综合分析：

（1）60分钟跌破中轨，宣告该节奏的上行结束，后市市场将寻找新支撑，切换新级别，可选择的有120分钟中轨和日线中轨；

（2）本图中没有出现合适的主升段交易机会。

图7-16是沪深300指数走势图，它承接上一张图，如图所示：

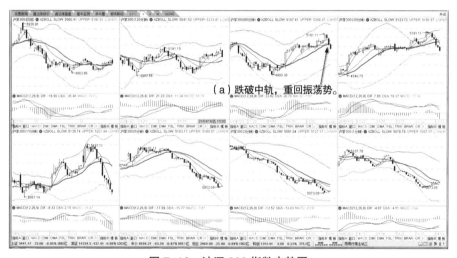

图7-16　沪深300指数走势图

图（a）中60分钟击穿中轨，意味着60分钟由趋势变化为振荡，后市观察走势在三维共振带处的反应。

综合分析：

（1）120分钟中轨位于三维共振带附近，后市观察市场在这里的反应；

（2）本图中没有出现合适的主升段交易机会。

2. 2021 年 4 月 27 日主升段交易机会分析

图 7-17 是沪深 300 指数走势图，它承接上一张图，如图所示：

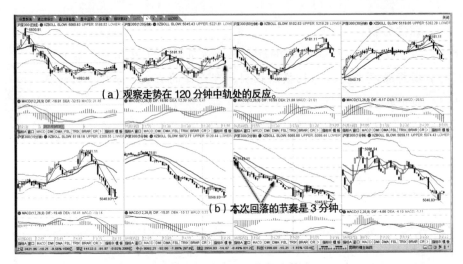

（a）观察走势在 120 分钟中轨处的反应

（b）本次回落的节奏是 3 分钟

图 7-17　沪深 300 指数走势图

（1）图（a）中行情在跌破 60 分钟中轨后向 120 分钟中轨运动；

（2）图（b）中本次下跌的节奏是 3 分钟，市场要止跌，必须先改变这一节奏，这是规律十四描述的内容：趋势要结束，必先减速。

综合分析：

（1）行情要想站稳 120 分钟中轨，改变 3 分钟级别的下跌节奏是基本前提；

（2）本图中没有出现合适的主升段交易机会。

图 7-18 是沪深 300 指数走势图，它承接上一张图，如图所示：

（1）图（a）中行情回落至 120 分钟中轨附近；

（2）图（b）中下跌节奏减切换，由 3 分钟减缓为 5 分钟。

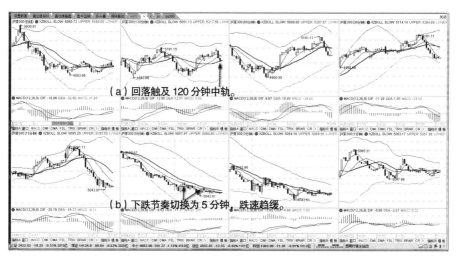

图 7-18 沪深 300 指数走势图

综合分析：

（1）下跌节奏虽然减缓，但没有出现向上的运动，行情能否在 120 分钟中轨处稳定下来仍处于未知状态；

（2）本图中没有出现合适的主升段交易机会。

图 7-19 是沪深 300 指数走势图，它承接上一张图，如图所示：

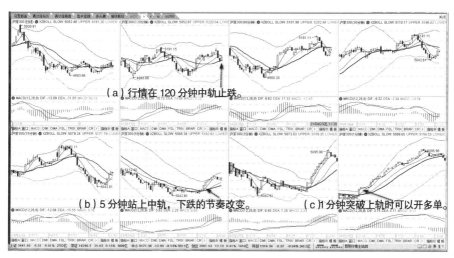

图 7-19 沪深 300 指数走势图

（1）图（a）中行情回踩 120 分钟中轨；

（2）图（b）中走势站上 5 分钟中轨并向上轨运动，下跌节奏改变；

（3）图（c）中当 1 分钟突破上轨时可以开多单。

综合分析：

（1）当 1 分钟突破上轨时，5 分钟站上中轨，此时可以预期行情在 120 分钟中轨处得到支撑，可以开多单，目标位是 15 分钟中轨；

（2）本图中出现了由 15 分钟下轨向中轨回抽的交易机会，可在 1 分钟突破上轨时开多单。

3. 2021 年 4 月 28 日主升段交易机会分析

图 7-20 是沪深 300 指数走势图，它承接上一张图，如图所示：

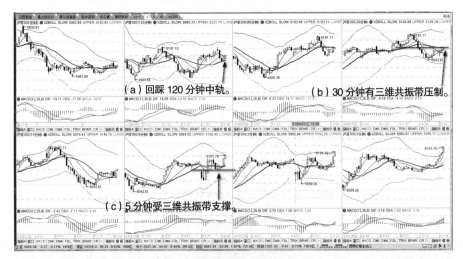

图 7-20 沪深 300 指数走势图

（1）图（a）中走势回踩 120 分钟中轨；

（2）图（b）中 30 分钟中轨处是三维共振带；

（3）图（c）中 5 分钟回落受三维共振带支撑，向上运行。

综合分析：

（1）5分钟与120分钟本来已经形成共振，但上方不远处有30分钟三维共振带的压制，空间有限，方向不明，继续观察；

（2）本图中没有出现合适的主升段交易机会。

图7-21是沪深300指数走势图，它承接上一张图，如图所示：

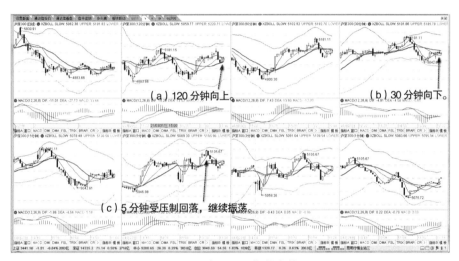

图7-21　沪深300指数走势图

（1）图（a）中走势回踩120分钟中轨，方向向上；

（2）图（b）中走势回抽30分钟中轨，方向向下；

（3）图（c）中5分钟的上行受30分钟压制而回落。

综合分析：

（1）走势仍在振荡之中，继续观察方向选择。若向上，则有大级别主升段的交易机会，若向下，则交易价值不大；

（2）本图中没有出现合适的主升段交易机会。

图7-22是沪深300指数走势图，它承接上一张图，如图所示：

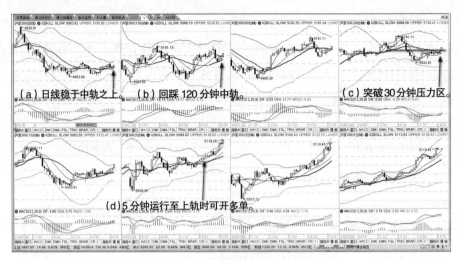

图 7-22 沪深 300 指数走势图

（1）图（a）中走势站稳在日线中轨之上；

（2）图（b）中走势回踩 120 分钟主升段，是操作目标；

（3）图（c）中走势突破 30 分钟压力区；

（4）图（d）中在 5 分钟运行至上轨时与 120 分钟形成共振，可开多单。

综合分析：

（1）日线级别原来的上行节奏是 60 分钟级别，现在切换为 120 分钟。后市要跟踪的是 120 分钟级别第二段走势的运行节奏；

（2）本图中出现 120 分钟主升段的交易机会，可在 5 分钟突破上轨时开多单。

4. 2021 年 4 月 29 日主升段交易机会分析

图 7-23 是沪深 300 指数走势图，它承接上一张图，如图所示：

（1）图（a）中走势回踩 120 分钟中轨，是当前行情的主要运行节奏；

（2）图（b）中 3 分钟跌破中轨，意味着 120 分钟走势的第二段的节奏变化；

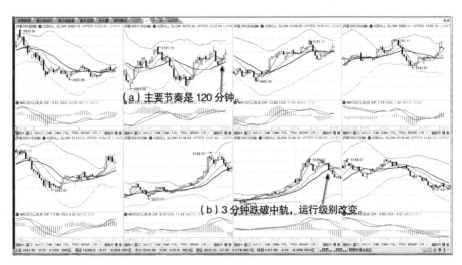

图 7-23　沪深 300 指数走势图

综合分析：

　　（1）120 分钟在前高附近受阻，面临切换节奏；

　　（2）本图没有出现合适的主升段交易机会。

　　图 7-24 是沪深 300 指数走势图，它承接上一张图，如图所示：

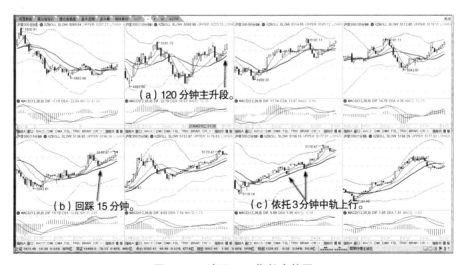

图 7-24　沪深 300 指数走势图

（1）图（a）中走势回踩 120 分钟中轨，是当前行情的主要运行节奏；

（2）图（b）中 120 分钟第二段的运行级别是 15 分钟；

（3）图（c）中 15 分钟的第二段的运行级别是 3 分钟。

综合分析：

（1）后市重点跟踪 15 分钟的运行节奏，若它发生背离转折，则会影响到 120 分钟主升段的运行；

（2）本图没有出现合适的主升段交易机会。回踩 15 分钟时从结构上讲是一个机会，但预期赔率只有 1，所以没有进行交易。

5. 2021 年 4 月 30 日主升段交易机会分析

图 7-25 是沪深 300 指数走势图，它承接上一张图，如图所示：

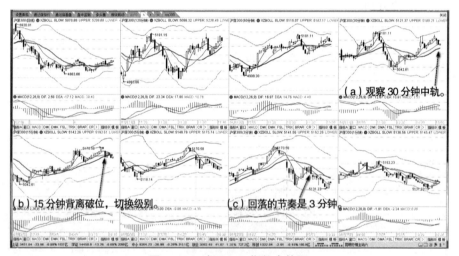

图 7-25　沪深 300 指数走势图

（1）图（a）中 30 分钟走势向中轨回落；

（2）图（b）中 15 分钟背离转折，切换级别；

（3）图（c）中回落的节奏是 3 分钟。

综合分析：

（1）15 分钟背离后，走势向 30 分钟中轨回落，回落是 3 分钟级别的，当 3 分钟站上中轨时，回落会切换级别；

（2）本图没有出现合适的主升段交易机会。

图 7-26 是沪深 300 指数走势图，它承接上一张图，如图所示：

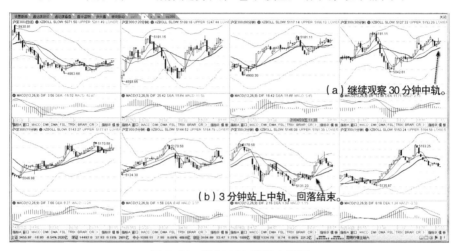

图 7-26　沪深 300 指数走势图

（1）图（a）中走势靠近 30 分钟中轨；

（2）图（b）中走势站上 3 分钟中轨；

综合分析：

（1）走势进入振荡状态，重点观察 30 分钟中轨的得失。

（2）本图没有出现合适的主升段交易机会。

图 7-27 是沪深 300 指数走势图，它承接上一张图，如图所示：

（1）图（a）中 120 分钟出现次高点，有可能演变为振荡；

（2）图（b）中 30 分钟中轨被快速击穿，空头力量颇强；

（3）图（c）中 15 分钟反弹，观察三维共振带处的压力。

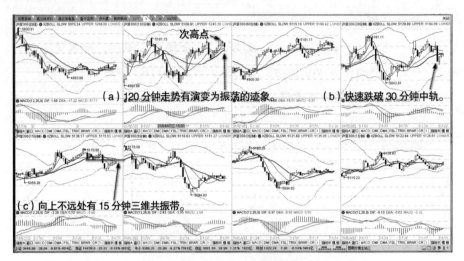

图7-27　沪深300指数走势图

综合分析：

（1）本轮120分钟的主升段在跌破30分钟中轨时即已宣告结束。

（2）本图没有出现合适的主升段交易机会。

三、2021年5月第1周沪深300指数跟踪分析

1.2021年5月6日主升段交易机会分析

图7-28是沪深300指数走势图，它承接上一张图，如图所示：

（1）图（a）中跌破日线中轨，是振荡势；

（2）图（b）中走势跌破120分钟中轨，走势变化为振荡；

（3）图（c）中15分钟反弹受制于三维共振带，快速下跌；

（4）图（d）中下跌的运行级别为1分钟。

综合分析：

（1）120分钟重回振荡和15分钟反弹受制都在预期之中，但没出现合适的交易机会。

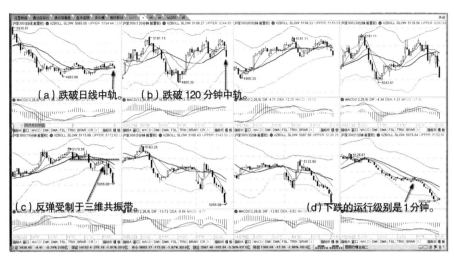

图 7-28 沪深 300 指数走势

图 7-29 是沪深 300 指数走势图，它承接上一张图，如图所示：

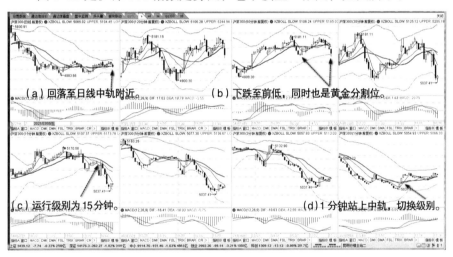

图 7-29 沪深 300 指数走势

（1）图（a）中走势回到日线中轨附近；

（2）图（b）中走势回落至 60 分钟分割位，同时也是前方低点；

（3）图（c）中反弹回抽 15 分钟中轨，这是本轮下跌的节奏，后市只有站上 15 分钟中轨才能结束下跌；

（4）图（d）中 1 分钟的下跌节奏已经改变，后市将切换下跌节奏。

综合分析：

（1）1分钟节奏改变之后，观察的要点是15分钟的节奏是否改变；

（2）本图没有出现合适的主升段交易机会。

图7-30是沪深300指数走势图，它承接上一张图，如图所示：

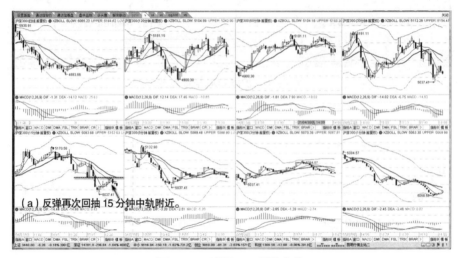

图7-30　沪深300指数走势

图（a）中市场反弹至15分钟中轨附近遇三维共振带压制而回落，后市观察重点是走势能否稳定在日线中轨，这又取决于15分钟中轨能否被突破。

综合分析：

（1）15分钟运行级别的变化是后市的行情决定因素；

（2）本图没有出现合适的主升段交易机会。

2.2021年5月7日主升段交易机会分析

图7-31是沪深300指数走势图，它承接上一张图，如图所示：

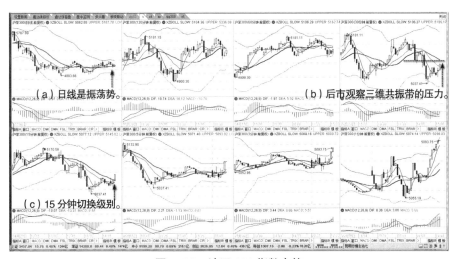

图7-31　沪深300指数走势

（1）图（a）中日线是振荡势；

（2）图（b）中30分钟向上反弹，上方不远处是三维共振带压力区；

（3）图（c）中15分钟站上中轨，切换下跌节奏。

综合分析：

（1）5分钟向上突破，导致15分钟站上中轨，但上方不远
即是压力区，不具备交易价值；

（2）本图没有出现合适的主升段交易机会。

图7-32是沪深300指数走势图，它承接上一张图，如图所示：

（1）图（a）中日线级别是振荡势；

（2）图（b）中30分钟回抽中轨后受三维共振带压制回落，形成主
跌段；

（3）图（c）中5分钟向下突破下轨时可开空单，上方高点止损。

综合分析：

（1）日线跌破中轨，30分钟形成新的下跌节奏；

（2）本图出现30分钟主跌段的交易机会。

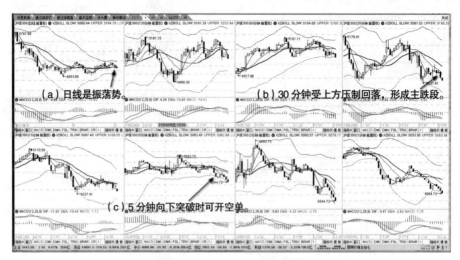

图 7-32　沪深 300 指数走势

图 7-33 是沪深 300 指数走势图，它承接上一张图，如图所示：

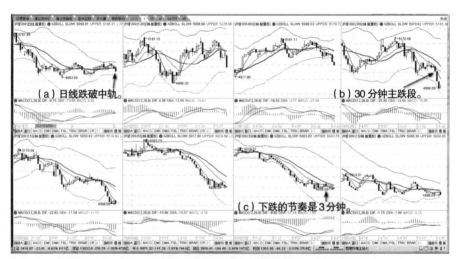

图 7-33　沪深 300 指数走势

（1）图（a）中日线跌破中轨；

（2）图（b）中 30 分钟主跌段继续向下运行；

（3）图（c）中下跌的运行级别是 3 分钟。

综合分析：

（1）空头占据市场主导权；

（2）本图没有出现合适的主升段交易机会。

四、2021 年 5 月第 2 周沪深 300 指数跟踪分析

1.2021 年 5 月 10 日主升段交易机会分析

图 7-34 是沪深 300 指数走势图，它承接上一张图，如图所示：

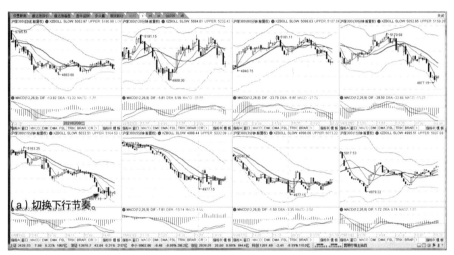

图 7-34　沪深 300 指数走势

图（a）中下跌节奏由 3 分钟切换为 15 分钟；

综合分析：

（1）市场处于空头氛围中；

（2）本图中没有出现主升段交易机会。

图 7-35 是沪深 300 指数走势图，它承接上一张图，如图所示：

（1）图（a）中走势回抽 15 分钟中轨后下行；

（2）图（b）中可以在 3 分钟破位时开空。

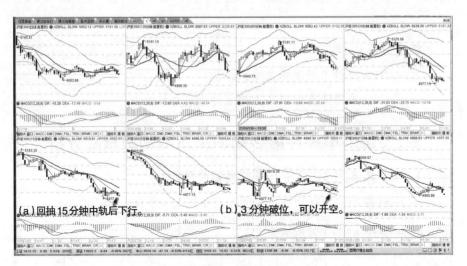

图 7-35　沪深 300 指数走势

综合分析：

　　（1）15 分钟横盘振荡后有破位迹象；

　　（2）本图出现 15 分钟主跌段机会。

　　图 7-36 是沪深 300 指数走势图，它承接上一张图，如图所示：

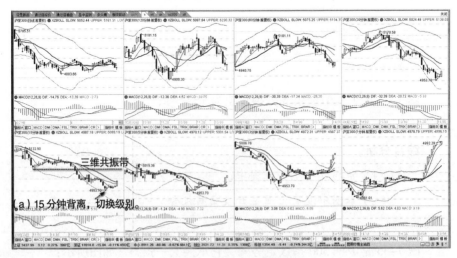

图 7-36　沪深 300 指数走势

图（a）中15分钟的下跌出现背离，后市切换级别，上方观察三维共振带处的压力。

综合分析：

（1）本轮下跌的节奏是30分钟，后市若站上15分钟三维共振带，则此节奏将变化；

（2）本图中没有出现主升段交易机会。

2.2021年5月11日主升段交易机会分析

图7-37是沪深300指数走势图，它承接上一张图，如图所示：

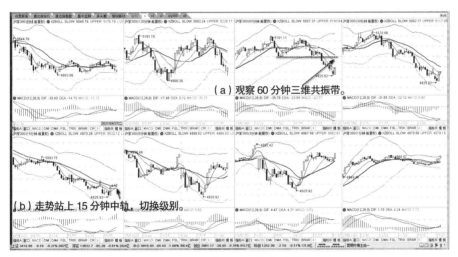

图7-37　沪深300指数走势

（1）图（a）中展示的是60分钟三维共振带；

（2）图（b）中走势站上15分钟中轨，切换级别，后市观察走势在30分钟中轨和60分钟中轨处的反应。

综合分析：

（1）走势进入反弹周期，目标看30分钟中轨和60分钟中轨；

（2）本图中没有出现主升段交易机会。

图 7-38 是沪深 300 指数走势图，它承接上一张图，如图所示：

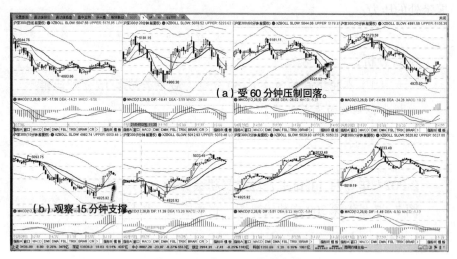

图 7-38　沪深 300 指数走势

（1）图（a）中走势在 60 分钟三维共振带处受到压制，这在上一张图中已经明示；

（2）图（b）中 15 分钟转为上涨走势，后市观察 15 分钟三维共振带的支撑状况。

综合分析：

（1）反弹直达 60 分钟中轨，不算太弱；

（2）后市观察 15 分钟的交易机会。

3.2021 年 5 月 12 日主升段交易机会分析

图 7-39 是沪深 300 指数走势图，它承接上一张图，如图所示：

（1）图（a）中反弹至 60 分钟中轨；

（2）图（b）中 15 分钟处于上行状态。

综合分析：

（1）15 分钟上行，但没有做多机会，60 分钟有压力，但小

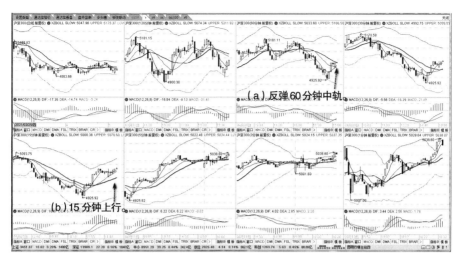

图 7-39　沪深 300 指数走势

级别上行，还不到做空的时候；

（2）本图没有出现合适的主升段机会。

图 7-40 是沪深 300 指数走势图，它承接上一张图，如图所示：

（1）图（a）中走势回踩 30 分钟中轨，是目标级别；

（2）图（b）中 1 分钟突破开多，下方低点止损。

图 7-40　沪深 300 指数走势

综合分析：

　　（1）市场在60分钟压力下最终选择回踩30分钟中轨；

　　（2）本图出现30分钟主升段机会。

图7-41是沪深300指数走势图，它承接上一张图，如图所示：

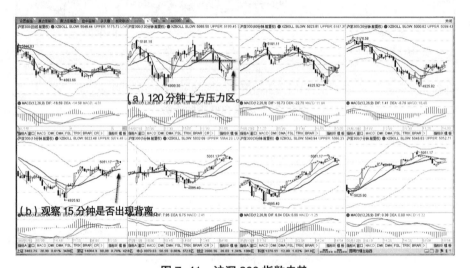

图7-41　沪深300指数走势

（1）图（a）中走势站上60分钟中轨后，上方又面临120分钟压力区；

（2）图（b）中若15分钟出现两段背离，则说明压力起作用。

综合分析：

　　（1）下跌中的反弹都要经受各级别压力区的考验；

　　（2）本图没有出现主升段机会。

4.2021年5月13日主升段交易机会分析

图7-42是沪深300指数走势图，它承接上一张图，如图所示：

（1）图（a）中走势反弹至120分钟中轨附近受压制回落；

（2）图（b）中回落走势的节奏为回抽3分钟中轨。

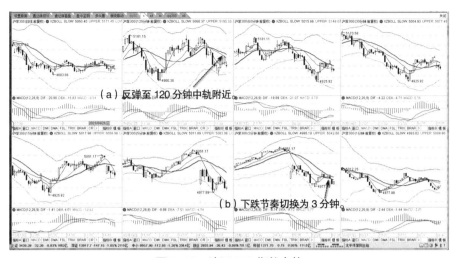

图 7-42 沪深 300 指数走势

综合分析:

（1）昨天 15 分钟有背离迹象，今天大幅低开，背离成立；

（2）本图没有出现主升段交易机会。

图 7-43 是沪深 300 指数走势图，它承接上一张图，如图所示:

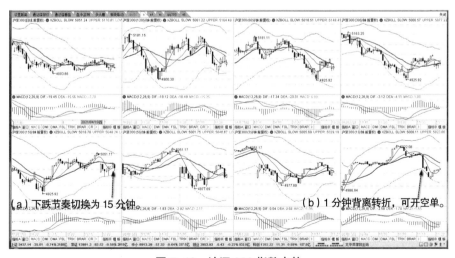

图 7-43 沪深 300 指数走势

（1）图（a）中走势反弹，下跌节奏由3分钟切换为15分钟；

（2）图（b）中1分钟背离转折时可开空单。

综合分析：

（1）走势反弹至15分钟中轨时，对应级别1分钟出现背离转折，是标准的反弹结束标志；

（2）本图出现15分钟主跌段机会。

图7-44是沪深300指数走势图，它承接上一张图，如图所示：

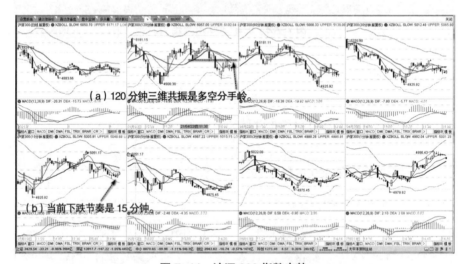

图7-44 沪深300指数走势

（1）图（a）中近日走势的多空分水岭是120分钟三维共振带；

（2）图（b）中当前下跌节奏是15分钟。

综合分析：

（1）经过几天的下跌反弹，当前15分钟以上级别方向全部向下，空头取得优势；

（2）本图没有出现主升段交易机会。

5.2021 年 5 月 14 日主升段交易机会分析

图 7-45 是沪深 300 指数走势图，它承接上一张图，如图所示：

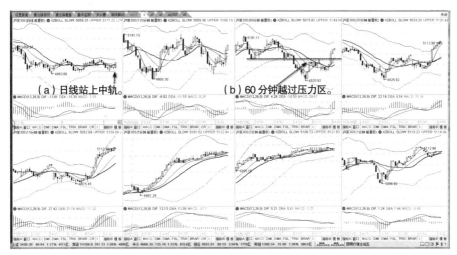

图 7-45　沪深 300 指数走势

（1）图（a）中日线重新站上中轨；

（2）图（b）中走势突破 60 分钟压力区。

综合分析：

　　（1）走势向上穿越压力区，空方优势被化解，市场重新回到振荡状态；

　　（2）市场走了一个向上的 15 分钟级别单边突破，本图中没有合适的主升段交易机会。

五、2021 年 5 月第 3 周沪深 300 指数跟踪分析

1.2021 年 5 月 17 日主升段交易机会分析

图 7-46 是沪深 300 指数走势图，它承接上一张图，如图所示：

（1）图（a）中市场运行至日线上轨；

（2）图（b）中上涨的节奏是 5 分钟。

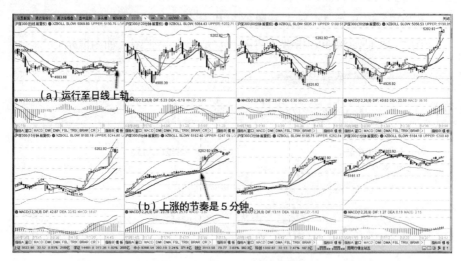

图 7-46　沪深 300 指数走势

综合分析：

（1）此轮上涨走势强劲，市场转变为多头；

（2）本图出现了 5 分钟主升段的机会。

图 7-47 是沪深 300 指数走势图，它承接上一张图，如图所示：

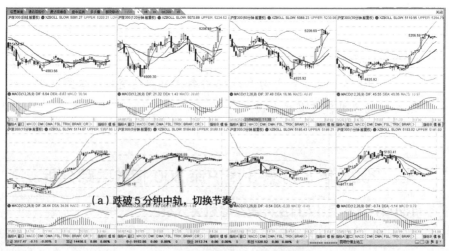

图 7-47　沪深 300 指数走势

图（a）中走势跌破 5 分钟中轨，上涨节奏改变。

综合分析：

（1）市场涨至日线布林上轨后，开始调整；

（2）本图没有主升段交易机会。

2.2021 年 5 月 18 日主升段交易机会分析

图 7-48 是沪深 300 指数走势图，它承接上一张图，如图所示：

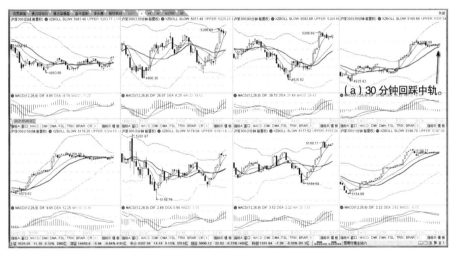

图 7-48　沪深 300 指数走势

图（a）中走势回踩 30 分钟中轨。

综合分析：

（1）观察本次调整最终选择回踩哪一个级别；

（2）回踩 30 分钟中轨是一个交易机会，但 5 分钟走了一个单边势，止损过大，放弃此次交易机会。

3.2021 年 5 月 19 日主升段交易机会分析

图 7-49 是沪深 300 指数走势图，它承接上一张图，如图所示：

图（a）中走势在触及 30 分钟中轨后，继续维持横盘走势。

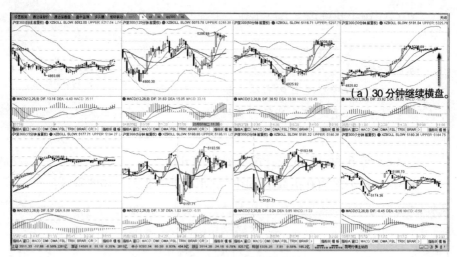

图 7-49　沪深 300 指数走势

综合分析：

（1）市场选择的不是 30 分钟；

（2）昨天 5 分钟单边势，今天一个低开，小级别走势仍然是振荡势。

图 7-50 是沪深 300 指数走势图，它承接上一张图，如图所示：

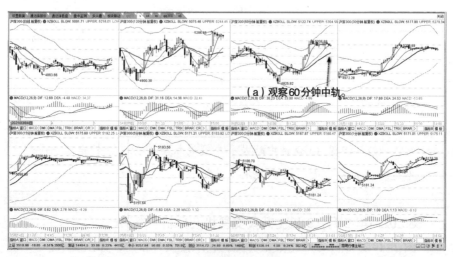

图 7-50　沪深 300 指数走势

图（a）中走势正向 60 分钟中轨靠拢。

综合分析：

（1）截至目前市场回撤幅度很小，基本是横向振荡；

（2）本图没有出现主升段交易机会。

4.2021 年 5 月 20 日主升段交易机会分析

图 7-51 是沪深 300 指数走势图，它承接上一张图，如图所示：

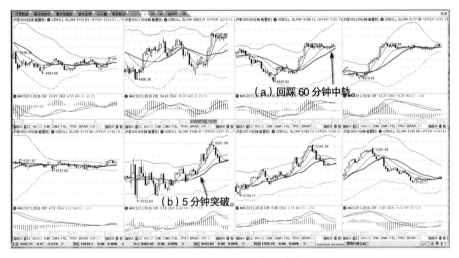

图 7-51　沪深 300 指数走势

（1）图（a）中走势回踩 60 分钟中轨；

（2）图（b）中 5 分钟收敛突破，可开多单。

综合分析：

（1）回踩 60 分钟中轨后有一个向上运行的动作，但力度不强，没有拓展出有效盈利空间；

（2）本图出现 60 分钟主升段机会。

5.2021 年 5 月 21 日主升段交易机会分析

图 7-52 是沪深 300 指数走势图，它承接上一张图，如图所示：

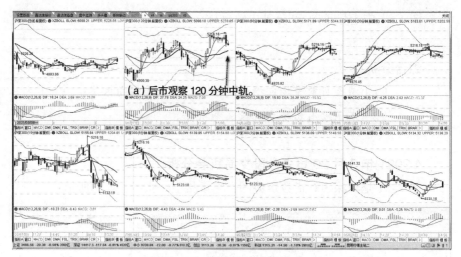

图 7-52　沪深 300 指数走势

　　图（a）中由于 60 分钟破位，走势下一步将回踩 120 分钟中轨，观察是否会出现机会。

综合分析：

　　（1）大小级别方向各异，市场处于振荡之中，观望；

　　（2）本图没有出现主升段交易机会。

六、2021 年 5 月第 4 周沪深 300 指数跟踪分析

1.2021 年 5 月 24 日主升段交易机会分析

图 7-53 是沪深 300 指数走势图，它承接上一张图，如图所示：

（1）图（a）中走势回踩 120 分钟中轨；

（2）图（b）中对应级别 5 分钟形成底部形态，后市可择机买入。

综合分析：

　　（1）回踩 120 分钟中轨的同时也回踩日线中轨，市场进入做多周期；

　　（2）本例出现了 120 分钟主升段机会。

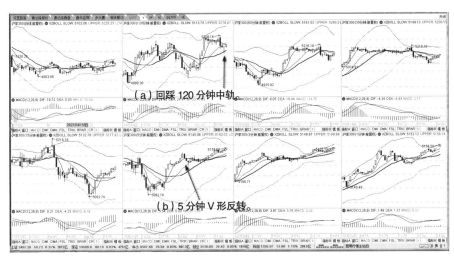

图 7-53　沪深 300 指数走势

2.2021 年 5 月 25 日主升段交易机会分析

图 7-54 是沪深 300 指数走势图，它承接上一张图，如图所示：

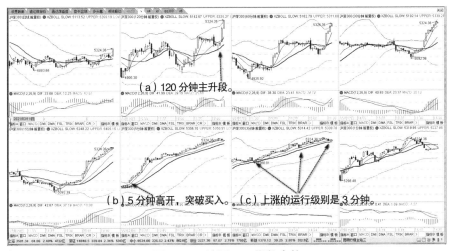

图 7-54　沪深 300 指数走势

（1）图（a）中是 120 分钟主升段；

（2）图（b）中 5 分钟高开，突破上轨时买入，止损设在中轨；

（3）图（c）中上涨段的运行级别是 3 分钟。

综合分析：

（1）本例回踩 120 分钟中轨时，也回踩了日线中轨，市场会按哪个级别来运行的关键因素是看突破时的状态，若突破 5 分钟上轨后就出现背离，那就是 120 分钟级别，若直接突破 15 分钟上轨，那就是日线级别；

（2）本图出现 120 分钟主升段的交易机会。

3.2021 年 5 月 26 日主升段交易机会分析

图 7-55 是沪深 300 指数走势图，它承接上一张图，如图所示：

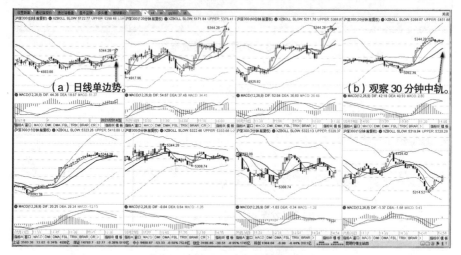

图 7-55　沪深 300 指数走势

（1）图（a）中走势突破日线上轨，是单边势；

（2）图（b）中观察市场回踩 30 分钟中轨时的状态。

综合分析：

（1）市场进入强烈的多头气氛中；

（2）本图没有出现主升段交易机会。

4.2021 年 5 月 27 日主升段交易机会分析

图 7-56 是沪深 300 指数走势图，它承接上一张图，如图所示：

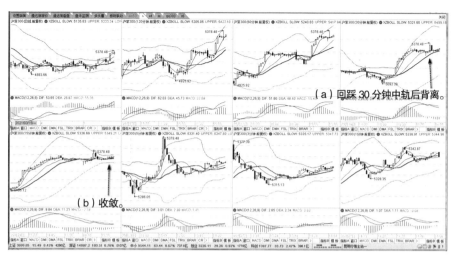

图 7-56　沪深 300 指数走势

（1）图（a）中走势回踩 30 分钟中轨后向上走了一段，背离后回落；

（2）图（b）中 15 分钟布林轨收口，走势将进一步收敛。

综合分析：

　　（1）市场选择的不是 30 分钟；

　　（2）本图没有出现主升段交易机会。

5.2021 年 5 月 28 日主升段交易机会分析

图 7-57 是沪深 300 指数走势图，它承接上一张图，如图所示：

图（a）中走势回踩 60 分钟中轨。

综合分析：

　　（1）观察 60 分钟中轨附近的状态；

　　（2）本图没有出现主升段交易机会。

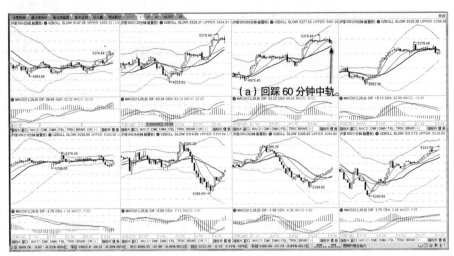

图 7-57　沪深 300 指数走势

6.2021 年 5 月 31 日主升段交易机会分析

图 7-58 是沪深 300 指数走势图，它承接上一张图，如图所示：

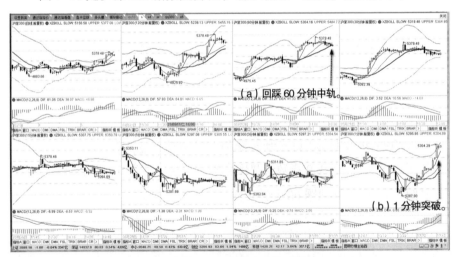

图 7-58　沪深 300 指数走势

（1）图（a）中走势回踩 60 分钟中轨；

（2）图（b）中可以在 1 分钟突破时买入，止损设在下方低点。

综合分析：

（1）1分钟突破买入时5分钟也接近突破，在1分钟买入止损可以小一点，避免5分钟突破时因止损过大无法开仓；

（2）本图出现60分钟主升段机会。

图7-59是沪深300指数走势图，它承接上一张图，如图所示：

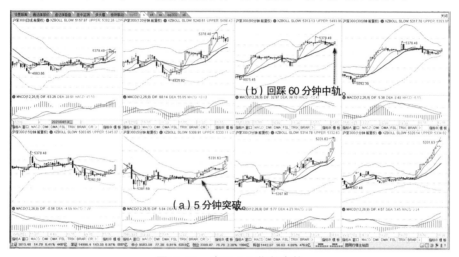

图7-59　沪深300指数走势

（1）图（a）中走势回踩60分钟中轨；

（2）图（b）中5分钟突破后继续向上运行。

综合分析：

（1）5分钟突破后的回踩形成了运行级别；

（2）本图出现60分钟主升段机会。

七、2021年6月第1周沪深300指数跟踪分析

1.2021年6月1日主升段交易机会分析

图7-60是沪深300指数走势图，它承接上一张图，如图所示：

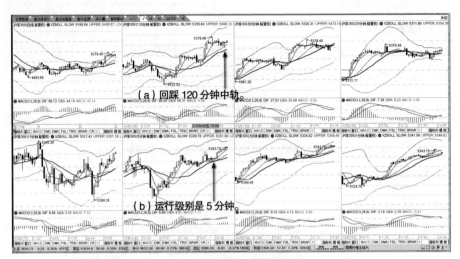

图7-60　沪深300指数走势

（1）图（a）中走势回踩120分钟中轨，是目标级别；

（2）图（b）中走势回踩5分钟中轨，运行级别是5分钟。

综合分析：

（1）60分钟跌破中轨，走势切换为120分钟级别。经过几天的振荡整理，所有级别的方向都是向上的；

（2）本图中出现120分钟的主升段机会。

2.2021年6月2日主升段交易机会分析

图7-61是沪深300指数走势图，它承接上一张图，如图所示：

图（a）中走势回踩120分钟中轨，后市观察5分钟是否产生突破。

综合分析：

（1）上一交易日的方向在今天的一波下跌之后改变，走势也回踩了120分钟中轨；

（2）本图没有出现主升段交易机会。

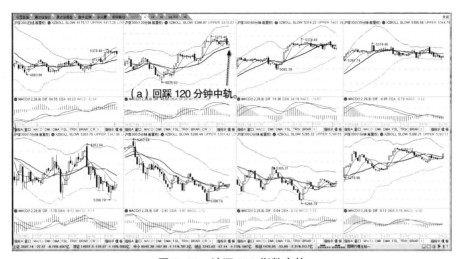

图7-61 沪深300指数走势

3.2021年6月3日主升段交易机会分析

图7-62是沪深300指数走势图，它承接上一张图，如图所示：

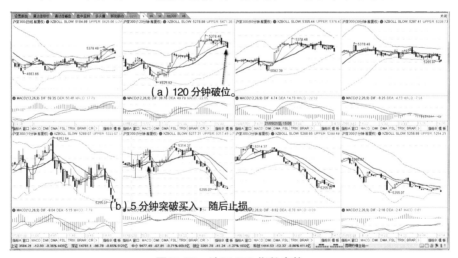

图7-62 沪深300指数走势

（1）图（a）中120分钟中轨破位；

（2）图（b）中在5分钟突破时出现交易机会，随后下跌，触及止损。

综合分析：

（1）市场振荡下行，分别跌破30分钟、60分钟和120分钟中轨；

（2）本图出现了 120 分钟主升段交易机会，但是失败了，止损出局。

4.2021 年 6 月 4 日主升段交易机会分析

图 7-63 是沪深 300 指数走势图，它承接上一张图，如图所示：

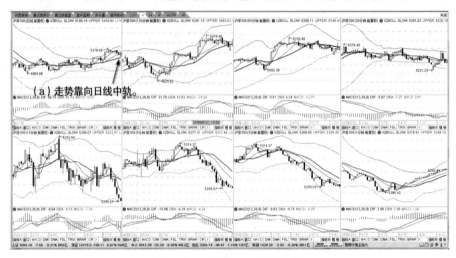

图 7-63　沪深 300 指数走势

图（a）中走势正在靠近日线中轨，跟踪观察。

综合分析：

（1）近日的市场主要的运行节奏是缓慢向下振荡，在对各级别中轨回踩时都有一定的反弹，但都失败了；

（2）本图没有出现主升段机会。

八、2021 年 6 月第 2 周沪深 300 指数跟踪分析

1.2021 年 6 月 7 日沪深 300 指数分析

图 7-64 是沪深 300 指数走势图，它承接上一张图，如图所示：

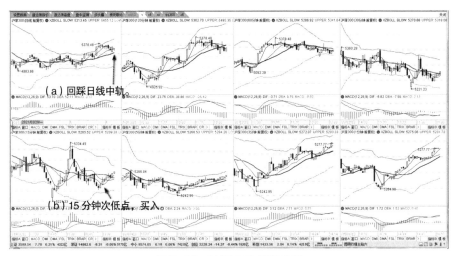

图 7-64 沪深 300 指数走势

（1）图（a）中走势回踩日线中轨，是目标级别；

（2）图（b）中在 15 分钟次低点时买入。

综合分析：

（1）日线主升段是难得的机会，所以先在对应级别次低点建仓，若走势符合预期，后市择机加仓；

（2）本图出现日线主升段交易机会。

2.2021 年 6 月 8 日主升段交易机会分析

图 7-65 是沪深 300 指数走势图，它承接上一张图，如图所示：

（1）图（a）中走势回踩日线中轨；

（2）图（b）中上一交易日 15 分钟次低点入场的，今天上冲后，一个迅速的 V 形反转，不但跌穿次低点，更创了新低。

综合分析：

（1）次低点入场是针对大级别主升段，为了买入更多仓位而设立的买点。本例中失败了。

（2）本图没有出现主升段交易机会。

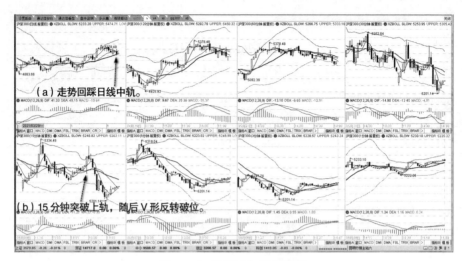

图 7-65　沪深 300 指数走势

3.2021 年 6 月 9 日主升段交易机会分析

图 7-66 是沪深 300 指数走势图，它承接上一张图，如图所示：

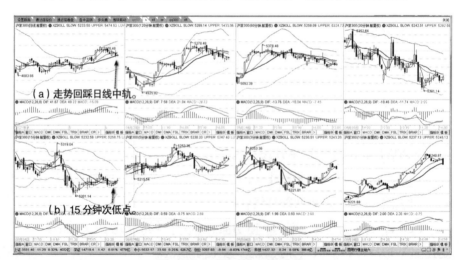

图 7-66　沪深 300 指数走势

（1）图（a）中走势回踩日线中轨；

（2）图（b）中 15 分钟出现次低点。

综合分析：

（1）15分钟次低点仍然是可以买入的，但它不是主升段的
标准买点；

（2）本图没有出现主升段交易机会。

4.2021年6月10日主升段交易机会分析

图7-67是沪深300指数走势图，它承接上一张图，如图所示：

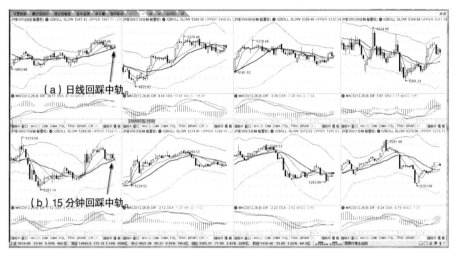

图7-67　沪深300指数走势

（1）图（a）中日线回踩中轨；

（2）图（b）中15分钟回踩中轨。

综合分析：

（1）15分钟回踩中轨，还需要等待对应级别的突破；

（2）本图没有出现主升段交易机会。

5.2021年6月11日主升段交易机会分析

图7-68是沪深300指数走势图，它承接上一张图，如图所示：

（1）图（a）中走势跌破日线中轨；

（2）图（b）中15分钟跌破中轨。

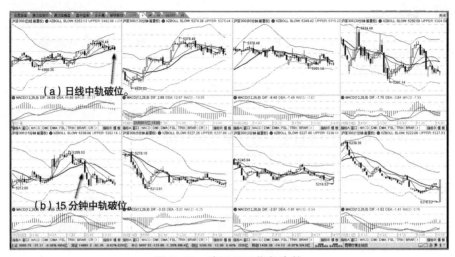

图 7-68　沪深 300 指数走势

综合分析：

　　（1）走势跌破日线中轨，后市由多头偏向空头；

　　（2）本图没有出现主升段交易机会。

九、2021 年 6 月第 3 周沪深 300 指数跟踪分析

1.2021 年 6 月 15 日主升段交易机会分析

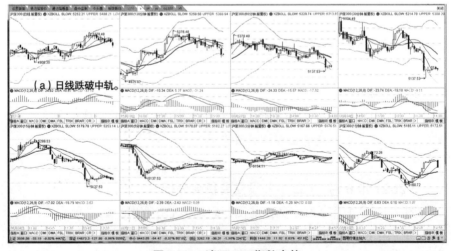

图 7-69　沪深 300 指数走势

图 7-69 是沪深 300 指数走势图，它承接上一张图，如图所示：

图（a）中日线跌破中轨。

综合分析：

（1）日线中轨破位，但方向仍未改变，下方面临密集区，观望；

（2）本图没有出现主升段机会。

2.2021 年 6 月 16 日主升段交易机会分析

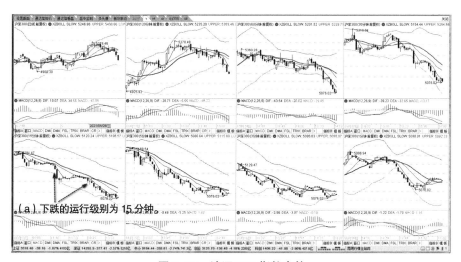

图 7-70　沪深 300 指数走势

图 7-70 是沪深 300 指数走势图，它承接上一张图，如图所示：

图（a）中显示下跌走势的节奏是回抽 15 分钟中轨。

综合分析：

（1）市场要反弹，必须先改变 15 分钟级别的下跌节奏；

（2）本图没有出现主升段交易机会。

3.2021 年 6 月 17 日主升段交易机会分析

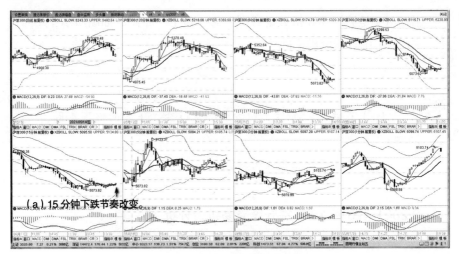

图 7-71　沪深 300 指数走势

图 7-71 是沪深 300 指数走势图，它承接上一张图，如图所示：

图（a）中走势站上 15 分钟中轨，下跌节奏改变。

综合分析：

　　（1）日线跌破密集区，弱势明显；

　　（2）本图没有出现主升段交易机会。

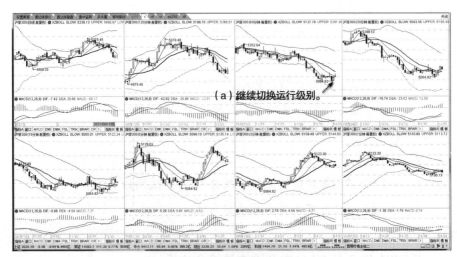

图 7-72　沪深 300 指数走势

4.2021 年 6 月 18 日主升段交易机会分析

图 7-72 是沪深 300 指数走势图，它承接上一张图，如图所示：

图（a）中下跌走势的运行级别切换为 60 分钟。

综合分析：

（1）空方暂时休整；

（2）本图没有出现主升段机会。

十、2021 年 6 月第 4 周沪深 300 指数跟踪分析

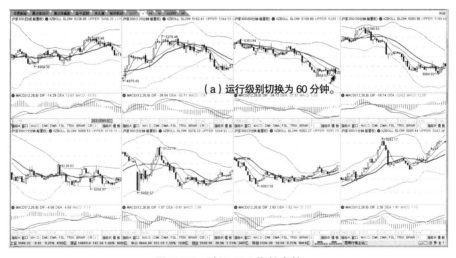

图 7-73　沪深 300 指数走势

1.2021 年 6 月 21 日主升段交易机会分析

图 7-73 是沪深 300 指数走势图，它承接上一张图，如图所示：

图（a）中运行级别切换为 60 分钟。

综合分析：

（1）走势回抽 60 分钟中轨后无力下行，形成振荡；

（2）本图没有出现主升段交易机会。

2.2021 年 6 月 22 日主升段交易机会分析

图 7-74 是沪深 300 指数走势图，它承接上一张图，如图所示：

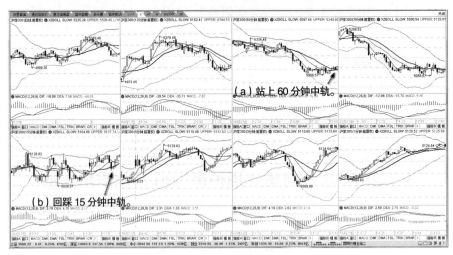

图 7-74　沪深 300 指数走势

（1）图（a）中走势站上 60 分钟中轨；
（2）图（b）中 15 分钟回踩中轨后向上运行。

综合分析：

（1）回踩 15 分钟中轨后的上行在小级别是 V 形反转；
（2）本图没有出现主升段交易机会。

3.2021 年 6 月 23 日主升段交易机会分析

图 7-75 是沪深 300 指数走势图，它承接上一张图，如图所示：
（1）图（a）中下跌走势的运行级别切换为 120 分钟；
（2）图（b）中回踩 15 分钟中轨；
（3）图（c）中回踩 5 分钟中轨买入，低点止损。

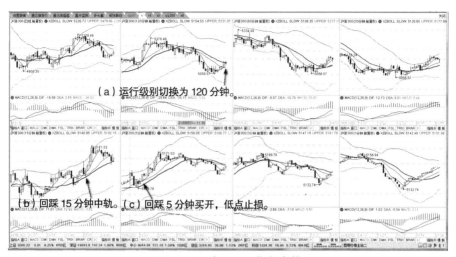

图 7-75　沪深 300 指数走势

综合分析：

　　（1）小级别是多头；

　　（2）本图出现 15 分钟主升段交易机会。

4.2021 年 6 月 24 日主升段交易机会分析

　　图 7-76 是沪深 300 指数走势图，它承接上一张图，如图所示：

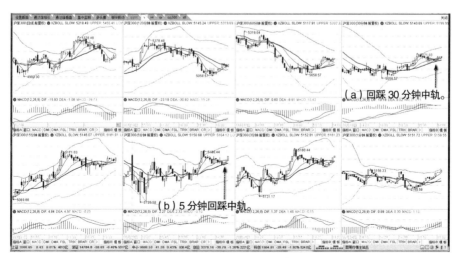

图 7-76　沪深 300 指数走势

（1）图（a）中走势回踩 30 分钟中轨；

（2）图（b）中走势回踩 5 分钟中轨。

综合分析：

　　（1）本轮跌势减缓；

　　（2）本图出现 30 分钟主升段交易机会。

5.2021 年 6 月 25 日主升段交易机会分析

图 7-77 是沪深 300 指数走势图，它承接上一张图，如图所示：

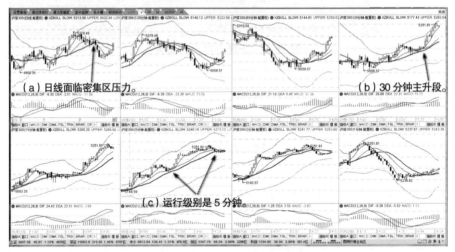

图 7-77　沪深 300 指数走势

（1）图（a）中日线反弹至中轨附近，上方面临密集区压力；

（2）图（b）中本次反弹的运行级别是 30 分钟，出现了 30 分钟主升段；

（3）图（c）中本次 30 分钟主升段的运行级别是 5 分钟，5 分钟已经跌破中轨。

综合分析：

　　（1）本次反弹上方有密集区压制，运行级别破位，可获利出局;

　　（2）本图没有出现主升段交易机会。

十一、2021 年 6 月第 5 周沪深 300 指数跟踪分析

1.2021 年 6 月 28 日主升段交易机会分析

图 7-78 是沪深 300 指数走势图，它承接上一张图，如图所示：

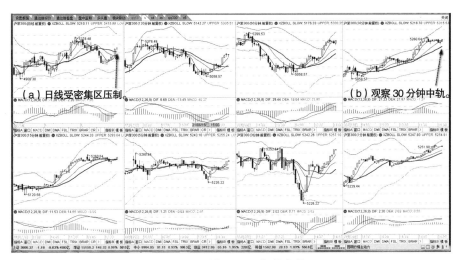

图 7-78　沪深 300 指数走势

（1）图（a）中反弹受制于日线上方密集区；

（2）图（b）中 30 分钟走势横盘，观察中轨；

综合分析：

　　（1）30 分钟反弹结束，等待切换级别；

　　（2）本图没有出现主升段交易机会。

2.2021 年 6 月 29 日主升段交易机会分析

图 7-79 是沪深 300 指数走势图，它承接上一张图，如图所示：

（1）图（a）中走势回踩 60 分钟中轨，对应级别没有出现买点；

（2）图（b）中走势跌破 30 分钟中轨。

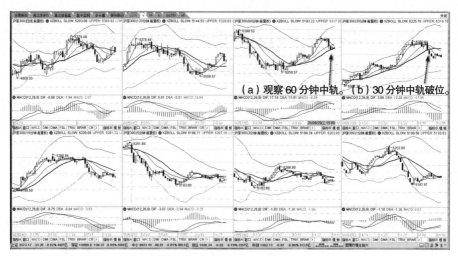

图 7-79　沪深 300 指数走势

综合分析：

（1）反弹走势处于由 30 分钟向更大级别切换的过程中；

（2）本图没有出现主升段交易机会。

3.2021 年 6 月 30 日主升段交易机会分析

图 7-80 是沪深 300 指数走势图，它承接上一张图，如图所示：

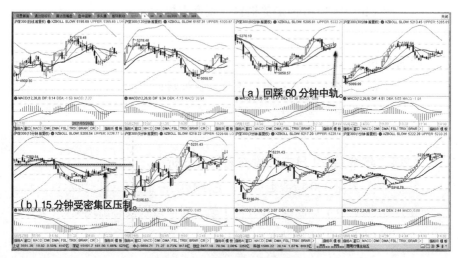

图 7-80　沪深 300 指数走势

（1）图（a）中走势回踩60分钟中轨；

（2）图（b）中走势受15分钟密集区压制。

综合分析：

（1）走势切换为60分钟级别；

（2）本图没有出现主升段交易机会。

十二、2021年7月第1周沪深300指数跟踪分析

1.2021年7月1日主升段交易机会分析

图7-81是沪深300指数走势图，它承接上一张图，如图所示：

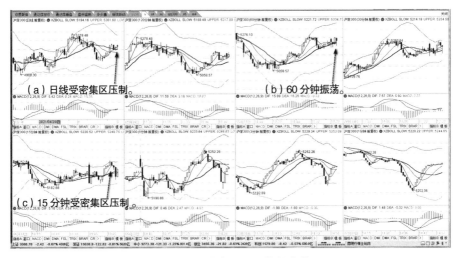

图7-81　是沪深300指数走势

（1）图（a）中走势受日线密集区压制；

（2）图（b）中60分钟处于振荡状态；

（3）图（c）中15分钟受密集区压制。

综合分析：

（1）本轮反弹走势由30分钟切换为60分钟后，受密集区

压制，没有走出 60 分钟主升段，处于窄幅振荡中；

（2）本图没有出现主升段交易机会。

2.2021 年 7 月 2 日主升段交易机会分析

图 7-82 是沪深 300 指数走势图，它承接上一张图，如图所示：

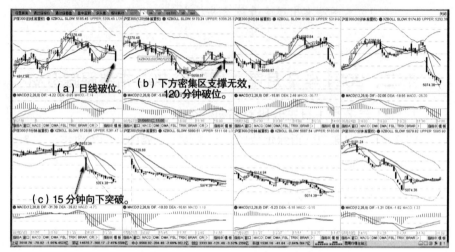

图 7-82　沪深 300 指数走势

（1）图（a）中日线大幅跌破中轨；

（2）图（b）中 120 分钟下方三维共振带支撑无效；

（3）图（c）中 15 分钟向下突破。

综合分析：

（1）15 分钟的向下突破导致更大级别的一系列破位，本轮反弹结束，方向向下选择；

（2）本图可以在 15 分钟向下突破时做空。

上面运用三段结构论对沪深 300 指数进行了近三个月的跟踪分析，从以上的分析中可以看出，用同一套理论体系和同一套交易模式去分析市场，不但能有效地从看似毫无头绪的走势中梳理出清晰的走势运行的逻辑，更能捕捉到走势发展变化过程的各个级别的主升段（或主跌段）交易机会。

从以上分析中还可以看出，三段结构论不是在预测走势，只是在符合系统的地方进行交易。不符合主升段交易系统的机会，我们放弃；不在三段结构论分析要素内的走势，我们不予理会。

我们只做主升段，而且做的时候知道是哪个级别的主升段，应该在什么情况下出来。

一切都明明白白。

所以才说，三段结构论既是认识论，也是方法论。

如果投资者能把这样的跟踪分析认真读懂，彻底领会，你对市场走势运行的理解，一定会上一大个台阶。

微信扫一扫，观看本篇讲解视频

"主升浪体系全阶段学习视频"第 34 讲

第三篇　仗剑江湖——直取主升浪

主升段交易系统的操作流程是：先观察走势回踩哪一个级别的中轨，以此确定是哪一个级别的主升段，然后再观察对应级别或者推演级别是否发生了临界突破，相关止损止盈是否符合预期条件，若满足条件则入场交易，若不满足条件，则放弃，另觅战机。

交易实录是真实交易的记录，分为期货实录、股指期权实录和股票实录三个部分。

如果说实战训练是回溯历史，那么交易实录则是预判未来。

这是市场中很难见到的真实交易过程的记录及总结，图例都是在交易当时截取的。

第八章　半年翻番的期货交易实录

本章记录运用三段结构论进行各级别主升段的识别、并围绕该主升段进行交易的过程。

交易实录一般按时间先后顺序排列，若同一品种多日持续操作的，则移动到一起，读者可以看到行情持续的变化及作者实时的想法及应对。

期货交易首选的交易级别是周线或日线，一般不做小于 30 分钟级别的主升段。

按照三段结构论的定义，文中、图中所提到的"XX 分钟"是指级别，所提到的"回踩 XX 分钟中轨"即是指该级别的主升段。

文中、图中所提到的"买开"是指"买入开仓"，"卖平"是指"卖出平仓"，"卖开"是指"卖出开仓"，"买平"是指"买入平仓"。本章仍然采用八个周期合于一图的分析方式。

本次期货交易从 2021 年 1 月至 2021 年 6 月，半年时间获得了翻番的收益。

图中交易皆附有成交单。

一、2021 年 1 月第 2 周期货主升段交易实录

1. 2020 年 12 月 31 日 PTA 主升段交易实录

图 8-1 是 PTA 日线级别主升段图，如图所示：

（1）图（a）显示走势回踩日线级别布林中轨，是三段结构论定义的日线主升段；

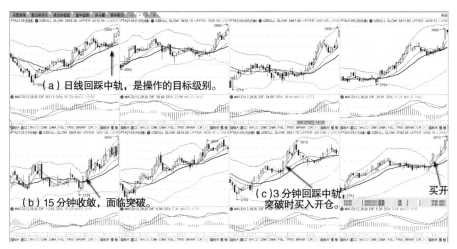

图 8-1　PTA 日线级别主升段

（2）图（b）显示走势在对应级别 15 分钟横盘振荡，布林轨处于压缩状态，面临突破；

（3）图（c）显示在 3 分钟级别回踩中轨后又向上运动，于是在其向上运动过程中买入开仓，止损设在 15 分钟级别下方低点。

总结：

（1）日线以上级别的主升段预期利润比较可观，属于必须参与的行情，止损可以稍大，一般设在其对应级别的低点；

（2）日线以上级别的主升段因预期利润可观，一般应扛次级别的回撤，以期捕捉到主升段的大部分行情。

图 8-2 是 PTA 跌穿运行级别减仓图，它承接上一张图的走势，如图所示：

（1）图（a）表明本次操作的是日线级别的主升段；

（2）图（b）中走势多次回踩 30 分钟中轨，所以日线级别主升段的运行级别是 30 分钟；

（3）图（c）中走势跌破 15 分钟中轨时，表明运行级别的最后一段走势已经背离，30 分钟运行级别结束的概率大增，应该在背离发生时减仓；

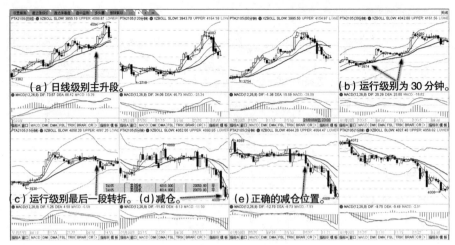

图 8-2　PTA 跌穿运行级别减仓

（4）图（d）显示的是实际的减仓位置；

（5）图（e）显示的是 3 分钟的核心 K 线，也是 15 分钟背离转折发生时应该减仓的位置。

总结：

（1）根据三段结构论的减仓规则，对于大级别的主升段，采用被动减仓的方式，即跌穿运行级别或次级别减仓，跌穿启动级别清仓；

（2）本次减仓行动迟缓，增加了损失，后市 PTA 又跌了 100 多点，利润回撤过半。

图 8-3 是 PTA 日线背离清仓图，它承接上一张图的走势，如图所示：

（1）图（a）显示本轮日线级别的主升段已经产生了背离，应该出场；

（2）图（b）显示对应级别 15 分钟也出现了背离；

（3）图（c）中 5 分钟滞涨时平仓。

总结：

　　本轮 PTA 的操作目标是日线级别的主升段，但其力度太小，涨幅都不到 10%，利润有限。操作上除上一张图中应该更早减仓

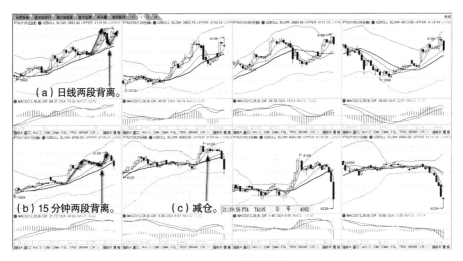

图 8-3　PTA 日线背离清仓

外，其他基本没有失误，这是因为级别越大，其发生变化所需时间越长，让人更容易把握。

2. 2021 年 1 月 7 日粳米主升段交易实录

图 8-4 是粳米日线级别主升段图，如图所示：

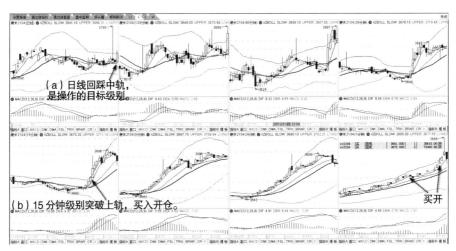

图 8-4　2021 年 1 月 7 日粳米日线级别主升段

（1）图（a）显示走势回踩日线中轨，是日线级别的主升段，是操作的目标级别；

（2）图（b）显示走势突破对应级别15分钟上轨，于是买入开仓，止损设在15分钟级别下方低点；

总结：

（1）日线以上级别的主升段预期利润比较可观，属于必须参与的行情，止损可以稍大，一般设在其对应级别的低点；

（2）日线以上级别的主升段因预期利润可观，一般应扛次级别的回撤，以期捕捉到主升段的大部分行情。

图8-5是粳米30分钟级别主升段图，它承接上一张图的走势，上图所买入的仓位仍在持有中，如图所示：

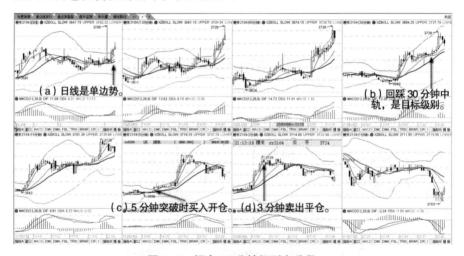

图8-5　粳米30分钟级别主升段

（1）图（a）显示在日线级别走势沿上轨运行，是单边势；

（2）图（b）显示走势回踩30分钟中轨，是操作的目标级别，图中操作也可以理解为加仓；

（3）图（c）中当5分钟级别横盘突破时买入开仓，止损设在下方低点；

（4）图（d）中3分钟级别有回落迹象，同时走势已经运行到30分钟上轨，达成预期目标，于是卖出平仓。

总结：

（1）5分钟级别买入时，因止损很小，仓位可以加重；

（2）当主升段级别较小、利润有限时，不能扛回撤，应主动兑现利润，落袋为安。

图8-6是粳米暴跌至运行级别买入图，它承接上一张图的走势，此时持有之前买入的底仓，如图所示：

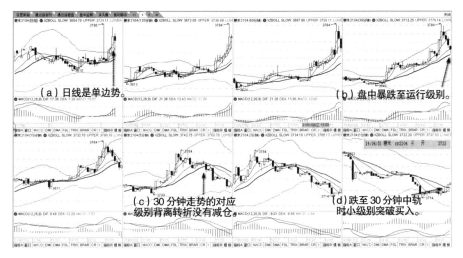

图8-6　粳米暴跌至运行级别买入

（1）图（a）显示粳米在日线级别为单边势；

（2）图（b）显示市场快速跌至30分钟中轨，30分钟是目前日线级别主升段的运行级别；

（3）图（c）显示本应在运行级别30分钟的对应级别5分钟走出背离转折时减仓的，但没有执行；

（4）图（d）中在1分钟突破时买入，止损设在下方低点。

总结：

（1）当运行级别30分钟的对应级别走出背离转折时，说明这一段30分钟的走势已经结束，可以减仓；

（2）下跌途中的买入要慎重，错了必须止损，因为市场可以突变跃迁到任何级别。

图8-7是粳米抄底成功减仓图，它承接上一张图的走势，如图所示：

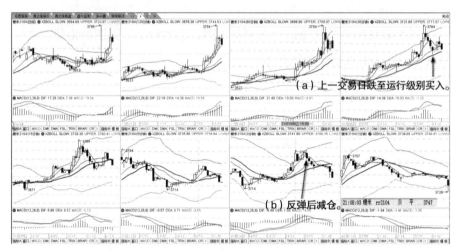

图8-7 粳米抄底成功减仓

（1）图（a）中成功抄底；

（2）图（b）中反弹后，在小级别转折时减仓。

总结：

小级别买入的小级别转折要卖出，不要妄想去扛大级别的回撤。

图8-8是粳米急跌减仓图，它承接上一张图的走势，如图所示：

（1）图（a）显示粳米大幅低开，走势演变为振荡；

（2）图（b）显示60分钟级别中轨已经转折向下运动；

234

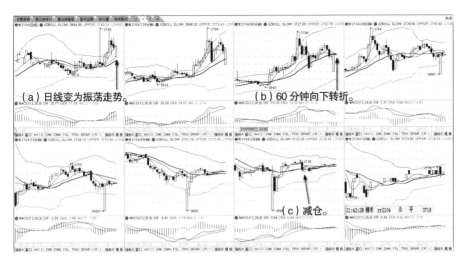

图 8-8　粳米急跌减仓

（3）图（c）中大幅度减仓。

总结：

主升段交易系统只参与强趋势或单边势，当市场变弱时就离场。

图 8-9 是粳米减仓图，它承接上一张图的走势，如图所示：

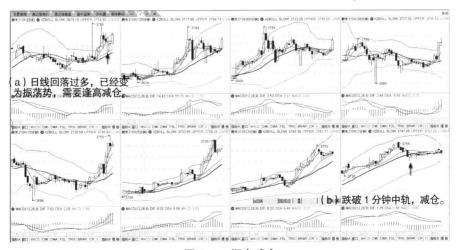

图 8-9　粳米减仓

（1）图（a）中日线级别虽然走势还在中轨之上运行，但回踩中轨时回落幅度超过 2/3，已经由强趋势转变为振荡势，需要退出市场；

（2）图（b）中在反弹后跌破 1 分钟中轨时减仓。

总结：

　　主升段交易系统只参与强趋势行情，走势变弱就退出。

图 8-10 是粳米清仓图，它承接上一张图的走势，如图所示：

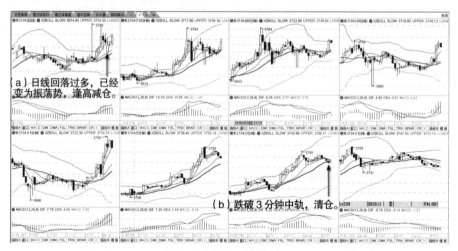

图 8-10　粳米清仓

（1）图（a）中日线级别虽然走势还在中轨之上运行，但回踩中轨时回落幅度超过 2/3，已经由强趋势转变为振荡势，需要退出市场；

（2）图（b）中在反弹后跌破 3 分钟中轨时清仓。

总结：

　　主升段交易系统只参与强趋势行情，走势变弱就退出。

3. 2021 年 1 月 8 日红枣主升段交易实录

图 8-11 是红枣 120 分钟级别主升段图，如图所示：

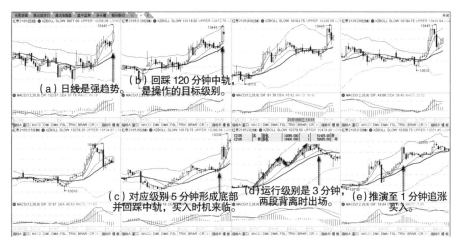

图 8-11 红枣 120 分钟级别主升段

（1）图（a）是日线级别，图中走势在布林中轨和上轨之间运行，按三段结构论的定义是强趋势，处于可以操作状态；

（2）图（b）是 120 分钟级别，箭头所指处回踩 120 分钟中轨，是操作的目标级别；

（3）图（c）是 120 分钟级别的对应级别 5 分钟，走势已经构筑完成底部形态，进行横盘型回踩，5 分钟布林中轨已经靠了上来，显示出回踩到位的特征；

（4）图（e）是 1 分钟级别，高开振荡后向上运行，显示出强烈的做多意愿，于是在创出盘中新高时买入开仓，止损设在振荡区间的低点，如此设止损的原因是如果振荡区间低点被击穿，那就会在 5 分钟级别形成振荡 N 形结构，一个振荡的走势无法完成 120 分钟级别主升段的任务，买入理由消失，应当止损；

（5）图（d）是 3 分钟级别，这一段走势回踩了 3 分钟中轨，在其两段背离时也触及了 120 分钟上轨，标志着这一段走势基本到位，于是卖出平仓。

总结：

（1）这次操作的标准买点应该在高开时直接条件单买入，

下方低点止损，后来追涨买入虽然胜率有优势，但赔率只有 1，没有优势；

（2）因为是以 5 分钟低点止损，所以 3 分钟级别背离时要止盈，止损和止盈要对等；

（3）如果想以日线低点作为止损，去把握日线级别的主升段，那就必须在更大级别也是强趋势，否则，在振荡势或弱趋势中放大止损是没有意义的。

4. 2021 年 1 月 8 日菜粕主升段交易实录

图 8-12 是菜粕 120 分钟级别主升段图，如图所示：

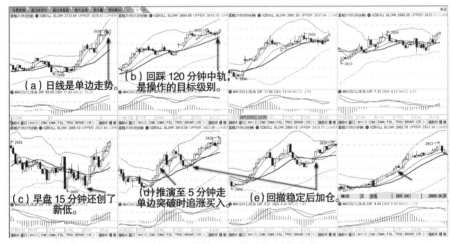

图 8-12　菜粕 120 分钟级别主升段

（1）图（a）显示在日线级别菜粕沿布林上轨运行，是单边势；

（2）图（b）显示走势回踩 120 分钟中轨，是操作的目标级别；

（3）图（c）显示早盘在 15 分钟级别走势还创了新低，不满足交易条件；

（4）图（d）是 5 分钟级别，在 5 分钟形成 V 形反转后上涨至布林上轨时，已经满足交易条件，于是买入开仓，止损设在 5 分钟级别下方低点；

（5）图（e）是 3 分钟级别，图中显示走势回踩至 5 分钟中轨，当走势再度向上运行时加仓，所加仓位止损设在 3 分钟级别下方低点。

总结：

（1）当大级别是单边势时，行情往往以推动上涨的方式构筑底部，需要追涨买入；

（2）走势回踩到位的标志是对应级别出现底部形态，所以在15分钟还在创新低时不要猜测是否到位，必须等待5分钟出现V形反转时才能得出回踩到位的结论。

图8-13是菜粕暴涨减仓图，它承接上一张图的走势，如图所示：

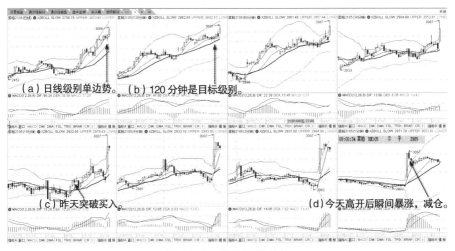

图8-13　菜粕暴涨减仓

（1）图（a）、图（b）、图（c）显示了上一交易日的买入原因及过程；

（2）图（d）显示今天开盘后，在1分钟内暴涨了近100点，于是迅速减仓，落袋为安。

总结：

（1）在市场走单边势时容易出现高开或突然大幅度运动的情况，所以单边势是操作的首选目标；

（2）短时间内获暴利先落袋为安。

图 8-14 是菜粕快速回落补仓图，它承接上一张图的走势，如图所示：

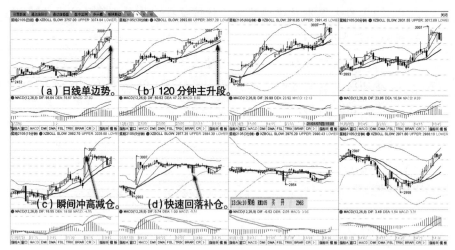

图 8-14　菜粕快速回落补仓

（1）图（a）、图（b）、图（c）显示了瞬间冲高减仓的过程；

（2）图（d）中在菜粕快速回落至 15 分钟中轨附近时把上午所减的仓位补回来。

总结：

（1）冲高减仓的目的不是为了做差价，因为市场并不一定会回落；

（2）补仓并不是重新开仓，补仓仍然执行原仓位的止损、止盈规则，重新开仓需要符合主升段交易系统。

图 8-15 是菜粕补仓成功后减仓图，它承接上一张图的走势，如图所示：

（1）图（a）显示当前的目标级别是 120 分钟，在这一段走势运行过程中，曾两次回踩 15 分钟中轨，所以其运行级别为 15 分钟；

（2）图（b）中 15 分钟级别即将背离，因为 15 分钟的对应级别 3 分钟已经走了两段；

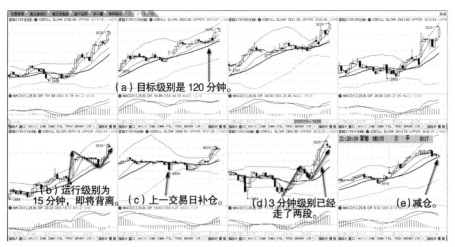

图 8-15 菜粕补仓成功后减仓

（3）图（c）箭头所指是上一交易日补仓位置；

（4）图（d）显示 3 分钟级别的反弹已经走了两段；

（5）图（e）中在 1 分钟级别跌穿中轨时减仓。

总结：

　　理解本图必须熟练掌握级别之间的关系，主升段交易系统采用分段交易的思路，大级别走势的变化是由小级别定义的，所以不但要知道哪段走势是哪个级别，还要知道它的对应级别是哪个级别。说起来复杂，实际运用起来很简单，它的优势是每一次交易都有清晰的边界，让人易于执行，能有效解决贪婪和恐惧、妄想和执着两对重要矛盾，这也正是三段结构论的优势，因为它既是认识论，同时也是方法论。

　　图 8-16 是菜粕 15 分钟中轨加仓失败图，它承接上一张图的走势，如图所示：

（1）图（a）显示日线级别为单边势；

（2）图（b）显示运行级别为 120 分钟；

（3）图（c）中走势靠近 15 分钟中轨；

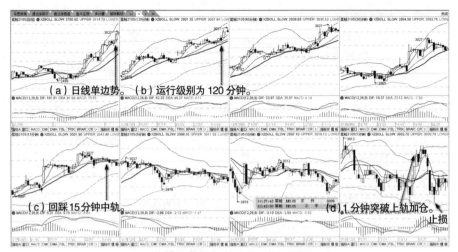

图 8-16 菜粕 15 分钟中轨加仓失败

（4）图（d）中在 1 分钟级别突破布林上轨时买入，但随后一个快速回落击穿了止损，加仓失败。

总结：

本次加仓对走势的性质判断错误。首先在 15 分钟级别，前面已经有过一次跌穿中轨，反弹后无力向上离开，而是沿着中轨振荡，中轨已经由上行转变为横向运动，市场力量在减弱，显然是要切换到更大级别。其次，在 1 分钟级别，走势的性质即便在突破上轨时依然只能定性为振荡，并没有突破振荡区间。这样操作，失败是大概率事件。

图 8-17 是菜粕 30 分钟主升段图，它承接上一张图的走势，如图所示：

（1）图（a）显示走势回踩 30 分钟中轨，是操作的目标级别；

（2）图（b）显示上一交易日在 15 分钟中轨加仓失败，本例中可以清楚地看到，市场选择的是将运行级别由之前的 15 分钟切换为 30 分钟；

（3）图（c）中当 1 分钟级别创出新高时买入，此时 3 分钟和 5 分钟都已经处于强趋势中了，止损设在 1 分钟级别走势的起点。

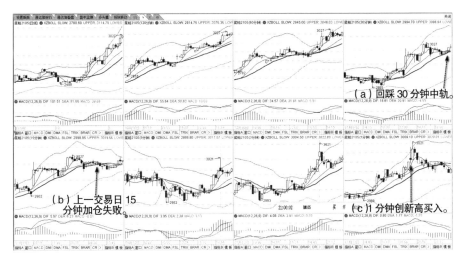

图 8-17　菜粕 30 分钟主升段

总结：

　　本例完美诠释了级别选择定理（行情只有找到合适的级别才会启动），在走势靠近 15 分钟中轨时，市场无力上涨，当市场找到合适的级别时，上涨变得强劲有力。

　　图 8-18 是菜粕涨停打开减仓图，它承接上一张图的走势，如图所示：

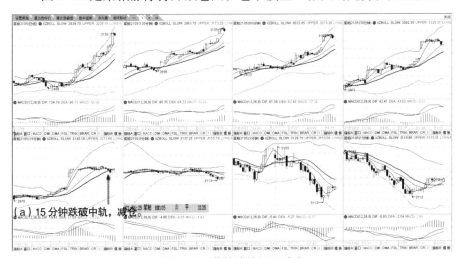

图 8-18　菜粕涨停打开减仓

图（a）中菜粕涨停没能封住，横盘跌破 15 分钟中轨，将要切换至更大级别，于是落袋为安。

总结：

本例完美诠释了规律六"最小阻力路径就是单边势"。

图 8-19 是菜粕 30 分钟主升段背离图，它承接上一张图的走势，如图所示：

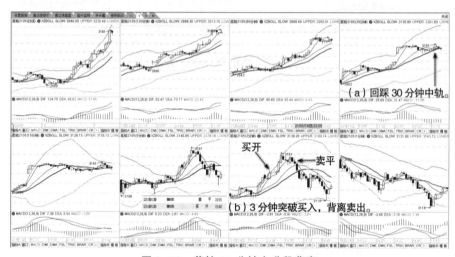

图 8-19　菜粕 30 分钟主升段背离

（1）图（a）走势回踩 30 分钟中轨，这是由上图中走势跌破 15 分钟中轨后进行级别切换的结果，是操作的目标级别；

（2）图（b）中在对应级别 3 分钟突破时买入，随后市场运行了两段，力度一般，这使得 30 分钟级别无法走出加速主升段，而是形成了主升段背离，应该出场，于是平仓。

总结：

同样是回踩 30 分钟中轨，上图中，利润有 100 多点，在本图中，利润 10 点都不到，图中可以看到这是第三次回踩 30 分钟中轨，这次的背离意味着120分钟级别的主升段也要切换级别了。

5. 2021年1月8日乙二醇主升段交易实录

图8-20是乙二醇120分钟级别主升段图，如图所示：

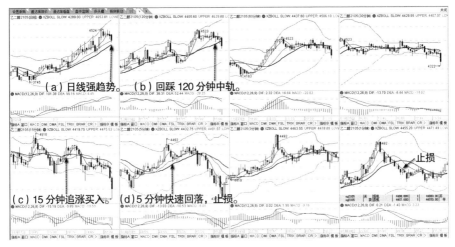

图8-20　乙二醇120分钟级别主升段

（1）图（a）显示在日线级别是强趋势；

（2）图（b）回踩120分钟中轨，是操作的目标级别；

（3）图（c）中当15分钟级别推动上涨至布林上轨时追涨买入开仓，止损设在下方低点；

（4）图（d）中当5分钟级别快速回落时止损。

总结：

（1）本次操作其他条件都满足，但止损设得过大，违背了交易规则；

（2）当止损过大时，宁愿错失行情，也必须等待合适的交易机会。在图中，合适的交易机会不久就来了，当图（d）中回踩到5分钟中轨时，就可以买入开仓，止损设在5分钟下方低点，虽然后市也止损了，但那是正常的，不违背交易规则。

图 8-21 是乙二醇日线主升段图，它承接上一张图的走势，如图所示：

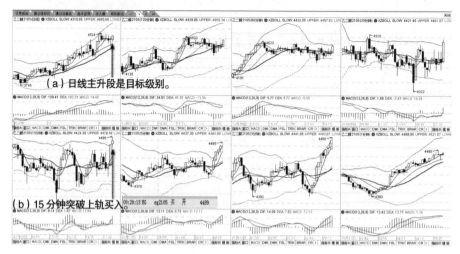

图 8-21　乙二醇日线主升段

（1）图（a）显示走势回踩日线中轨，是操作的目标级别；

（2）图（b）中在走势突破 15 分钟上轨时买入，止损设在 15 分钟中轨。

总结：

（1）15 分钟级别一直处于横盘振荡状态，一旦突破，不一定会有回踩了，目标级别又是日线，所以在 15 分钟突破上轨时追涨买入，止损大了一些；

（2）与上图比较，可以看到主升段级别由 120 分钟切换为日线，这是级别选择定理的又一例证。

图 8-22 是乙二醇背离减仓图，它承接上一张图的走势，如图所示：

（1）图（a）显示的是日线级别主升段；

（2）图（b）显示运行级别 15 分钟已经出现背离状态，应该出场；

（3）图（c）中在 3 分钟级别下跌时平仓。

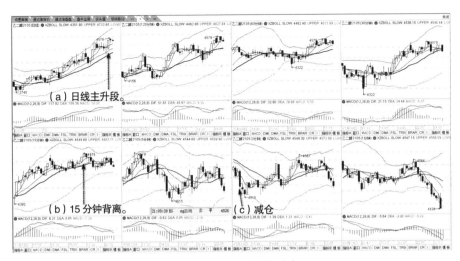

图 8-22 乙二醇背离减仓

总结：

乙二醇平仓时利润回吐了近一半，这是严重失误，因为乙二醇是渐变式跃迁，完全应该在 5 分钟级别背离时平仓的。

本周回顾：

虽然黑色系有所降温，但其他品种热度不减，市场仍处于可积极操作阶段。

二、2021 年 1 月第 3 周期货主升段交易实录

1. 2021 年 1 月 11 日硅铁主升段交易实录

图 8-23 是硅铁 1 分钟主升段失败图，如图所示：

（1）图（a）显示日线级别是单边势；

（2）图（b）显示回踩 15 分钟中轨；

（3）图（c）中所指的第一次回踩 1 分钟中轨才是真正的操作机会；

（4）图（d）中走势回踩 1 分钟中轨时买入开仓，但市场并没有走出主升段，在随后跌穿中轨时止损出局。

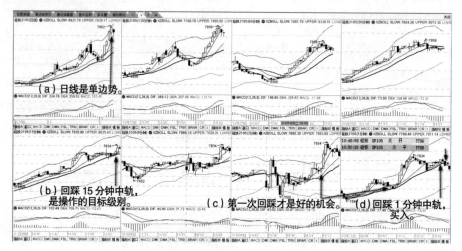

图 8-23　硅铁 1 分钟主升段失败

总结:

（1）只有在很强的单边势时操作小级别才有赔率优势，本例中图(c)所指是一个很好的机会，几分钟便可获百点以上利润;

（2）小级别的操作很容易触及止损，容易演变为频繁操作，要慎之又慎。

2. 2021 年 1 月 12 日淀粉主升段交易实录

图 8-24 是淀粉 60 分钟主升段图，如图所示:

（1）图（a）显示淀粉在日线级别是单边势;

（2）图（b）显示走势回踩 60 分钟中轨，是操作的目标级别;

（3）图（c）中在 3 分钟向上突破中轨时买入。

总结:

因为大级别是很强的单边走势，为避免市场 V 形反转，所以在小级别底部形成时买入。

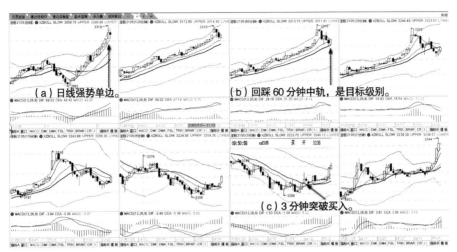

图 8-24　淀粉 60 分钟主升段

图 8-25 是淀粉 3 分钟买开失败图，它承接上一张图的走势，原仓位仍然持有，如图所示：

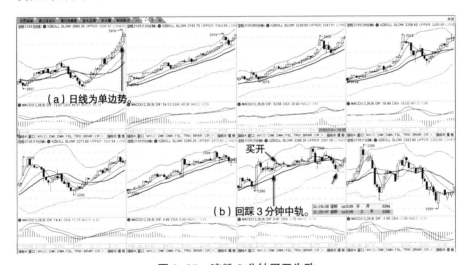

图 8-25　淀粉 3 分钟买开失败

（1）图（a）显示日线级别为单边势，上一交易日在回踩 60 分钟中轨时买入开仓；

（2）图（b）中回踩 3 分钟中轨时加仓，随后止损位被击穿平仓。

总结：

回踩3分钟中轨买入，就应在3分钟背离时卖出，那将会获利出场，本例操作违背了级别对等原则。小级别操作没有充分的反应时间，容易犯错误，应少做小级别。

图8-26是淀粉追涨失败图，它承接上一张图的走势，如图所示：

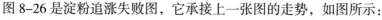

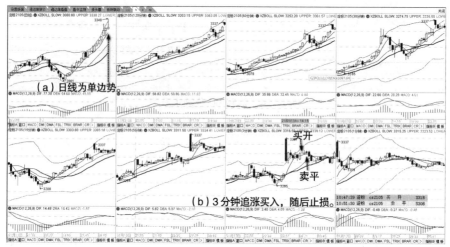

图8-26　淀粉追涨失败

（1）图（a）中日线是单边势；

（2）图（b）中高开后在3分钟级别追涨，随后跌破止损位平仓。

总结：

最近多次在淀粉上操作失败，源于认为淀粉大级别是单边势，可能会加速，于是想在小止损的情况下博取大收益，但淀粉始终按原节奏运行，并没有加速，所以频繁操作，全部失败。

3. 2021年1月12日尿素主升段交易实录

图8-27是尿素5分钟主升段图，如图所示：

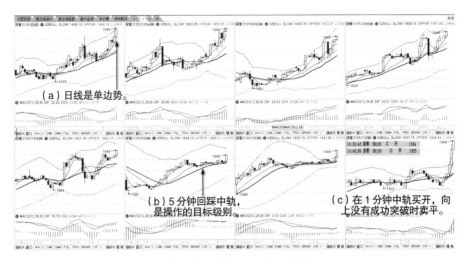

图 8-27　尿素 5 分钟主升段

（1）图（a）显示日线级别是单边；

（2）图（b）显示 5 分钟级别回踩中轨；

（3）图（c）在回踩 1 分钟中轨时买入，向上运行无法成功突破时平仓。

总结：

　　大级别走单边势时为了避免踏空，可以尝试小级别操作，但小级别操作因止损窄，很容易被击穿，成功率不高，还是要少做。本例中市场再次回踩 5 分钟中轨后还是向上成功突破了。

4. 2021 年 1 月 13 日短纤主升段交易实录

图 8-28 是短纤 15 分钟主升段图，如图所示：

（1）图（a）显示日线级别是强趋势；

（2）图（b）中走势回踩 15 分钟中轨；

（3）图（c）中在 1 分钟向上突破布林上轨时买入，止损设在 1 分钟中轨。

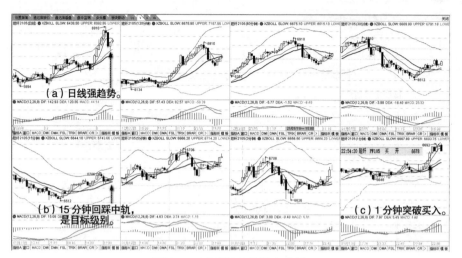

图 8-28　短纤 15 分钟主升段

总结：

　　本例是相当标准的共振，15 分钟回踩中轨时 1 分钟也回踩中轨，这样的共振方向明确，止损较小，操作起来很自如。

　　图 8-29 是短纤 15 分钟平仓图，它承接上一张图的走势，如图所示：

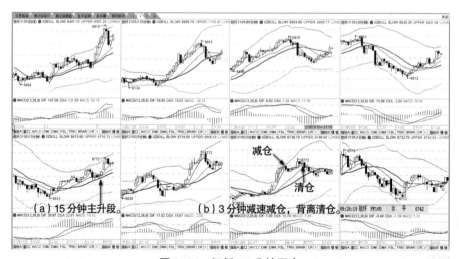

图 8-29　短纤 15 分钟平仓

（1）图（a）显示操作的目标级别是15分钟；

（2）图（b）中3分钟级别分两次平仓，分别是减速减仓，背离清仓。

总结：

大小级别共振的交易止损小，胜率高。

5. 2021年1月15日玉米主升段交易实录

图8-30是玉米120分钟主升段图，如图所示：

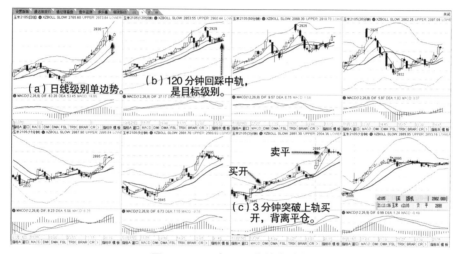

图8-30　玉米120分钟主升段

（1）图（a）显示玉米在日线级别是单边势；

（2）图（b）显示走势回踩120分钟中轨，是操作的目标级别；

（3）图（c）中在3分钟级别突破上轨时买开，背离时卖平。

总结：

根据"级别论"中级别的对应关系，120分钟的主升段，在5分钟背离时出场。在级别论中，3分钟与5分钟是等效的。本例买入时的依据是3分钟，平仓也依据3分钟。本例中，首先背离发生得过早，主升段目标难以达成，其次背离时盈利不大，扛不了回撤，于是选择平仓。盈利丰厚的，也可以选择扛15分钟级别的回撤，以观察能否达成120分钟级别的主升段目标。

本周回顾：

自1月14日开始，不少品种大幅度下跌，60分钟级别已经进入振荡势，表明多头气氛开始降温，未来市场的可操作性将进一步降低。

三、2021年1月第4周期货主升段交易实录

2021年1月22日红枣主升段交易实录

图8-31是红枣日线主升段图，如图所示：

图8-31　红枣日线主升段

（1）图（a）显示走势回踩日线中轨，是操作的目标级别；

（2）图（b）中当走势突破15分钟上轨时买入，止损设在黄金分割位。

总结：

止损设在15分钟下方低点大了一些，故移至黄金分割位。

图8-32 是红枣平仓图，它承接上一张图，如图所示：

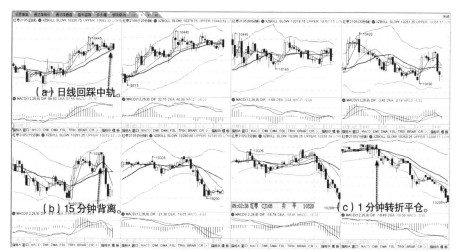

图 8-32　红枣平仓

（1）图（a）显示走势回踩日线中轨，是操作的目标级别；

（2）图（b）中 15 分钟走势已经背离；

（3）图（c）中在 1 分钟转折时平仓。

总结：

对应级别背离即意味着日线主升段走不出来了。

本周回顾：

（1）本周多数期货品种处于振荡势，没有交易机会，个别品种的机会也没有走出有效的盈利空间。

（2）回避振荡势和弱趋势，只参与强趋势是主升段交易系统的原则。

四、2021 年 1 月第 5 周期货主升段交易实录

图 8-33 是 2021 年 1 月 28 日低硫油日线主升段图，如图所示：

（1）图（a）中走势回踩日线中轨，是目标级别；

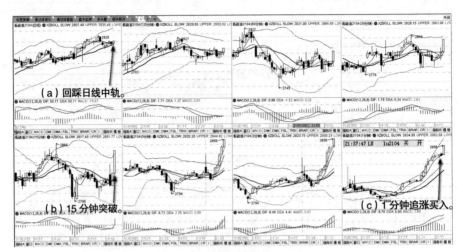

图 8-33　低硫油日线主升段

（2）图（b）中15分钟突破上轨；

（3）图（c）中在1分钟级别追涨买入。

总结：

追涨买入的时机太晚了，应在1分钟刚突破上轨时就买入。

图 8-34 是低硫油日线主升段失败图，它承接上一张图，如图所示：

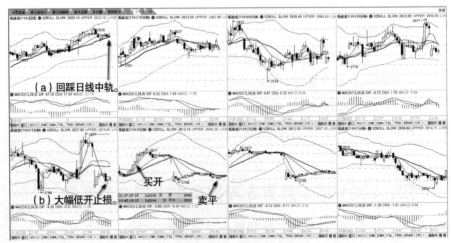

图 8-34　低硫油日线主升段失败

（1）图（a）中走势回踩日线，是目标级别；

（2）图（b）中在15分钟可以看到，走势大幅低开，直接击穿止损位。

总结：

　　本次交易高位追涨，止损过大，碰上大幅低开，损失惨重。

止损太大的行情，宁愿错过，也不要参与。

五、2021 年 2 月第 1 周期货主升段交易实录

图 8-35 是 2021 年 2 月 3 日纸浆 60 分钟级别收敛破位图，如图所示：

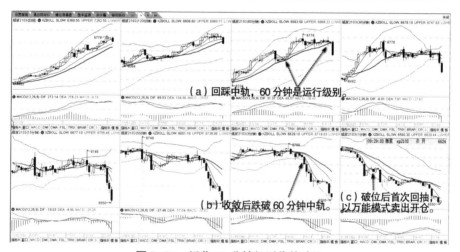

图 8-35　纸浆 60 分钟级别收敛破位

（1）图（a）中行情的节奏是回踩 60 分钟中轨，现处于背离状态；

（2）图（b）中 3 分钟收敛破位，导致 60 分钟同时跌破中轨；

（3）图（c）中在 1 分钟级别首次回抽后开出空单，回抽的高点止损。

总结：

　　本例是以万能模式做 60 分钟主升段背离后的回撤。

图 8-36 是纸浆 60 分钟级别收敛破位平仓图，它承接上一张图，如图所示：

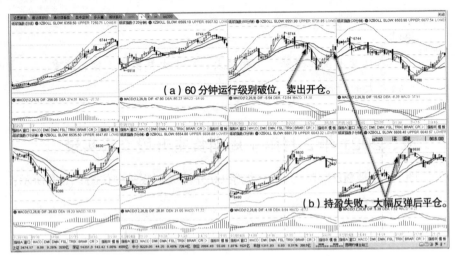

图 8-36　纸浆 60 分钟级别收敛破位平仓

（1）图（a）中走势跌破 60 分钟运行级别中轨，卖出开仓；

（2）图（b）中因利润丰厚，持盈扛回撤，结果回撤幅度太大，于 1 分钟再创新高时平仓。

总结：

回撤模式是不能扛回撤的，本次丰厚利润被完全清洗，是违规的后果。

六、2021 年 2 月第 4 周期货主升段交易实录

1.2021 年 2 月 24 日白糖主升段交易实录

图 8-37 是白糖 30 分钟主升段图，如图所示：

（1）图（a）中日线级别是单边势；

（2）图（b）中 30 分钟回踩中轨，是目标级别；

（3）图（c）中在 5 分钟创新高时追涨买入；

（4）图（d）中在 1 分钟跌破下方低点时止损。

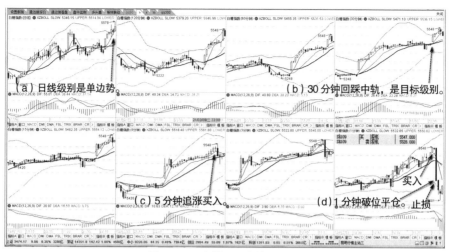

图 8-37 白糖 30 分钟主升段

总结：

　　本例买入时 30 分钟已经处于背离状态，其运行级别 5 分钟也已经背离。正确买点在 30 分钟高开、同时 5 分钟突破上轨之时。

2.2021 年 2 月 24 日纸浆主升段交易实录

图 8-38 是纸浆 30 分钟主升段图，如图所示：

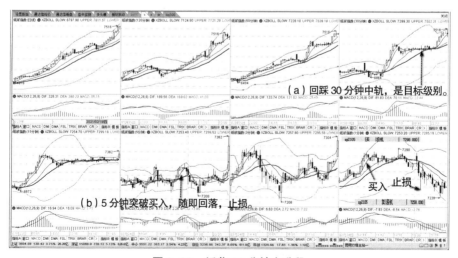

图 8-38 纸浆 30 分钟主升段

（1）图（a）中走势回踩30分钟中轨，是目标级别；

（2）图（b）中在5分钟突破时买入，随即市场回落，于是止损出局。

总结：

买入时5分钟级别处于振荡状态，振荡中交易是亏损之源。

3.2021年2月25日乙烯主升段交易实录

图8-39是乙烯5分钟主升段图，如图所示：

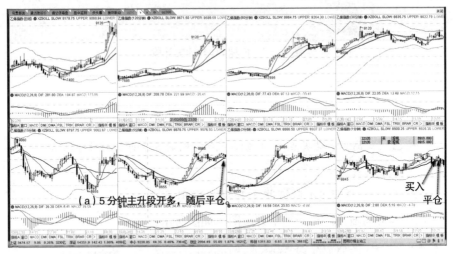

图8-39 乙烯5分钟主升段

图（a）中5分钟回踩中轨，开多单，随后平仓。

总结：

本次交易居然想做一个小级别主升段，这是随意交易，醒悟后马上平仓。

4.2021年2月26日红枣主升段交易实录

图8-40是红枣60分钟主升段图，如图所示：

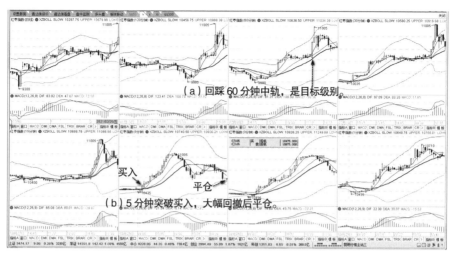

图 8-40　红枣 60 分钟主升段

（1）图（a）中走势回踩 60 分钟中轨，是目标级别；

（2）图（b）中突破 5 分钟上轨买入，行情一度涨停，之后涨停打开大幅回落，在跌破 60 分钟中轨时平仓。

总结：

　　本例利润丰厚，想扛回撤，结果回撤太大，跌破启动级别，按规则退出。

七、2021 年 3 月第 1 周期货主升段交易实录

1.2021 年 3 月 2 日郑棉主升段交易实录

图 8-41 是郑棉 15 分钟主升段失败图，如图所示：

（1）图（a）中日线是单边势；

（2）图（b）中 15 分钟回踩中轨，是目标级别；

（3）图（c）中在 1 分钟运行至上轨时买入，随后跌破中轨，止损出局。

总结：

　　买入时 15 分钟已经两段背离，买点不好，但好在止损及时。

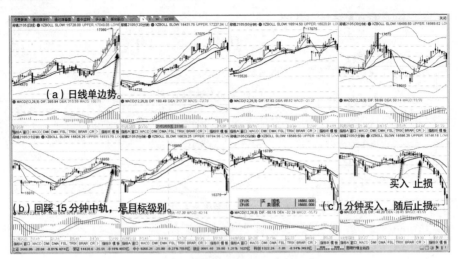

图 8-41　郑棉 15 分钟主升段失败

2.2021 年 3 月 3 日纸浆主升段交易实录

图 8-42 是纸浆 15 分钟主升段失败图，如图所示：

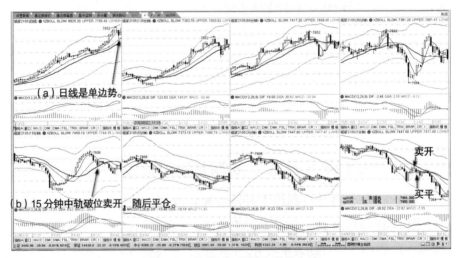

图 8-42　纸浆 15 分钟主升段失败

（1）图（a）中日线是单边势；

（2）图（b）中 15 分钟跌破中轨，于是开出空单，随后意识到这是逆势交易，随即平仓。

总结：

逆势交易是亏损之源。

3.2021 年 3 月 4 日苯乙烯主升段交易实录

图 8-43 是苯乙烯 15 分钟主升段失败图，如图所示：

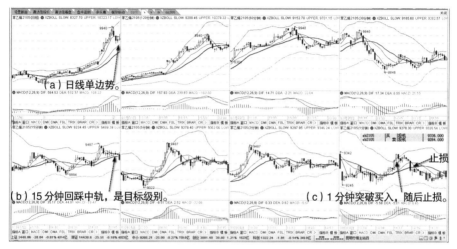

图 8-43　苯乙烯 15 分钟主升段失败

（1）图（a）中日线级别是单边势；

（2）图（b）中 15 分钟回踩中轨，是目标级别；

（3）图（c）中在 1 分钟突破时买入，跌破中轨止损。

总结：

买入时在 30 分钟是弱趋势，15 分钟也两段背离，所以 1 分钟突破无力。

4.2021 年 3 月 4 日豆一主升段交易实录

图 8-44 是豆一 30 分钟主升段图，如图所示：

（1）图（a）中走势回踩 30 分钟中轨，是目标级别；

（2）图（b）中回踩 5 分钟中轨，形成共振；

（3）图（c）中 1 分钟突破买入。

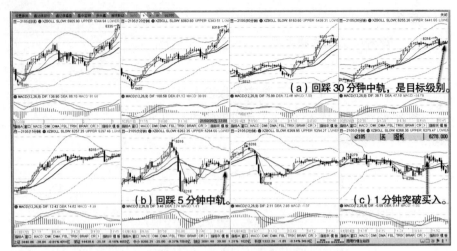

图 8-44　豆一 30 分钟主升段

总结：

　　因 5 分钟与 30 分钟共振，止损设在 5 分钟低点。

　　图 8-45 是豆一 30 分钟主升段平仓图，它承接上一张图，如图所示：

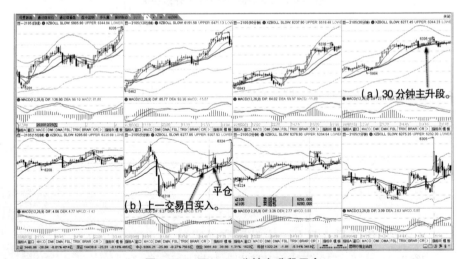

图 8-45　豆一 30 分钟主升段平仓

（1）图（a）中是 30 分钟主升段；

（2）图（b）中 5 分钟背离平仓。

总结：

30分钟中轨角度变缓了，力度不强。

5.2021年3月4日乙烯主升段交易实录

图8-46是乙烯30分钟主升段图，如图所示：

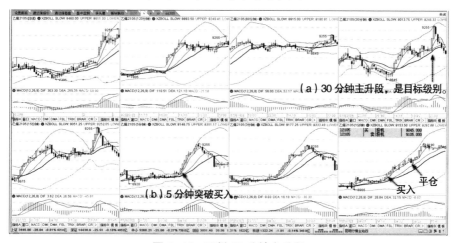

图8-46　乙烯30分钟主升段

（1）图（a）中走势回踩30分钟中轨，是目标级别；

（2）图（b）中在5分钟突破时买入，略有利润后平仓。

总结：

平仓是没有理由的，纯粹是因为怕利润回撤。

6.2021年3月5日乙二醇主升段交易实录

图8-47是乙二醇30分钟主升段失败图，如图所示：

（1）图（a）中日线级别是单边势；

（2）图（b）中走势回踩30分钟中轨，是目标级别；

（3）图（c）中在5分钟回踩中轨时买入，随后跌破中轨，止损出局。

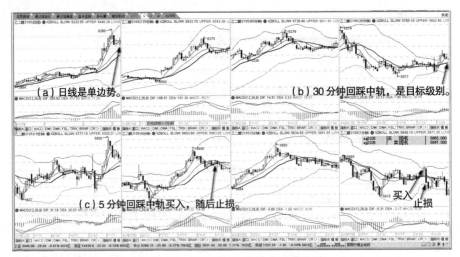

图 8-47 乙二醇 30 分钟主升段失败

总结：

本次交易 5 分钟正处于回落途中，而不是正在突破，买入
时机不对。

7.2021 年 3 月 5 日纸浆主升段交易实录

图 8-48 是纸浆 30 分钟主跌段失败图，如图所示：

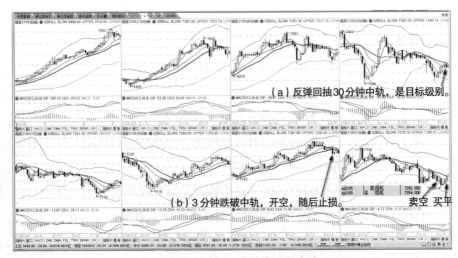

图 8-48 纸浆 30 分钟主跌段失败

（1）图（a）中反弹回抽 30 分钟中轨，是做空的目标级别；

（2）图（b）中在 3 分钟跌破中轨时开出空单，随后反弹，止损出局。

总结：

　　本次交易入场之后意识到大级别还不是空头，所以迅速止损。本次属于随意交易。

八、2021 年 3 月第 2 周期货主升段交易实录

1.2021 年 3 月 8 日 PTA 主升段交易实录

图 8-49 是 PTA15 分钟主升段图，如图所示：

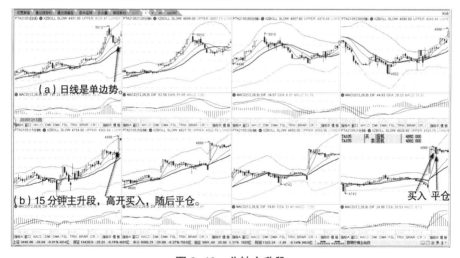

图 8-49　分钟主升段

（1）图（a）中日线是单边势；

（2）图（b）中 15 分钟回踩中轨后大幅高开，于是以万能模式追涨买入，随后跌破 1 分钟级别的回档低点，止损出局。

总结：

　　万能模式止损一定要坚决，否则可能会出现极大亏损。

2.2021 年 3 月 8 日甲醇主升段交易实录

图 8-50 是甲醇 5 分钟主升段图，如图所示：

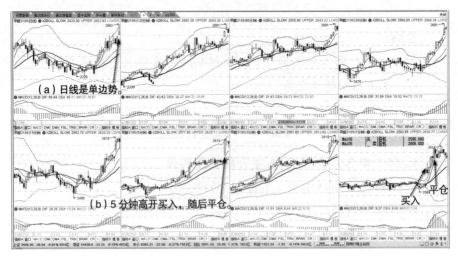

图 8-50　甲醇 5 分钟主升段

（1）图（a）中日线是单边势；

（2）图（b）中 5 分钟回踩中轨后大幅高开，于是以万能模式追涨买入，随后获利平仓。

总结：

买入后走势运动至 5 分钟上轨，目标达成，在走势出现停顿时获利出局。

3.2021 年 3 月 11 日纯碱主升段交易实录

图 8-51 是纯碱 60 分钟主升段失败图，如图所示：

（1）图（a）中走势回踩 60 分钟中轨，是目标级别；

（2）图（b）中在 5 分钟突破时买入，随后跌破中轨，止损出局。

总结：

日线出现次高点，市场变弱了。本次交易止损过大。

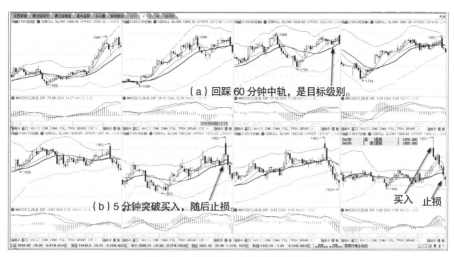

图 8-51 纯碱 60 分钟主升段失败

九、2021 年 3 月第 3 周期货主升段交易实录

1.2021 年 3 月 15 日不锈钢主升段交易实录

图 8-52 是不锈钢 30 分钟主跌段图，如图所示：

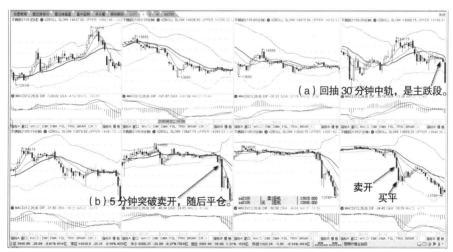

图 8-52 不锈钢 30 分钟主跌段

（1）图（a）中走势下跌后回抽 30 分钟中轨，是做空的目标级别；

（2）图（b）中在 5 分钟突破下轨时开出空单，随后获利平仓。

总结：

获利平仓时走势运行至 30 分钟下轨，预期达成，行情停滞时落袋为安。

2.2021 年 3 月 16 日纸浆主升段交易实录

图 8-53 是纸浆 30 分钟主跌段图，如图所示：

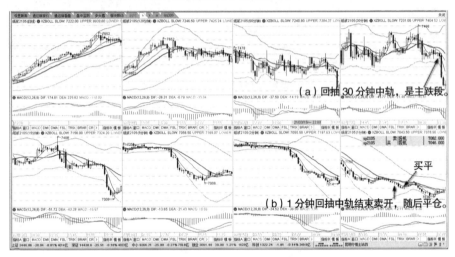

图 8-53　纸浆 30 分钟主跌段

（1）图（a）中走势下跌后回抽 30 分钟中轨，是做空的目标级别；
（2）图（b）中在 1 分钟回抽中轨结束后开出空单，获利后平仓。

总结：

本例在刚开始下跌时不敢参与，到行情的末期不甘心，很勉强地做了一单。

3.2021 年 3 月 18 日尿素主升段交易实录

图 8-54 是尿素 15 分钟主跌段失败图，如图所示：
（1）图（a）中 15 分钟破位后回抽中轨，是做空的目标级别；

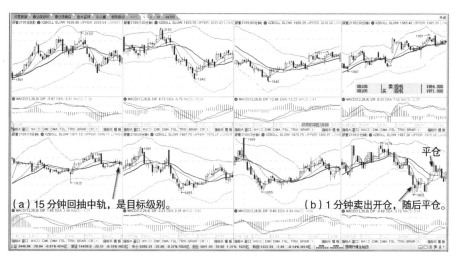

图 8-54 尿素 15 分钟主跌段失败

（2）图（b）中在 1 分钟下跌时开出空单，随后市场反弹，止损出局。

总结：

本例大级别处于振荡之中，目标级别又太小，容易触及止损，属于违规交易。

十、2021 年 3 月第 4 周期货主升段交易实录

1.2021 年 3 月 26 日玉米主跌段交易实录

图 8-55 是玉米 30 分钟主跌段失败图，如图所示：

（1）图（a）中走势下跌后回抽 30 分钟中轨，是做空的目标级别；

（2）图（b）中在 5 分钟跌破下轨时卖出开仓，反弹站上中轨后止损。

总结：

本例大级别处于振荡之中，所以小级别不容易走出强趋势。

再次印证规律十九：振荡势是亏损之源。

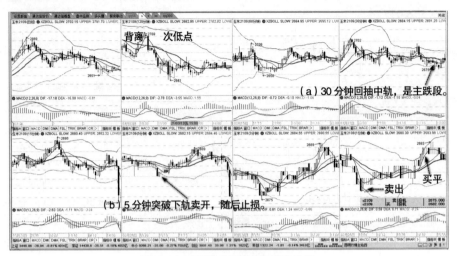

图 8-55　玉米 30 分钟主跌段失败

十一、2021 年 4 月第 3 周期货主升段交易实录

2021 年 4 月 15 豆粕日线主升段交易实录

图 8-56 是豆粕日线主跌段图，如图所示：

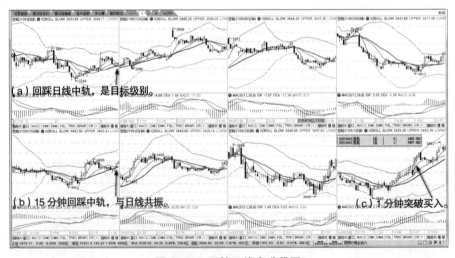

图 8-56　豆粕日线主升段图

（1）图（a）中走势回踩日线中轨，是操作的目标级别；

（2）图（b）中 15 分钟回踩中轨，与日线形成共振；

（3）图（c）中推演至 1 分钟突破上轨时买入。

总结：

日线回踩中轨和 15 分钟回踩中轨时皆受该级别三维共振带支撑。

图 8-57 是豆粕日线主升段平仓图，本图承接上一张图，如图所示：

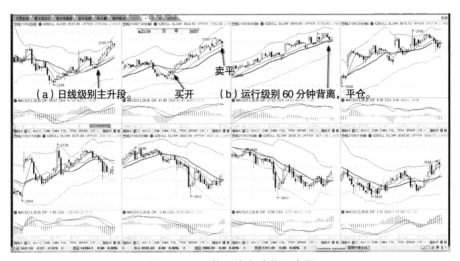

图 8-57　豆粕日线主升段平仓图

（1）图（a）中日线主升段由中轨向上轨运动，持续了一段时间；

（2）图（b）中主升段的运行级别 60 分钟反复背离后跌破了中轨，意味着级别切换，于是平仓。

总结：

本次交易利润丰厚，也可以选择承受回撤，本例选择平仓也符合由规律四（主升段结束的迹象是运行级别出现背离）衍生出来的规则。

图 8-58 是豆粕低开至日线中轨图，本图承接上一张图，如图所示：

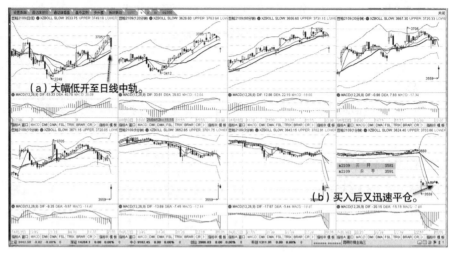

图 8-58　豆粕低开至日线中轨

（1）图（a）中行情大幅低开，向日线中轨靠拢；

（2）图（b）中在1分钟买入，之后又迅速平仓。

总结：

　　上一交易日背离平仓后，今天大幅低开，觉得有差价，所以在1分钟买回多单，但随即省悟不符合规则，于是平仓。本次操作是随意交易。

十二、2021年4月第4周期货主升段交易实录

1.2021 年 4 月 19 日国债主升段交易实录

图 8-59 是十年期国债 30 分钟主升段图，如图所示：

（1）图（a）中日线是强趋势；

（2）图（b）中走势回踩 30 分钟中轨，是目标级别；

（3）图（c）中在 3 分钟突破时买入；

（4）图（d）中 1 分钟级别随后跌破前方低点，止损出局。

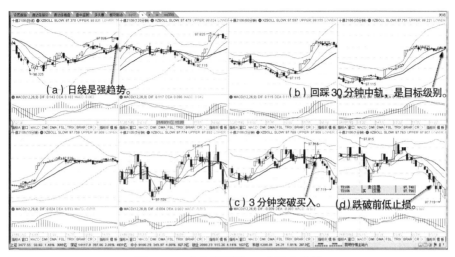

图 8-59　十年期国债 30 分钟主升段

总结：

（1）事实上 3 分钟没有成功突破，仍处于振荡状态，只是 30 分钟级别回落触及了中轨，怕错失行情，于是急于买入，结果行情继续振荡，止损在所难免。

（2）这就是规律十九所说的亏损的根源是振荡势中进行交易。

2. 2021 年 4 月 20 日燃油主升段交易实录

图 8-60 是燃油 60 分钟主升段图，如图所示：

（1）图（a）中日线级别是单边势；

（2）图（b）中走势回踩 60 分钟中轨，是目标级别；

（3）图（c）中 5 分钟回踩中轨，与 60 分钟形成共振；

（4）图（d）中在 1 分钟突破时买入，在随后的横盘中平仓。

总结：

平仓原因是买入后没能继续向上运动，力度不强，于是保本出局，随后行情向上运动了一段，之后快速回落，在 60 分钟级别仍然是振荡势。

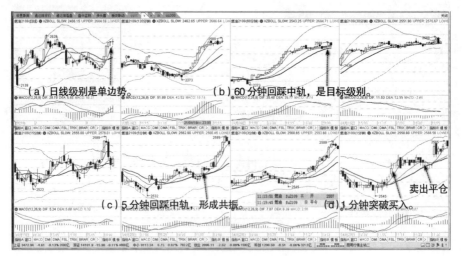

图 8-60　燃油 60 分钟主升段

3. 2021 年 4 月 23 日 PTA 主升段交易实录

图 8-61 是 PTA 日线主升段图，如图所示：

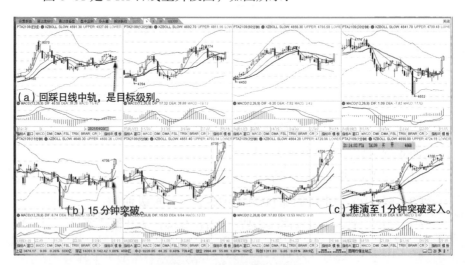

图 8-61　PTA 日线主升段图

（1）图（a）中走势回踩日线中轨，是目标级别；

（2）图（b）中 15 分钟收敛后突破上轨；

（3）图（c）中推演至 1 分钟突破买入。

总结：

本例是标准的三级共振。

图 8-62 是 PTA 日线主升段止损图，如图所示：

图 8-62　PTA 日线主升段止损

（1）图（a）中走势回踩日线中轨，是目标级别；

（2）图（b）中在 15 分钟扛回撤，但走势跌穿下方低点，止损出局。

总结：

（1）虽然目标级别是日线，但盈利并不丰厚，不足以支持回撤；

（2）目标级别不是单边势，按规则只有单边势才可以扛回撤，本次操作是违规的。

4. 2021 年 4 月 23 日燃油主升段交易实录

图 8-63 是燃油日线主升段图，如图所示：

（1）图（a）中走势回踩日线中轨，是目标级别；

（2）图（b）中对应级别 15 分钟收敛突破；

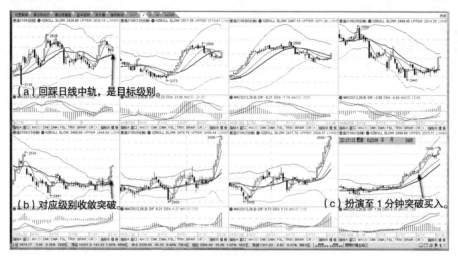

图 8-63　燃油日线主升段

（3）图（c）中推演至 1 分钟突破买入。

总结：

　　走势在一段时间内会有相似性，本例与上一例就很相似，本例中想在 1 分钟级别等一个回撤，没有等到回撤，只好追涨买入。

图 8-64 是燃油日线主升段止损图，它承接上一张图，如图所示：

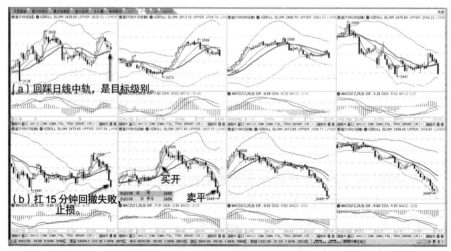

图 8-64　燃油日线主升段止损图

（1）图（a）中走势回踩日线中轨，是目标级别；

（2）图（b）中在15分钟扛回撤，但走势跌穿下方低点，止损出局；

总结：

　　（1）虽然目标级别是日线，但盈利并不丰厚，不足以支持回撤；

　　（2）目标级别不是单边势，按规则只有单边势才可以扛回撤，本次操作是违规的。

5.2021年4月29日菜粕主升段交易实录

图8-65是菜粕30分钟次低点图，如图所示：

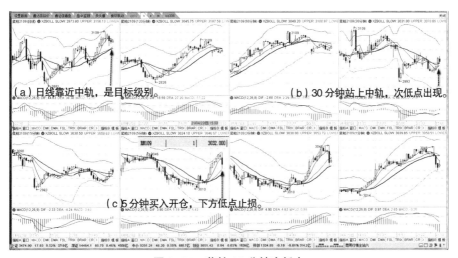

图8-65　菜粕30分钟次低点

（1）图（a）中日线是强趋势，走势靠近中轨，是操作的目标级别；

（2）图（b）中30分钟站上中轨，走出次低点；

（3）图（c）中在5分钟回档时买入开仓，止损设在下方低点。

总结：

    （1）对应级别次低点是强趋势主升段的第一买入点；

    （2）因预期长假期间美豆粕会上涨，所以次低点买入。

图 8-66 是菜粕 30 分钟次低点平仓图，如图所示：

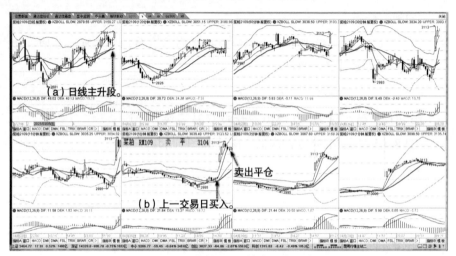

图 8-66　菜粕 30 分钟次低点平仓

（1）图（a）中是日线主升段；

（2）图（b）中 5 分钟级别大幅高开，惯性上冲滞涨，预期目标达成，落袋为安。

总结：

    平仓时技术上没有背离，但预期目标达到了，可以选择平仓。

十三、2021 年 5 月第 2 周期货主升段交易实录

2021 年 5 月 11 日豆粕主升段交易实录

图 8-67 是豆粕 120 分钟主升段图，如图所示：

（1）图（a）中走势回踩 120 分钟中轨，是目标级别；

（2）图（b）中当 5 分钟走势突破上轨时买入开仓，止损设在下方低点。

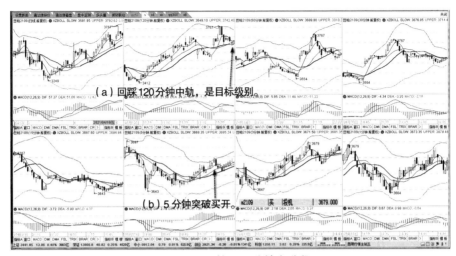

图 8-67　豆粕 120 分钟主升段

总结：

　　（1）回踩 120 分钟中轨的次级折返是 30 分钟节奏，买入时并未结束，但日线是单边势，本次买入执行的是对应级别次低点买入模式；

　　（2）15 分钟突破上轨是次级折返结束的标志。

　　图 8-68 是豆粕 120 分钟主升段平仓图，它承接上一张图，如图所示：

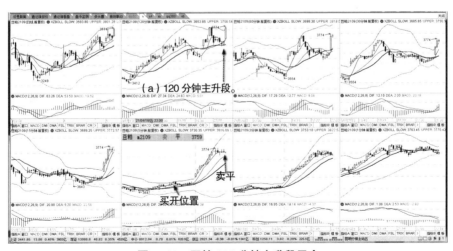

图 8-68　豆粕 120 分钟主升段平仓

图（a）中是 120 分钟主升段，在碰到上轨时预期目标完成，获利平仓。

总结：

高开后走单边势，没有加仓机会，直接运行到 120 分钟上轨，落袋为安。

十四、2021 年 6 月第 1 周期货主升段交易实录

2021 年 6 月 4 日 PVC 主升段交易实录

图 8-69 是 PVC 日线主跌段图，如图所示：

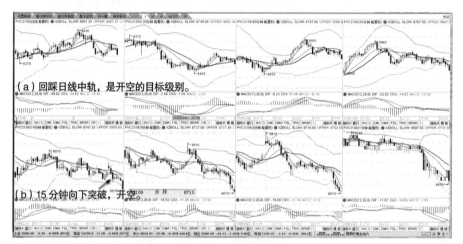

图 8-69　日线主跌段

（1）图（a）中走势回抽日线中轨，是做空的目标级别；

（2）图（b）中 15 分钟向下突破时开空，止损设在上方高点。

总结：

当前向下运行的节奏是 15 分钟弱趋势。

图 8-70 是 PVC 日线主跌段平仓图，它承接上一张图，如图所示：

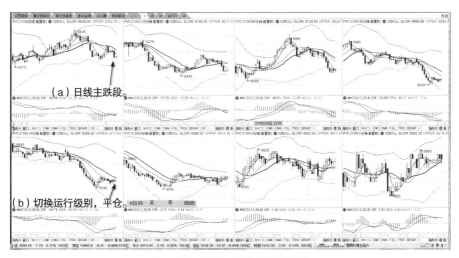

图 8-70　PVC 日线主跌段平仓

（1）图（a）中走势回抽日线中轨，是做空的目标级别；

（2）图（b）中 15 分钟准备切换级别，获利平仓。

总结：

在周线级别是多头，不扛回撤。

十五、2021 年 6 月第 2 周期货主升段交易实录

2021 年 6 月 7 日白糖主升段交易实录

图 8-71 是白糖 60 分钟主跌段图，如图所示：

（1）图（a）中日线破位后回抽中轨，再度向下运动；

（2）图（b）中 60 分钟破位后回抽中轨，是做空的目标级别；

（3）图（c）中在 1 分钟破位回抽时开空，止损设在上方高点。

总结：

回抽 60 分钟后走势已经下行，1 分钟再度回抽，是极好的机会，止损很小。

图 8-71　白糖 60 分钟主跌段

图 8-72 是白糖 60 分钟主跌段平仓图，它承接上一张图，如图所示：

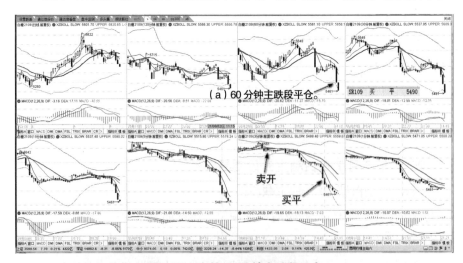

图 8-72　白糖 60 分钟主跌段平仓

图（a）中是 60 分钟主跌段，快速下跌后主动平仓。

总结：

　　入场即迅速获利，落袋为安。

十六、2021年6月第3周期货主升段交易实录

1.2021年6月16日苹果主升段交易实录

图8-73是苹果日线主升段图，如图所示：

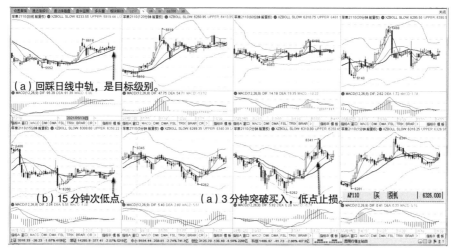

图8-73 苹果日线主升段

（1）图（a）中走势回踩日线中轨，是目标级别；

（2）图（b）中15分钟出现次低点，走势站上中轨；

（3）图（c）中在3分钟突破上轨时买入，止损设在下方低点。

总结：

对应级别次低点也是可选的买点。

图8-74是苹果日线主升段平仓图，如图所示：

（1）图（a）中走势回踩日线中轨，是目标级别；

（2）图（b）中15分钟走势回踩中轨；

（3）图（c）中在1分钟运行级别破位时平仓。

总结：

1分钟破位时，利润不足以扛回撤，所以平仓。

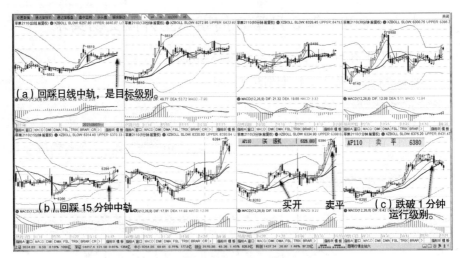

图 8-74　苹果日线主升段平仓

2. 2021 年 6 月 18 日液化气主升段交易实录

图 8-75 是液化气 120 分钟主升段图，如图所示：

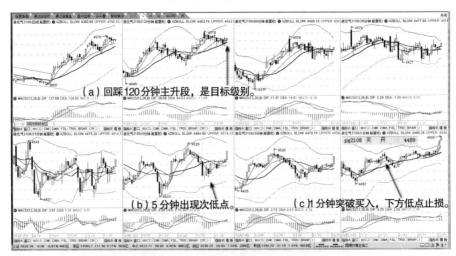

图 8-75　液化气 120 分钟主升段

（1）图（a）中走势回踩 120 分钟中轨，是目标级别；

（2）图（b）中 5 分钟出现次低点；

（3）图（c）中在 1 分钟突破时买入，止损设在下方低点。

总结：

（1）对应级别次低点是第一买点；

（2）第一买点的优点是止损较小，缺点是成功率较低。

图 8-76 是液化气 120 分钟主升段平仓图，它承接上一张图，如图所示：

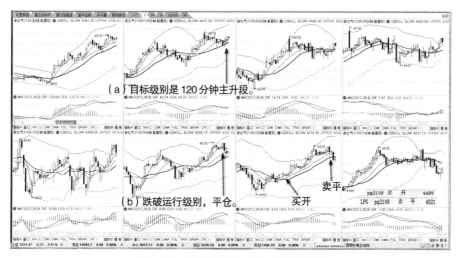

图 8-76　液化气 120 分钟主升段平仓

（1）图（a）中目标级别是 120 分钟；

（2）图（b）中跌破运行级别，平仓。

总结：

跌破运行级别时利润丰厚、愿意承担回撤的，也可以等待切换新的运行级别。

第九章　50 倍杠杆的股票期权交易实录

期权类似于 2005 年股改时出现过的权证。国内现在有股票 ETF 期权和商品期货期权，本章交易的是沪深 300ETF 期权和上证 50ETF 期权。

期权的特点是标的物波动一点点，期权就会大幅波动，从而创造出可观的盈利空间。如果对标的物如指数等的波动有方法把握的话，那期权应该是最好的交易品种。相反地，如果没有盈利能力的话，亏损幅度也是很厉害的，因为杠杆太高。

从制度设计角度来讲，期权主要是用来与标的物做对冲的，所以这里并不建议普通投资者做单腿的期权投机交易。

期权交易因时间价值衰减很快，一般只做日内交易，主要交易级别为 60 分钟以下级别，更多的是 30 分钟以下级别的交易，写这一章的目的一是让大家对期权有一个直观了解；二是看看在 15 分钟甚至 1 分钟级别仍然可以进行主升段交易。

本章交易图例中左侧是沪深 300 指数或上证 50 指数走势，右侧是 ETF 期权相关内容。因期权走势图形数据有限，故参照相应指数走势进行交易。

一、2021 年 4 月第 4 周期权交易实录

交易实录按日期顺序排列，没有交易则不记录。

1. 2021 年 4 月 19 日沪深 300ETF 期权交易实录

图 9-1 是沪深 300ETF 认购期权 30 分钟级别主升段图，如图所示：

（1）图（a）显示沪深 300 指数日线级别下跌后反弹，站上布林中轨，是振荡势；

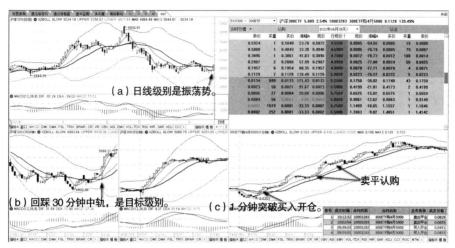

图 9-1　沪深 300ETF 认购期权日线级别主升段

（2）图（b）中走势正在回踩 30 分钟中轨，是操作的目标级别；

（3）图（c）中在 1 分钟级别突破时买入认购期权，因定性行情为反弹，故在触及上方压力区时主动平仓。

总结：

此次反弹力量颇为强烈，振荡势中在压力区主动平仓符合交易规则。

2. 2021 年 4 月 21 日上证 50ETF 期权交易实录

图 9-2 是上证 50ETF 认沽期权回撤 30 分钟中轨图，如图所示：

（1）图（a）显示上证 50 指数日线级别的反弹受制于布林中轨；

（2）图（b）中预期走势由 30 分钟上轨向中轨靠拢；

（3）图（c）中显示 1 分钟级别认沽期权大幅高开，于是追涨买入，但随后行情快速回落，击穿下方中轨，于是止损出场。

总结：

本次交易做的是在大级别从上轨向中轨回落时，在小级别会形成单边走势，这是规律九中描述的内容。在本次交易中，指

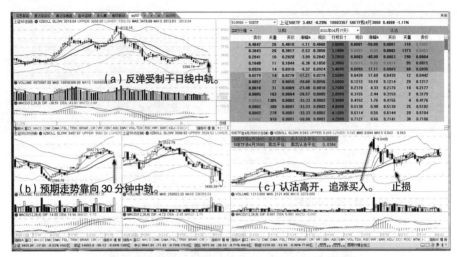

图 9-2　上证 50ETF 认沽期权回撤 30 分钟中轨图

数大幅低开后一步到位，所以期权没有盈利空间，赔率不够，违背规则。

3. 2021 年 4 月 22 日上证 50ETF 期权交易实录

图 9-3 是上证 50ETF 期权 15 分钟级别主升段图，如图所示：

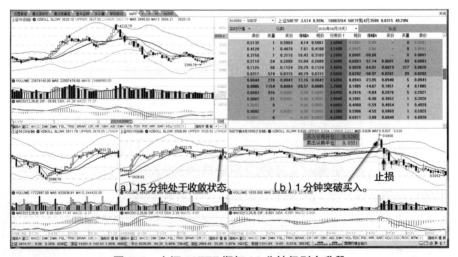

图 9-3　上证 50ETF 期权 15 分钟级别主升段

（1）图（a）显示上证50指数15分钟级别处于收敛状态；

（2）图（b）中1分钟级别认购期权高开，于是追涨买入，随后回落跌破中轨，止损出局。

总结：

本次交易日线受中轨压制，目标级别15分钟收敛，不是强趋势，这种情况下在小级别高开时追涨，容易触及上方压力而回落，胜率不高，赔率也不够，是急功近利的操作。

4. 2021年4月23日沪深300ETF期权交易实录

图9-4是沪深300ETF期权60分钟级别主升段图，如图所示：

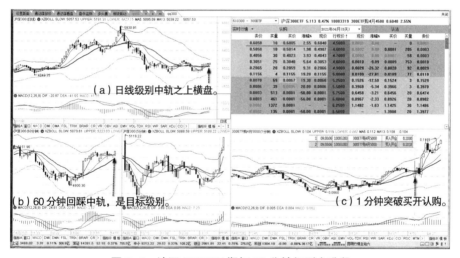

图9-4 沪深300ETF期权60分钟级别主升段

（1）图（a）显示日线在布林中轨之上横盘，是振荡势；

（2）图（b）中走势回踩60分钟中轨，是操作的目标级别；

（3）图（c）中在1分钟级别突破时买入认购期权。

总结：

60分钟级别的主升段对于期权来讲并不常见，是很好的机会，可以重仓操作。

图 9-5 是沪深 300ETF 期权 60 分钟主升段平仓图，它是上一张图的后续走势，如图所示：

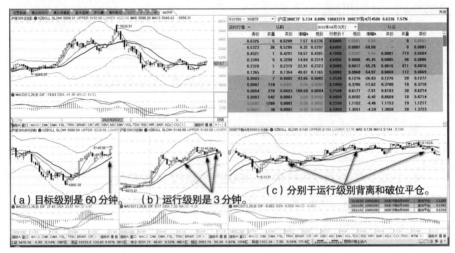

图 9-5　沪深 300ETF 期权 60 分钟主升段平仓

（1）图（a）中是 60 分钟级别主升段；

（2）图（b）中走势多次回踩 3 分钟中轨，说明 60 分钟主升段的运行级别为 3 分钟；

（3）图（c）中在运行级别背离和破位时分批平仓。

总结：

本次 60 分钟主升段没有走出加速段到达上轨，其运行级别就已经背离，这是因为在更大的级别日线上是振荡势。

图 9-6 是沪深 300ETF 期权 15 分钟级别主升段图，它是上一张图的后续走势，如图所示：

（1）图（a）中走势回落至 15 分钟中轨，是操作的目标级别；

（2）图（b）中在 1 分钟突破时买入认购期权，在稍后背离时平仓。

总结：

本次 15 分钟主升段走势较弱，盈利有限，不能扛回撤。

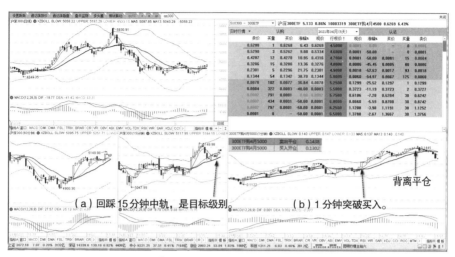

（a）回踩 15 分钟中轨，是目标级别。　　（b）1 分钟突破买入。

图 9-6　沪深 300ETF 期权 15 分钟级别主升段

二、2021 年 4 月第 5 周期权交易实录

1. 2021 年 4 月 27 日上证 50ETF 期权交易实录

图 9-7 是上证 50ETF 期权收敛反弹图，如图所示：

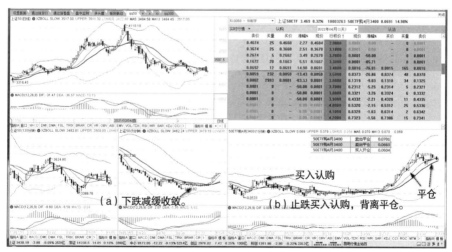

（a）下跌减缓收敛。　　（b）止跌买入认购，背离平仓。

图 9-7　上证 50ETF 期权收敛反弹图

（1）图（a）中行情在上一交易日大幅下跌之后，下跌节奏由 3 分钟切换至 5 分钟，沿中轨收敛，跌速趋缓；

（2）图（b）中在1分钟走势止跌反弹时买入认购期权，在背离时平仓。

总结：

　　本次交易不是主升段，是规律九所描述的大级别回撤时小级别的单边势。

2. 2021年4月28日沪深300ETF期权交易实录

图9-8是沪深300ETF期权120分钟主升段图，如图所示：

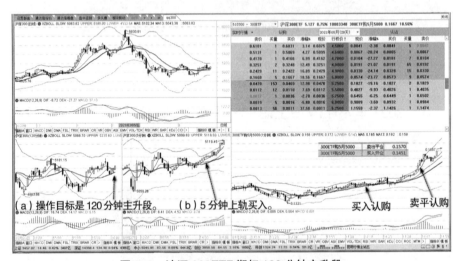

图9-8　沪深300ETF期权120分钟主升段

（1）图（a）中是120分钟主升段；

（2）图（b）中在5分钟突破上轨时买入认购；

（3）图（c）中在加速时卖出平仓。

总结：

　　本次上涨的运行级别是3分钟，并没有背离。但因不想持仓过夜，所以平仓。

3. 2021 年 4 月 30 日沪深 300ETF 期权交易实录

图 9-9 是卖出沪深 300ETF 认购期权图，如图所示：

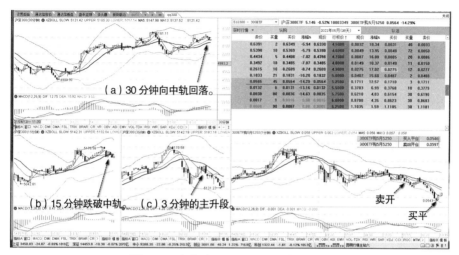

图 9-9 卖出沪深 300ETF 认购期权图

（1）图（a）中走势向 30 分钟中轨回落；

（2）图（b）中 15 分钟背离，走势跌破中轨；

（3）图（c）中回落的节奏是 3 分钟级别。

总结：

　　市场以 3 分钟级别的下跌，向 30 分钟中轨回落。

图 9-10 是买入沪深 300ETF 认购期权图，如图所示：

（1）图（a）中走势回踩 30 分钟中轨；

（2）图（b）中 3 分钟突破上轨买入认购期权。

总结：

　　振荡势追涨，违背规则，一波回落就跌破止损位。

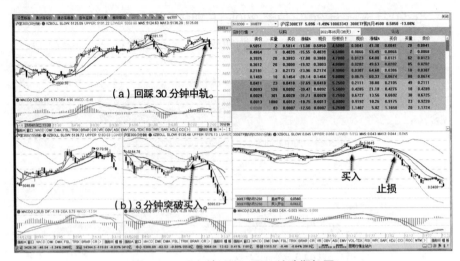

图 9-10　买入沪深 300ETF 认购期权图

三、2021 年 5 月第 2 周期权交易实录

1.2021 年 5 月 10 日沪深 300ETF 期权交易实录

图 9-11 是卖出沪深 300ETF 认购期权图，如图所示：

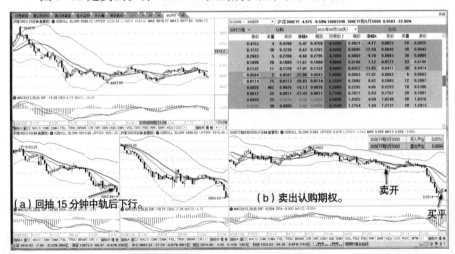

图 9-11　卖出沪深 300ETF 认购期权

（1）图（a）中走势回抽 15 分钟中轨后下行；

（2）图（b）中向下破位时卖出认购期权，随后盈利平仓。

总结：

15分钟主跌段级别太小，预期达成，主动平仓。

2.2021年5月12日沪深300ETF期权交易实录

图9-12是沪深300ETF期权30分钟主升段图，如图所示：

图9-12　沪深300ETF期权30分钟主升段

（1）图（a）中走势回踩30分钟中轨，是目标级别；

（2）图（b）中1分钟突破时买入认购，下方低点止损。

总结：

1分钟有背离迹象，获利平仓。

3.2021年5月13日上证50ETF期权交易实录

图9-13是上证50ETF期权15分钟主跌段图，如图所示：

（1）图（a）中走势反弹至15分钟中轨；

（2）图（b）中1分钟认沽期权突破时买入开仓，止损设在下方低点。随后认沽上涨，尾盘回落，收盘前平仓。

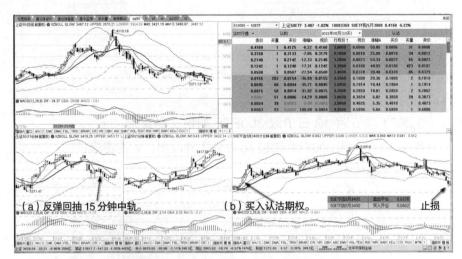

图 9-13　上证 50ETF 期权 15 分钟主跌段

总结：

　　本例交易的是 15 分钟主跌段，应在对应级别背离后平仓。但盈利后试图扛 15 分钟的回撤，结果由盈变亏。亏单不过夜，故收盘前平仓。本次交易违背规则，产生了妄念。

四、2021 年 5 月第 3 周期权交易实录

1.2021 年 5 月 19 日上证 50ETF 期交易实录

图 9-14 是上证 50ETF 期权 60 分钟主升段图，如图所示：

（1）图（a）中走势回踩 60 分钟中轨；

（2）图（b）中 1 分钟突破买入。

总结：

　　60 分钟的对应级别是 5 分钟，本例 1 分钟突破买入是希望回撤后形成 5 分钟次低点，第一买点持有仓位，便于盈利加仓。

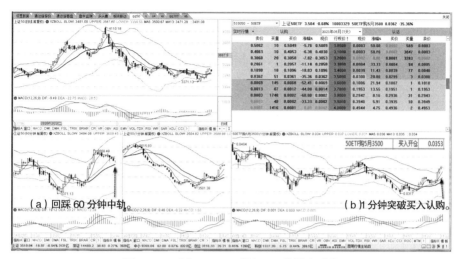

图 9-14　上证 50ETF 期权 60 分钟主升段

2.2021 年 5 月 20 日上证 50ETF 期权交易实录

图 9-15 是上证 50ETF 期权 60 分钟主升段止损图，如图所示：

图 9-15　上证 50ETF 期权 60 分钟主升段止损

图（a）中走势回踩 60 分钟中轨，1 分钟突破买入，随后跌破低点，止损出局。

总结：

1 分钟买入后，曾经突破 5 分钟上轨，但回撤直接跌破前面低点，一段振荡后还是形成 5 分钟次低点。

五、2021 年 5 月第 4 周期权交易实录

1.2021 年 5 月 25 日 50ETF 期权交易实录

图 9-16 是上证 50ETF 期权 120 分钟主升段图，如图所示：

图 9-16　上证 50ETF 期权 120 分钟主升段

（1）图（a）中是 120 分钟主升段；

（2）图（b）中 1 分钟突破时买入，随后平仓。

总结：

突破后走势强劲，没有平仓理由。

2.2021 年 5 月 31 日沪深 300ETF 期权交易实录

图 9-17 是沪深 300ETF 期权 60 分钟主升段图，如图所示：

（1）图（a）中走势回踩 60 分钟中轨；

（2）图（b）中 5 分钟突破买入，止损设在下方低点。

总结：

本图中 5 分钟的突破是直接 V 形反转上来的，所以止损只有设在下方低点。

图 9-17 沪深 300ETF 期权 60 分钟主升段

图 9-18 沪深 300ETF 期权 60 分钟主升段平仓图，如图所示：

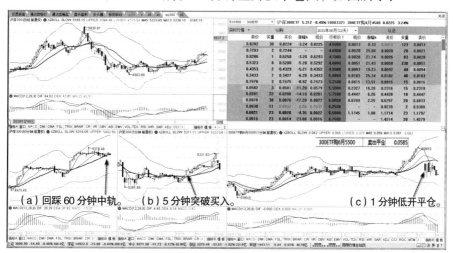

图 9-18 沪深 300ETF 期权 60 分钟主升段平仓

（1）图（a）中走势回踩 60 分钟中轨；

（2）图（b）中昨天在 5 分钟突破时买入；

（3）图（c）中在 1 分钟低开时卖出平仓。

总结：

低开后，60分钟主升段已经不成立，所以盈利平仓。

六、2021年6月第1周期权交易实录

2021年6月1日沪深300ETF期权交易实录

图9-19是沪深300ETF期权120分钟主升段图，如图所示：

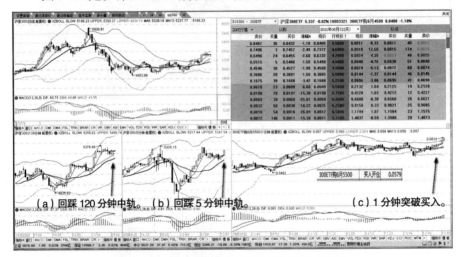

图9-19 沪深300ETF期权120分钟主升段

（1）图（a）中走势回踩120分钟中轨；

（2）图（b）中走势回踩5分钟中轨；

（3）图（c）中在1分钟突破时买入。

总结：

由于5分钟V形反转上来，直到回踩5分钟中轨后才等到买点。

图9-20沪深300ETF期权120分钟主升段平仓图，如图所示：

（1）图（a）中回踩120分钟中轨；

（2）图（b）中5分钟突破买入，后回落止损。

总结：

以 5 分钟低点止损，大了一些。

图 9-20 沪深 300ETF 期权 120 分钟主升段平仓

第十章　6倍涨幅股票的真实交易记录

股票一般操作周月线以上级别的主升段，投资周期一般会接近一年或者更长，所以操作并不频繁。

自2019年初上证指数第三次回踩年线中轨以来，操作过的股票寥寥可数，有6倍股沪电股份、2倍股长亮科技、3倍股宝钛股份等等，下面一一介绍。

一、沪电股份的选股过程与交易实录

2018年9月上证指数跌至2640点一线，接近2016年那一波下跌的位置，同时靠向年线中轨。我意识到这是一个很好的投资机会，根据三段结构论，一定会有一大批股票走出主升段。

于是我用自编选股系统对全部A股进行了筛选，结果选出了三只股票，它们是世嘉科技、沪电股份、杰瑞股份。入选股票如此的少，是因为当时市场一片低迷，很多股票都急速下跌，走上升趋势的股票少之又少，强股一眼就可以看出来。

当时，这三只股票的基本面都比较普通，没有谁特别突出，我不做亏损股，但它们都是盈利的，当时我也不喜欢分散投资，所以要从中选出一只来。

最终很容易就确定了沪电股份，因为它的技术形态最好。

下面我们分别来看一下它们的图形。

图10-1是世嘉科技走势图，图中四个箭头标示处是同一位置，时间是2018年9月28日，如图所示：

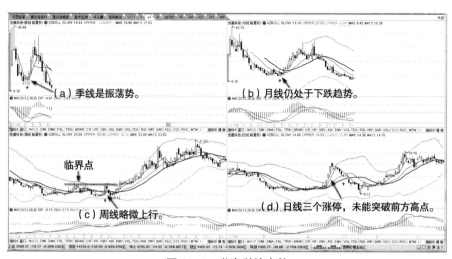

图 10-1　世嘉科技走势

（1）图（a）中世嘉科技走势在季线级别处于振荡势；

（2）图（b）中世嘉科技走势在月线级别受月线中轨压制，中轨仍在下行；

（3）图（c）中世嘉科技走势在周线级别走势站上中轨，中轨略微上行；

（4）图（d）中世嘉科技走势在日线级别出现三个连续的涨停板，但仍未越过前方临界点。

技术分析结论：

在一片下跌声中，世嘉科技已经止跌上攻，走势算是很强了，值得跟踪，但还未进入主升段买入期间。

图 10-2 是杰瑞股份走势图，图中四个箭头标示处是同一位置，时间是 2018 年 9 月 28 日，如图所示：

（1）图（a）中杰瑞股份走势在季线级别处于振荡势；

（2）图（b）中杰瑞股份走势在月线级别中轨已经走平，走势站上中轨，但仍受前方临界点压制；

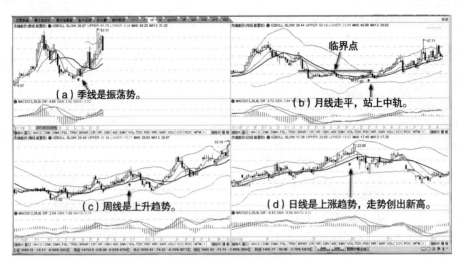

图 10-2　杰瑞股份走势

（3）图（c）中杰瑞股份走势在周线级别已经形成上升趋势；

（4）图（d）中杰瑞股份走势在日线级别是上升趋势。

技术分析结论：

在一片下跌声中，杰瑞股份已经止跌，并形成周线级别上涨，后市值得跟踪，突破月线临界点后，就进入主升段买入期间。

图 10-3 是沪电股份走势图，图中四个箭头标示处是同一位置，时间是 2018 年 9 月 28 日，如图所示：

（1）图（a）中沪电股份走势回踩季线中轨，季线走平，只是回落幅度过大，未能形成季线级别主升段；

（2）图（b）中沪电股份走势在月线级别极度收敛，走势站上中轨，并已经突破了上轨；

（3）图（c）中沪电股份在周线级别走势已经形成上升趋势，并突破了临界点；

（4）图（d）中沪电股份在日线级别是上升趋势，并以两个涨停板的凌厉攻势突破前方高点。

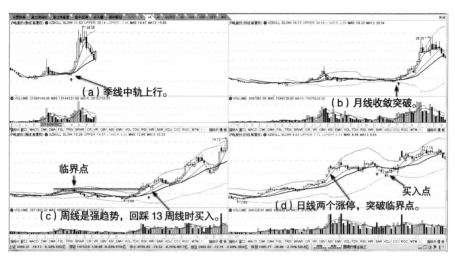

图 10-3　沪电股份走势

技术分析结论：

（1）在大势惨淡，个股纷纷下跌的市场氛围中，沪电股份价格已经翻番，各级别已经走出上升趋势，月线级别更是收敛突破，基本面肯定发生了重大变化，只要在较大级别发生回踩，就是极好的介入良机。

（2）这样的机会马上就到了，10月12日走势回踩13周线后在日线收出长阳线，我意识到不能再等待回踩周线中轨了，于是在日线追涨买入，成交价5.82元。

以上就是买入沪电股份的真实历程。在低迷的市场环境中，因为可选数量少，更容易选出表现优异的股票。

买入沪电股份后，就迅速处于盈利状态，这非常有利于后期的持股。

图10-4是沪电股份持仓记录，从持仓记录看，成本价一直没变，所以收益不是卖出部分持仓制造出来的。

远离成本区后，后面的操作是极其简单的，后来沪电股份回踩13月线后，在日线走出加速段，加速段的节奏是回踩日线中轨，在日线背离时卖出。沪电股份最终在30.8元附近卖出，获利近6倍。

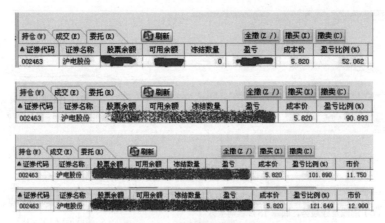

图 10-4　沪电股份持仓记录

二、长亮科技的投资计划书与交易实录

　　多年来我养成了一个习惯，在进行投资之前，对于标的股票，我会专门制作一份《投资报告书》，简洁地列明投资要素。

　　下面是长亮科技的《投资报告书》，2020 年 3 月 5 日发表于雪球网站，获得 2.4 万阅读量，这里全文列出，供投资者参考。

长亮科技投资报告书

　　制作时间： 2019 年 12 月 23 日

　　交易系统： 定方向，做主升，明预期，等共振。

　　投资策略： 在大盘可能走出中级行情的前提下做个股的主升段。分解为三点：一是大势有可能走出中级行情；二是交易标的基本面良好，属于国家重点鼓励支持的处于快速发展阶段的行业；三是交易标的已经完成技术走势的准备，即将走出主升段，预期上涨空间广阔。

　　理论基础： 三段结构论。三段结构论追求三个维度市场要素的共振：宏观大势、个股的行业发展趋势和个股的技术走势。

1. 投资标的

投资标的为长亮科技，股票代码300348。

2. 大盘分析

（1）上证指数自2019年年初上涨之后，总体是横盘振荡的格局。月线中轨经过一年的横盘已经走平，说明3300点一带密集区的压力正在得到富有成效的消化。特别是在受疫情严重的打压下仍能维持形态，更充分地说明市场已经具备了极强的韧性。在回踩年线中轨的背景下，回落空间有限。

（2）深证成指特别是投资标的的对应的创业板指数，则比上证指数强得多。两者的月线中轨已经向上转向，周线呈现出沿中轨向上运行的强势特征，已经符合三段结构论定义的多头标准。特别是疫情所造成的恐慌性大跌在短期之内就得到收复，说明市场的做多意愿强烈。

（3）深证成指已经符合走中级行情的标准，初级运行目标是月线上轨，上证指数则要弱一些，初级别目标只能先看2019年初高点。

3. 投资标的基本面分析

（1）公司是一家专业提供金融IT服务的大型高科技软件开发企业。主营业务是为商业银行提供包括业务类、渠道类、管理类系统在内的整体解决方案。公司核心业务系统在城市商业银行的市场覆盖率近20%。自2017年以来近三年营业收入增长率分别为35.2%、23.6%和18.5%。公司于2020年1月23日预告2019年度归属于上市公司股东的净利润比上年同期上升107.87%至137.86%。

（2）公司业务边界在三个领域不断拓展：一是业务类别拓展。从最初的商业银行业务系统拓展至保险、基金、金融资产管理公司的信息化解决方案，并引入腾讯作为战略投资者共同开发互联网金融系统业务。二是客户边界拓展。公司的银行客户已从早期的地方性银行拓展至全国性股份制银行、外资银行、政策性银行以及互联网银行。三是市场边界拓展。公司于 2015 年开始布局海外市场，经过内生加外延并进的方式，业务版图已从内陆拓展到香港、东南亚以及中东等地区。

（3）金融的安全关系到经济和社会的稳定。因此国内金融行业正在各个领域逐步实现国产替代。公司作为国内银行核心业务系统解决方案领域的龙头，在金融 IT 系统领域国产化的推动下，将迎来良好的发展机遇期。

（4）2020 年 1 月央行披露数字货币已经完成顶层设计、标准制定和联调联试等工作。未来银行业务系统需要全面更新和升级。长亮科技是国内银行核心系统的龙头企业，必将直接受益于数字货币的推行。

4. 投资标的技术面分析

下图是重新制作的黑白图，与原图的区别在于原图没有 2019 年 12 月 23 日之后的走势。

图 10-5 是长亮科技走势图，图中四个箭头标示处是同一位置，时间是 2019 年 12 月 23 日，如图所示：

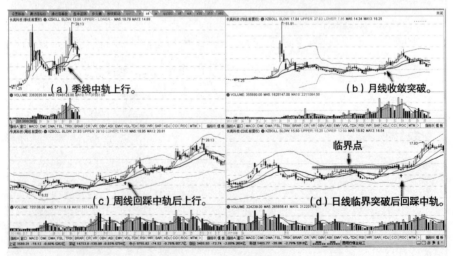

图 10-5　长亮科技走势

（1）图（a）中长亮科技走势季线中轨上行；

（2）图（b）中长亮科技走势在月线级别收敛，走势回踩中轨，预期走出月线级别的主升段，是操作的目标级别；

（3）图（c）中长亮科技在周线级别走势已经形成上升趋势，创出新高后回踩中轨；

（4）图（d）中长亮科技在日线级别突破临界点后回踩中轨。

5. 技术分析结论

季、月、周、日各级别已经做好上涨的准备，行情预期为月线级别的主升段，目前回踩日线中轨，已经形成月、周、日三级别共振，是极好的介入良机。

6. 投资分析结论

（1）大盘分析结论：深证成指、中小板指、创业板指符合走中级行情的条件。

（2）投资标的公司属于国家支持的正处于高速发展的行业，外部环境良好，投资标的公司具有分享行业高速发展的内在能力；

（3）投资标的的技术形态正处于月线主升段的启动初期，应该立即介入。

7. 建仓步骤与资金管理

主升段启动时建首批仓位 30%，最佳买点加第二批仓位 30%，临界突破后回踩加第三批仓位 20%。资金分批入场，先重后轻，最大仓位 80%。

8. 预期目标及操作周期

走势预期目标为月线级别主升段。操作周期预期为一年。

9. 过程控制和出场策略

过程控制的目的是在不过多干预正常走势的情况下将利润回撤幅度控制在涨幅的 40% 以内。采用四级联控机制，在加速级别、运行级别、次级别背离时分批减仓，跌破启动级别清仓。

以上出场的性质分别是：保护出场、主动出场、正常出场、被动出场。

10. 风险控制

风险分为三种：主升段失败、主升段迟滞、主升段背离。

（1）若首批仓位面临主升段失败，无条件止损退出，不会触发后续操作；

（2）最佳买点所加仓位，若击穿则止损；

（3）突破回踩所加仓位，破位则止损；

在每一批次加仓时，前一批次仓位都需要处于盈利状态。

以上投资报告的制作是在 2019 年 12 月 23 日收盘后，实事上，在当日盘中就已经买入了首批仓位。图 10-6 是长亮科技成交记录。

成交日期	证券代码	证券名称	买卖标志	成交价格
20191223	300348	长亮科技	买	19.980
20191224	300348	长亮科技	买	20.290
20191224	300348	长亮科技	买	20.640
20191224	300348	长亮科技	买	20.890
20191231	300348	长亮科技	买	21.770
20191231	300441	鲍斯股份	卖	9.560
20200102	300348	长亮科技	买	21.430
20200102	300348	长亮科技	买	21.660
20200102	300441	鲍斯股份	卖	9.680
20200103	300348	长亮科技	买	23.250

图 10-6　长亮科技成交记录

三、宝钛股份的投资报告书与交易实录

宝钛股份也制作了《投资报告书》，2020 年 3 月 5 日发表于雪球网站，获得 3.4 万阅读量，这里全文列出，供投资者参考。

宝钛股份投资报告书

制作时间：2020 年 03 月 5 日

交易系统：定方向，做主升，明预期，等共振。

投资策略：在大盘可能走出中级行情的前提下做个股的主升段。分解为三点：一是大势有可能走出中级行情；二是交易标的基本面良好，属于国家重点鼓励支持的处于快速发展阶段的行业；三是交易标的已经完成技术走势的准备，即将走出主升段，预期上涨空间广阔。

理论基础：三段结构论。三段结构论追求三个维度市场要素的共振：宏观大势、个股的行业发展趋势和个股的技术走势。

1. 投资标的

投资标的为宝钛股份，股票代码 600456。

2. 大盘分析

我在 2020 年 2 月 20 日"破除迷思，坚定前行"一文中，对上证指数的结论是：日线中轨走平就进入可操作区间。对深证成指的结论是：密集区的振荡将会进行热点的切换。

自从 2019 年 12 月 23 日对大盘进行分析以来，当时的结论现在也一直适用，市场也在验证着当时的结论。

3. 投资标的基本面分析

公司是我国最大的钛及钛合金生产科研基地，国内高端钛材的寡头之一，公司产业链齐全，生产体系完善，原材料来源稳定，产能国内领先，研发实力雄厚。钛加工属于典型的下游产业升级驱动市场需求的行业，当前我国钛加工材料消费量逐年上升，钛加工材料消费中，航空航天、海洋工程等高端用钛材占比显著增加，高端钛加工材料供不应求情况显著。由于钛熔炼技术复杂、加工难度大，原材料价格波动对企业生产经营有明显影响，未来行业寡头现象将愈加明显。

2019 年前三季度，公司实现营业收入 32.06 亿元，同比增长 24.37%；实现归属于上市公司股东的净利润 1.70 亿元，同比增长 75.67%。

业绩增长主要原因是产品产销量大幅增长。2019 年前三季度，公司产品产销量大幅增长，公司钛产品生产量 1.75 万吨，同比增长 69.72%；销售量 1.74 万吨，同比增长 72.91%。

海绵钛价格目前维持在相对高位。根据上海有色网数据，目前全国海绵钛价格维持在 7.8 万元 / 吨的高位，目前价格较年初的价格 6.65 万元 / 吨上涨 17.3%。

我国国产大飞机和军机升级换代将带来航空钛材长期需求。大飞机运 20、AG600、C919 逐渐量产。另外，我国仍有三成比例作战飞机是三代作战飞机，二代作战飞机已经不适合现代战争，随着我国第三代作战飞机日趋成熟，新型战机歼 -16，歼 -10c 以及五代隐身战斗机歼 -20 的相继服役，未来二代作战飞机将逐渐退役。由于钛合金用于制造飞机发动机和机体能够有效地提高发动机推重比和机体机构效率，三代作战飞机上所用钛合金材料的比例正在不断上升。

公司与美国波音、法国斯奈克玛等知名航空公司均建立了良好的合作关系，且具有军工资质。公司在航空航天、海洋工程等高端钛材料应用领域具有深厚的积累，未来将显著受益于产业规模的增长以及结构的改善，随着国内大飞机和军用飞机陆续进入量产进程，这将激活国内高端航空钛材料长期需求。

4. 投资标的技术分析

我从 2019 年 4 月开始跟踪宝钛股份。2019 年 12 月 23 日开始提示进入操作区间，下面回顾一下当时的技术形态。下图是重新制作的黑白图，与原图的区别在于原图没有 2019 年 12 月 23 日之后的走势。

图 10-7 是宝钛股份走势图，图中四个箭头标示处是同一位置，时间是 2019 年 12 月 23 日，如图所示：

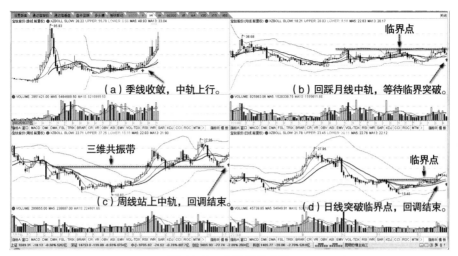

图 10-7　宝钛股份走势

（1）图（a）中宝钛股份季线走势中轨上行；

（2）图（b）中宝钛股份月线走势回踩中轨，若能突破上方临界区间，预期可以走出月线级别的主升段；

（3）图（c）中宝钛股份在周线级别的回落受下方三维共振带支撑，走势已经回到中轨之上；

（4）图（d）中宝钛股份在日线级别突破临界点，处于上升趋势之中。

5. 技术分析结论

　　季月周日各级别已经做好上涨的准备，行情预期为月线级别的主升段，目前回踩月线中轨，日线突破临界点，走出上升趋势，标的股票已经处于操作区间。

　　2019 年 12 月 23 日盘中已经买入首批仓位，图 10-8 是当时的成交记录。

成交日期	成交时间	证券代码	证券名称	操作	成交数量	成交均价
20191223	10:08:56	600456	宝钛股份	证券买入		24.190

图 10-8　宝钛股份成交记录

之后宝钛股份于 2020 年 2 月 4 日突破临界点后精准回踩月线中轨，2020 年 2 月 17 日涨停突破，确认了月线级别的主升段正式展开。涨停之后，若回踩 20 日线就是极佳的买点，当时 20 日线位于 25 元，在 2020 年 2 月 26 日回踩到日线中轨时，为了表示对医疗战线抗疫英雄的敬佩，特地提醒一位抗疫医生可以在 26 元以下买入。

图 10-9 是宝钛股份走势图，图中季线、月线、周线展示了宝钛股份走势截至 2021 年 12 月 7 日的全景，图中四个箭头标示处是同一位置，时间是 2020 年 2 月 26 日，如图所示：

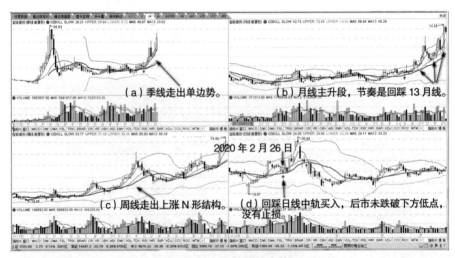

图 10-9　宝钛股份走势

（1）图（a）中宝钛股份在季线走出了单边势；

（2）图（b）中宝钛股份走出月线级别主升段，主升段的节奏是回踩 13 月线；

（3）图（c）中宝钛股份在周线级别因主升段节奏大于周线级别，所以在周线级别只能形成上涨 N 形结构；

（4）图（d）中宝钛股份在 2020 年 2 月 26 日回踩中轨时是很好的加

仓机会，后市的回落没有跌破下方低点，不用止损。

图 10-10 是宝钛股份加仓成交记录。

按三段结构论的定义，宝钛股份是月线级别的主升段，应该长期持有，至少持有至运行级别背离，目前仍在持仓中。

图 10-11 是宝钛股份持仓记录。

图 10-10　宝钛股份成交记录

▲证券代码	证券名称	股票余额	可用余额	冻结数量	盈亏	成本价	盈亏比例(%)
600456	宝钛股份					36.380	82.850

图 10-11　宝钛股份持仓记录

四、广信股份的选股逻辑与交易实录

图 10-12 是广信股份周线主升段图，时间是 2021 年 1 月 7 日，如图所示；

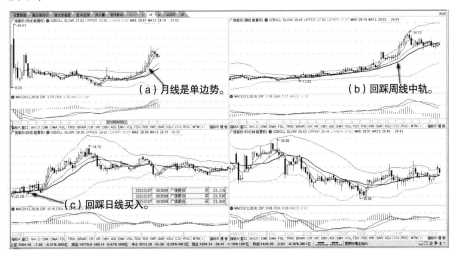

图 10-12　广信股份周线主升段

（1）图（a）显示月线级别是单边势；

（2）图（b）中走势回踩周线中轨，是操作的目标级别；

（3）图（c）中日线级别回踩中轨后发出启动信号，于是盘中分仓买入。

总结：

1月7日买入当日广信股份以涨停收盘，对广信股份走周线级别主升段的信心已经增加到八成了。

图 10-13 是广信股份成交记录。

20210107	603599	广信股份		买	23.110
20210107	603599	广信股份		买	23.530
20210107	603599	广信股份		买	23.840

图 10-13 广信股份成交记录

广信股份的涨升逻辑是业绩驱动，公司基本面相当优异。广信股份发布 2021 年三季报，前三季度实现营业收入 41.28 亿元，同比增长 52.53%；实现营业利润 11.74 亿元，同比增长 130.29%；归属于上市公司股东的净利润 10.33 亿元，同比增长 137.20%。按 4.65 亿股的总股本，实现每股收益 2.22 元，每股经营现金流为 3.51 元。尤其值得重视的是，这样的业绩是在 2020 年已经高速增长的情况下获得的。

另外，从现金流来看，公司的增长质量相当高。公司近三年货币资金持续上升，报告期末，公司货币资金占流动资产比重为 73%，货币资金持续攀升。净利润现金流同步增长。前三季度公司经营性现金流净额 16.3 亿元，同比增长 100.3%；三季度单季经营性现金流净额 9 亿元，同比增长 304.6%。销售商品、劳务收到的现金 40 亿元，同比增长率 +124.6%，收现率为 96.9%。报告期内，公司净现比为 1.58，净利润与现金流同步增长，净利润含金量高得令人惊叹。

公司还有大量在建或规划项目，未来增长的可持续性强。这些项目有：对（邻）硝基氯化苯项目、30 万吨离子膜烧碱项目、年产 3000 吨茚虫威项目、1200 吨恶唑菌酮项目、7000 吨 / 年氯虫苯甲酰胺项目、年产 3000 吨恶草酮项目、年产 5000 吨噻嗪酮项目、1.5 万吨邻硝基苯胺项目、

4.8 万吨 / 年光气及光气化系列产品技改项目、氢能源清洁利用项目、4 万吨 / 年对氨基苯酚项目等等。

　　从技术走势看，当初的周线级别主升段现在已经切换为季线单边势，运行节奏是回踩 13 月线。后市将依照这个节奏操作。

五、中国神华的长期跟踪与交易实录

　　图 10-14 是中国神华季线主升段图，时间是 2021 年 3 月 12 日，如图所示；

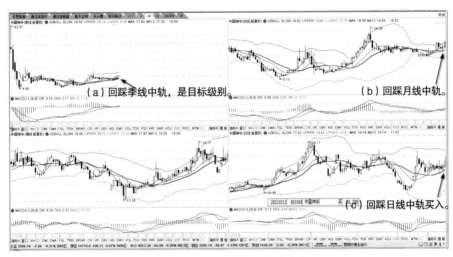

图 10-14　中国神华季线主升段

　　（1）图（a）中走势回踩季线中轨，是操作的目标级别；

　　（2）图（b）中走势回踩月线中轨；

　　（3）图（c）中日线级别回踩中轨，买入。

总结：

　　　　止损设在日线下方低点。

　　图 10-15 是中国神华成交记录。

　　中国神华是季线级别的主升段，操作周期会更长。截至 2021 年 12 月

| 20210312 | 601088 | 中国神华 | | 买 | 18.290 |

图 10-15 中国神华成交记录

6日，中国神华的运行节奏是沿 13 月线上行。这种节奏也有好处，可以有多次在其中进行波段操作的交易机会。中国神华自 2018 年开始跟踪，2020年回踩季线中轨，2021 年周线临界突破，三年多才出现交易机会。

第十一章　两个月收益50%的量化交易记录

传统的主观交易受人性弱点干扰太大，主观交易向量化过渡是必然趋势。量化交易在短时间内回测大量历史数据，不但可以检测投资者的交易系统是否有盈利能力，还能检测投资者对市场的一些认知是否有数据支持。通过将交易思想变为量化程序的过程，不但能帮助投资者厘清思路，更能够在很大程度上回避人性弱点对交易的影响。量化交易能大大加速投资者建立正确认知、引导交易心理成熟的进程。主观交易十年还未必能成长为合格投资者，量化交易可能三五年就可以了。

技术分析从本质上来说，就是通过大量阅读图表，竭力去发现价格走势会重复出现的特征或形态，然后根据该形态制定相应的交易策略。

这样的图形虽然会经常出现，但后续的走势却具有不确定性，因此，交易者需要制定一致性的交易策略来确保获得稳定的概率。然后在赔率上做调节，才能使交易策略在理论上具有胜算。

谈概率就必须谈样本数量。获得稳定概率的前提是具有足够的样本数量。

要想通过足够的交易频次来保证概率的稳定，特别是在面临持续亏损的时候，这是相当困难的。

针对上述问题，量化交易是一个很有效的解决方案。当然，前提是你已经有了一套可量化的系统。具体地，量化具有以下优势：

（1）量化交易具有一致性。这一点可以最大程度回避人性弱点。

（2）量化交易具有高效性。量化可以在所有品种、所有周期上进行交易，人是做不到的。

以上两点是互相补充的，一致性保证策略执行不变形，高效性保证足够的样本数量。这两点直接保证了交易系统在概率上的稳定。自然，量化交易也有缺点，它的弱势是胜率不高。这也是由以上两点决定的。

对于初级投资者而言，进行量化交易受益会更大。量化可以通过回测直接检验交易者的策略是否能在过去的走势中获利，而不用耗费真金白银、赔上多年宝贵光阴在市场中摸爬滚打地亲身实践。

市场中流传着许多听上去似乎有道理的策略，实际上是不可用的，比如：用一个指标，长期跟踪一个标的，反复交易，肯定能获利。经过回测，证实这种方法纯粹是臆想出来的。

我有一个论断：任何的利益，都是通过不对称手段获得的。

交易盈利也要通过不对称的策略才能达到。而那些流传中的策略都是对称的，时间跨度足够长的话，对称策略是无法盈利的。

可以这样说，回测不能获利的策略，肯定不能用以实战，回测能获利的策略，进行模拟交易还能获利的话，就可以尝试实战了。

这里只是提醒读者要去进行量化投资，相对于主观交易而言，量化交易可以获得大量具备一致性的数据，建立在大量数据基础上的策略，更有可能获利。

想了解量化交易，请去阅读专门书籍，本章仅仅做个指引，并不打算展开论述。

从本质上说，量化策略只有两类：一类做的是均值回归；另一类做的是趋势运动。各种套利策略都是均值回归类，其他策略基本都是趋势运动类。

一、45次量化交易实战图解

下面以我的某个趋势策略为例，来展示量化策略的交易过程。它每天都会进行多次交易，篇幅所限，我只能每天截取一次交易来制作图例，来与主观的主升段交易系统进行对比，看看两者的差异，以供读者参考。

图11-1展示了一个资金曲线图，图形显示的操作时间是从2021年7月30日至2021年11月23日，共76个交易日。

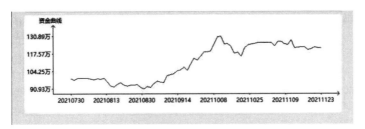

图 11-1　量化交易资金曲线

从图形可以看出，资金曲线先是平走，在 8 月 10 日开始下探，9 月初以后上行，10 月 20 日回落。其中从 7 月 30 日至 8 月 30 日，权益从初始值 100 万回撤至 91 万，回撤幅度 9%；从 8 月 30 日至 10 月 20 日，权益从 91 万涨升至 131 万，涨幅近 45%；之后又回撤了近 10%。

本章展示图例的时间从 2021 年 8 月 10 日至 2021 年 10 月 20 日，共 45 个图例。

之所以展示这一段交易，就是想说明，交易就是要坚持一致性策略，扛过不利期，才能迎来胜利，在这方面量化有优势。人生也要扛过困境才会迎来辉煌。

下文展开具体图例，策略的操作级别是 30 分钟，图例列了四个时间周期，上下左右依次是：30 分钟级别、60 分钟级别、日线级别、周线级别，方便读者在更大级别的视野中与主升段交易系统进行对比。

图中文字"开空"表示"卖出开仓"，"平空"表示"买入平仓"，"开多"表示"买入开仓"，"平多"表示"卖出平仓"。

图中箭头指向的意义如下：（a）图中前一个箭头表示开仓位置，后一个箭头表示平仓位置，（b）、（c）、（d）三图中的箭头指向处都是平仓位置。

图 11-2 是螺纹 20210810 量化交易图，时间是 2021 年 8 月 10 日，如图所示：

（1）图（a）中 30 分钟级别量化系统开空，随后平空，亏损出局；

（2）图（b）中 60 分钟级别是振荡走势，一段时间后出现了一个主跌段机会；

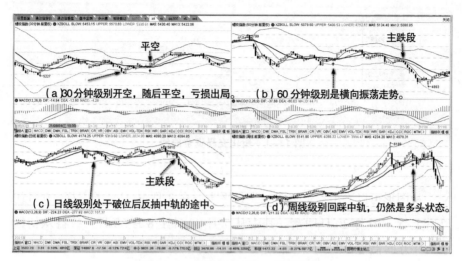

图 11-2　螺纹 20210810 量化交易

（3）图（c）中日线级别处于破位后反抽中轨的过程中；

（4）图（d）中周线级别仍是多头状态。

综合分析：

　　量化系统亏损，原因是逆大级别方向。如果采用主观的主升段交易系统的视角，60 分钟出现主跌段机会的地方，在日线上是回抽中轨结束后向下运行的状态，所以 60 分钟主跌段可以获利。日线出现主跌段的地方，在周线上看是回踩周线中轨破位的状态，从此市场整体转向空头。

　　图 11-3 是 PTA20210811 量化交易图，时间是 2021 年 8 月 11 日，如图所示：

（1）图（a）中 30 分钟级别量化系统开空，随后平空，亏损出局；

（2）图（b）中 60 分钟级别是振荡走势；

（3）图（c）中日线级别是弱上涨趋势；

（4）图（d）中周线级别仍是多头状态。

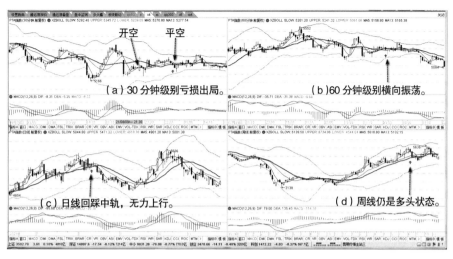

图 11-3　PTA20210811 量化交易

综合分析:

行情总体上是周线的弱上涨趋势,在更小的级别,就难出现有价值的交易机会。量化系统在振荡中开仓,难免亏损。

图 11-4 是铁矿 20210812 量化交易图,时间是 2021 年 8 月 12 日,如图所示:

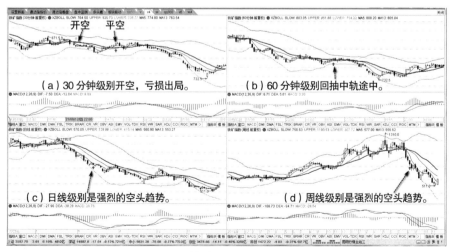

图 11-4　铁矿 20210812 量化交易

（1）图（a）中30分钟级别量化系统开空，随后平空，亏损出局；

（2）图（b）中60分钟处于回抽中轨途中；

（3）图（c）中日线级别是强烈的下跌趋势；

（4）图（d）中周线级别是强烈的下跌趋势。

综合分析：

行情总体上是跌破周线中轨下行的性质。有价值的交易机会是日线主跌段。在顺应大级别方向的情况下，即便暂时亏损，也终将迎来盈利机会。

图11-5是花生20210813量化交易图，时间是2021年8月13日，如图所示：

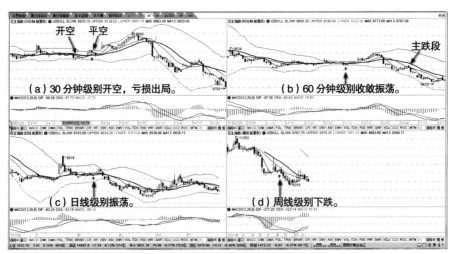

图 11-5　花生 20210813 量化交易

（1）图（a）中30分钟级别量化系统开空，随后平空，亏损出局；

（2）图（b）中60分钟级别处于收敛状态；

（3）图（c）中日线级别围绕中轨振荡；

（4）图（d）中周线级别是下跌趋势。

综合分析：

　　行情总体上是周线级别的下跌走势，后市在 60 分钟级别出现主跌段机会。本次交易时小级别走势仍然在振荡中，难免亏损。

　　图 11-6 是苯乙烯 20210816 量化交易图，时间是 2021 年 8 月 16 日，如图所示：

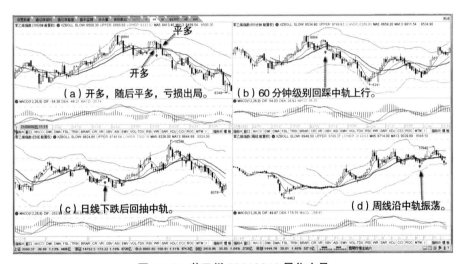

图 11-6 苯乙烯 20210816 量化交易

（1）图（a）中 30 分钟级别量化系统开多，随后平多，亏损出局；

（2）图（b）中 60 分钟级别是上行状态；

（3）图（c）中日线级别是下行状态；

（4）图（d）中周线级别是振荡状态。

综合分析：

　　各级别方向各异，是振荡势。振荡中开仓，难免亏损。

图 11-7 是纸浆 20210817 量化交易图，时间是 2021 年 8 月 17 日，如图所示：

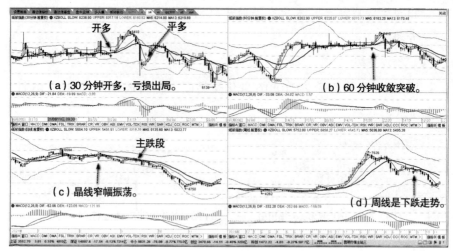

图 11-7　纸浆 20210817 量化交易

（1）图（a）中 30 分钟级别量化系统开多，随后平多，亏损出局；

（2）图（b）中 60 分钟级别收敛突破，之后又跌破中轨；

（3）图（c）中日线级别围绕中轨窄幅振荡；

（4）图（d）中周线级别是下跌走势。

综合分析：

60 分钟的突破受到周线中轨的压制回落，总体上看行情是周线级别的主跌段，量化系统在 30 分钟级别做多，自然没前途。真正的机会是后市回抽日线中轨后下行的主跌段。

图 11-8 是 PTA20210818 量化交易图，时间是 2021 年 8 月 18 日，如图所示：

（1）图（a）中 30 分钟级别量化系统开空，一段下跌后平空，盈利出局；

（2）图（b）中 60 分钟级别是下跌走势；

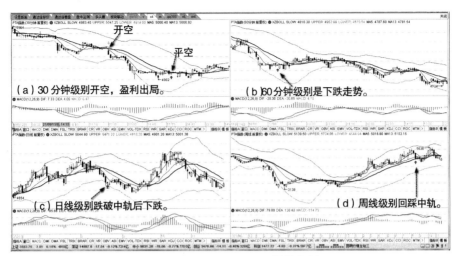

图 11-8 PTA20210818 量化交易

（3）图（c）中日线级别破位后快速下跌；

（4）图（d）中周线级别回踩中轨。

综合分析：

　　本次 30 级别的量化开空点其实是 60 分钟级别的主跌段，这一段走势在碰到周线中轨时被抑制，无法拓展空间，一般逆大级别的交易都是这个结局。

　　图 11-9 是白银 20210819 量化交易图，时间是 2021 年 8 月 19 日，如图所示：

（1）图（a）中 30 分钟级别量化系统开空，一段下跌后平空，盈利出局；

（2）图（b）中 60 分钟级别是下跌走势；

（3）图（c）中日线级别是下跌走势；

（4）图（d）中周线级别是下跌走势。

综合分析：

　　本次 30 级别的量化开空后，走势出现了一个 60 分钟级别的主跌段，为这一次开空创造了盈利空间。

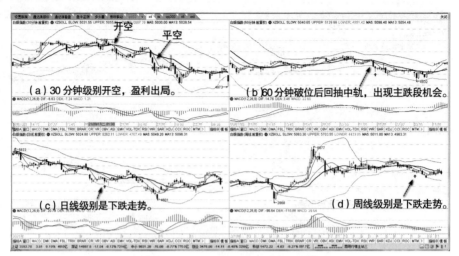

图 11-9　白银 20210819 量化交易

图 11-10 是鸡蛋 20210820 量化交易图，时间是 2021 年 8 月 20 日，如图所示：

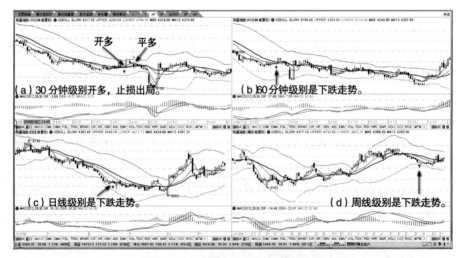

图 11-10　鸡蛋 20210820 量化交易

（1）图（a）中 30 分钟级别量化系统开多，随后平多，亏损出局；

（2）图（b）中 60 分钟级别是下跌走势；

（3）图（c）中日线级别是下跌走势；

（4）图（d）中周线级别是下跌走势。

综合分析：

　　总体上是振荡偏小的下跌走势，没有什么好的交易机会。
量化系统逆势开仓，难免亏损。

　　图 11-11 是纯碱 20210823 量化交易图，时间是 2021 年 8 月 23 日，
如图所示：

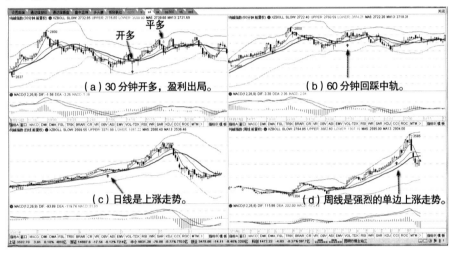

图 11-11　纯碱 20210823 量化交易

（1）图（a）中 30 分钟级别量化系统开多，一段上涨后平多，盈利
出局；

（2）图（b）中 60 分钟级别回踩中轨后继续振荡，没能走出主升段；

（3）图（c）中日线级别是上涨走势，走势多次回踩中轨；

（4）图（d）中周线级别是强烈的单边上涨。

综合分析：

　　这一段行情总体上的性质是周线级别的单边势，节奏是回
踩日线中轨，出现了多次交易机会。

图 11-12 是不锈钢 20210824 量化交易图，时间是 2021 年 8 月 24 日，如图所示：

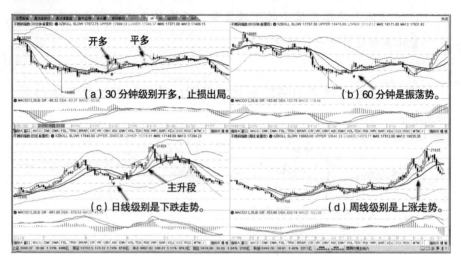

图 11-12　不锈钢 20210824 量化交易

（1）图（a）中 30 分钟级别量化系统开多，随后平多，止损出局；

（2）图（b）中 60 分钟级别是下跌后振荡的走势；

（3）图（c）中日线级别是下跌走势；

（4）图（d）中周线级别是上涨走势。

综合分析：

30 分钟级别的交易没有得到大级别的支持，失败出局。回踩周线中轨后启动的走势，在日线造就了一个主升段的好机会。

图 11-13 是沥青 20210825 量化交易图，时间是 2021 年 8 月 25 日，如图所示：

（1）图（a）中 30 分钟级别量化系统开多，随后平多，止损出局；

（2）图（b）中 60 分钟级别是振荡势；

（3）图（c）中日线级别是下跌走势；

（4）图（d）中周线级别是振荡走势。

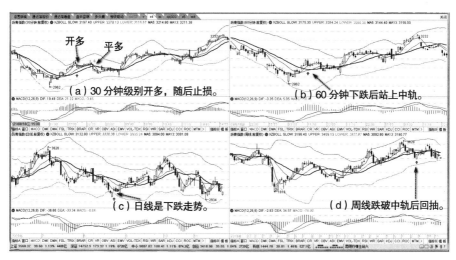

图 11-13 沥青 20210825 量化交易

综合分析：

总体上就是振荡走势，振荡中开仓，难免亏损。

图 11-14 是玻璃 20210826 量化交易图，时间是 2021 年 8 月 26 日，如图所示：

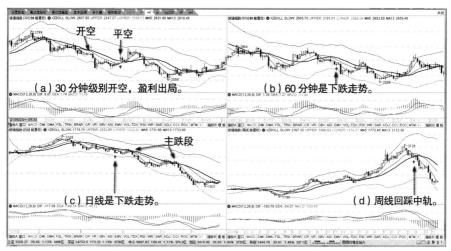

图 11-14 玻璃 20210826 量化交易

（1）图（a）中 30 分钟级别量化系统开空，一段下跌后平空，盈利出局；

（2）图（b）中60分钟级别是下跌走势；

（3）图（c）中日线级别是下跌走势；

（4）图（d）中周线级别是下跌走势。

综合分析：

本段走势总体上是从周线上轨大幅回撤的性质，真正有价值的交易机会是日线主跌段。量化交易顺应了这一方向，盈利概率就高了。

图11-15是螺纹20210827量化交易图，时间是2021年8月27日，如图所示：

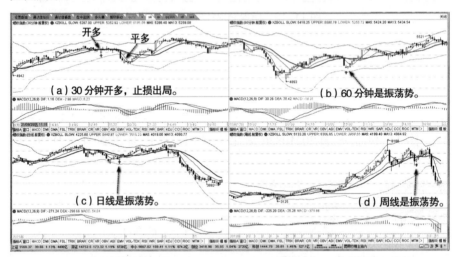

图 11-15　螺纹 20210827 量化交易

（1）图（a）中30分钟级别量化系统开多，一段下跌后平多，亏损出局；

（2）图（b）中60分钟级别是振荡势；

（3）图（c）中日线级别是振荡势；

（4）图（d）中周线级别是振荡势。

综合分析：

总体上是振荡势，没有什么交易机会。

图 11-16 是橡胶 20210830 量化交易图，时间是 2021 年 8 月 30 日，如图所示：

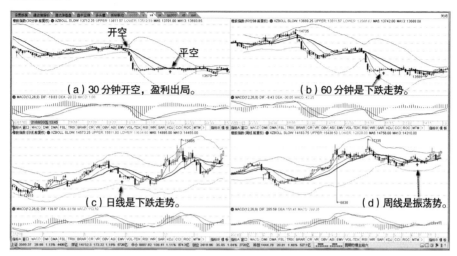

图 11-16　橡胶 20210830 量化交易

（1）图（a）中 30 分钟级别量化系统开空，一段下跌后平空，盈利出局；

（2）图（b）中 60 分钟级别是下跌走势；

（3）图（c）中日线级别是下跌走势；

（4）图（d）中周线级别是振荡势。

综合分析：

周线处于振荡之中，各小级别也没有主升段机会。本次量化交易抓住了日线回踩中轨又跌破中轨的一个机会。

图 11-17 是乙二醇 20210831 量化交易图，时间是 2021 年 8 月 31 日，如图所示：

（1）图（a）中 30 分钟级别量化系统开多，随后平多，亏损出局；

（2）图（b）中 60 分钟级别是振荡势；

（3）图（c）中日线级别正试图从下方上穿中轨；

（4）图（d）中周线级别回踩中轨。

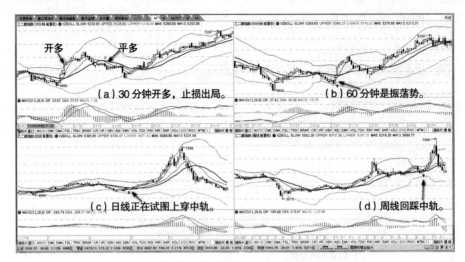

图 11-17　乙二醇 20210831 量化交易

综合分析：

　　本次量化交易结束后，走势回踩周线中轨后启动了周线级别的主升段。在这一过程中会出现各级别主升段的机会。

　　图 11-18 是甲醇 20210901 量化交易图，时间是 2021 年 9 月 1 日，如图所示：

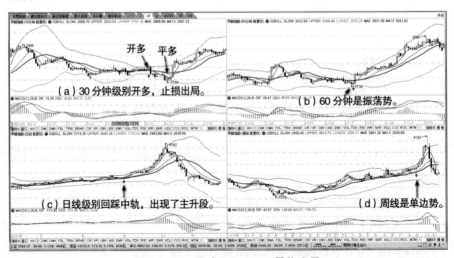

图 11-18　甲醇 20210901 量化交易

（1）图（a）中30分钟级别量化系统开多，一段下跌后平仓，亏损出局；

（2）图（b）中60分钟级别是振荡势；

（3）图（c）中日线级别回踩中轨后启动，形成日线主升段；

（4）图（d）中周线级别是单边势。

综合分析：

　　周线沿上轨上行，是单边势。在日线回踩中轨后启动的日线主升段，是真正的交易机会。本次量化交易是被振出来了，但是量化系统后市一定会再次入场的。

图11-19是尿素20210902量化交易图，时间是2021年9月2日，如图所示：

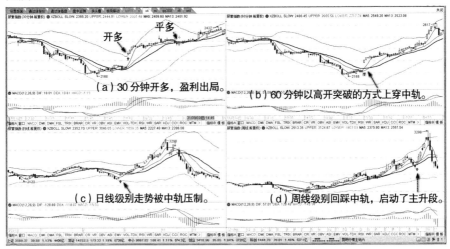

图11-19　尿素20210902量化交易

（1）图（a）中30分钟级别量化系统开多，一段上涨后平多，盈利出局；

（2）图（b）中60分钟级别出现V形反转；

（3）图（c）中日线级别反弹受中轨压制；

（4）图（d）中周线级别回踩中轨后出现主升段。

综合分析：

　　周线级别的主升段带来了多种交易机会，从图形上看，后市在 30 分钟、60 分钟和日线都形成了主升段的交易机会。

　　图 11-20 是白银 20210903 量化交易图，时间是 2021 年 9 月 3 日，如图所示：

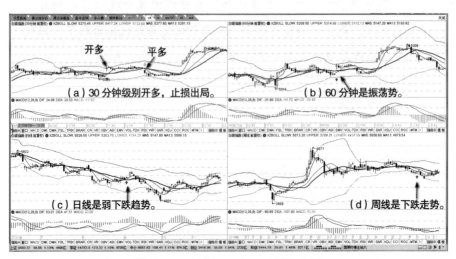

图 11-20　白银 20210903 量化交易

　　（1）图（a）中 30 分钟级别量化系统开多，一段横盘后平多，止损出局；

　　（2）图（b）中 60 分钟级别是振荡势；

　　（3）图（c）中日线级别是弱下跌趋势；

　　（4）图（d）中周线级别是下跌趋势。

综合分析：

　　从周线看，行情总体上是弱下跌趋势，连做空都没出现好机会，更别说做多了。

图 11-21 是硅铁 20210906 量化交易图，时间是 2021 年 9 月 6 日，如图所示：

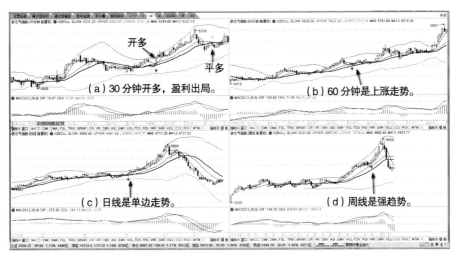

图 11-21　硅铁 20210906 量化交易

（1）图（a）中 30 分钟级别量化系统开多，一段上涨后平多，盈利出局；

（2）图（b）中 60 分钟级别是上涨走势；

（3）图（c）中日线级别是单边上涨走势；

（4）图（d）中周线级别是强上涨趋势。

综合分析：

周线是强趋势，日线是单边势，在小级别顺势做多胜率肯定高。

图 11-22 是生猪 20210907 量化交易图，时间是 2021 年 9 月 7 日，如图所示：

（1）图（a）中 30 分钟级别量化系统开空，一段下跌后平空，盈利出局；

（2）图（b）中 60 分钟级别是下跌走势；

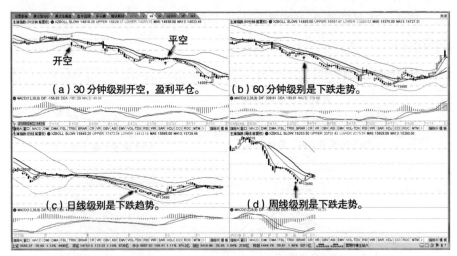

图 11-22　生猪 20210907 量化交易

（3）图（c）中日线级别是下跌走势；

（4）图（d）中周线级别是下跌走势。

综合分析：

　　本次量化系统开空，符合 60 分钟级别的主跌段的交易条件。在周线下跌的背景下，顺势交易不但胜率高，而且盈利空间也大。

　　图 11-23 是红枣 20210908 量化交易图，时间是 2021 年 9 月 8 日，如图所示：

（1）图（a）中 30 分钟级别量化系统开空，一段下跌后平空，盈利出局；

（2）图（b）中 60 分钟级别是弱下跌走势；

（3）图（c）中日线级别处于向中轨回落的过程中；

（4）图（d）中周线级别是强趋势。

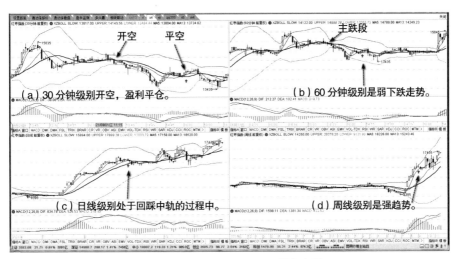

图 11-23　红枣 20210908 量化交易

综合分析：

30 分钟量化系统开空的位置是一个 60 分钟级别的主跌段。

在周线强上涨走势的背景下，该主跌段的运动空间也受到了限制。

图 11-24 是燃油 20210909 量化交易图，时间是 2021 年 9 月 9 日，如图所示：

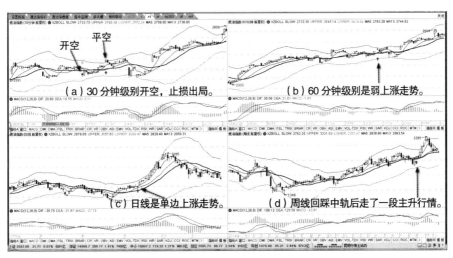

图 11-24　燃油 20210909 量化交易

（1）图（a）中30分钟级别量化系统开空，随后平空，止损出局；

（2）图（b）中60分钟级别是弱上涨走势；

（3）图（c）中日线级别是单边上涨走势；

（4）图（d）中周线级别回踩中轨后走了一段主升行情。

综合分析：

　　周线回踩中轨后走了一段主升，决定了行情的性质。量化系统开空是在日线横向运动的过程中产生的，没有得到主升段的加持，无法拓展出盈利空间。

　　图11-25是橡胶20210910量化交易图，时间是2021年9月10日，如图所示：

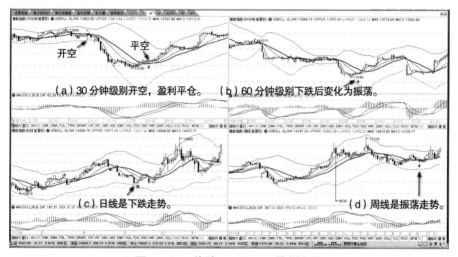

图 11-25　橡胶 20210910 量化交易

（1）图（a）中30分钟级别量化系统开空，一段下跌后平空，盈利出局；

（2）图（b）中60分钟级别下跌后演变为振荡走势；

（3）图（c）中日线级别是下跌走势；

（4）图（d）中周线级别是振荡走势。

综合分析：

　　周线级别是振荡走势，小级别下跌后纷纷演变为振荡。30
分钟量化交易捕捉到了一段近似的 60 分钟级别主跌段。

　　图 11-26 是螺纹 20210913 量化交易图，时间是 2021 年 9 月 13 日，
如图所示：

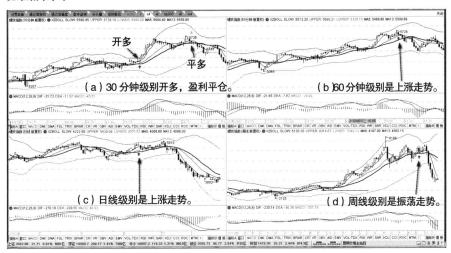

图 11-26　螺纹 20210913 量化交易

（1）图（a）中 30 分钟级别量化系统开多，一段上涨后平多，盈利出局；

（2）图（b）中 60 分钟级别是上涨走势；

（3）图（c）中日线级别是弱趋势；

（4）图（d）中周线级别是振荡势。

综合分析：

　　周日级别虽然总体偏多，但力度很弱，量化交易虽然顺势，
也只能勉强盈利。

　　图 11-27 是棕榈 20210914 量化交易图，时间是 2021 年 9 月 14 日，
如图所示：

343

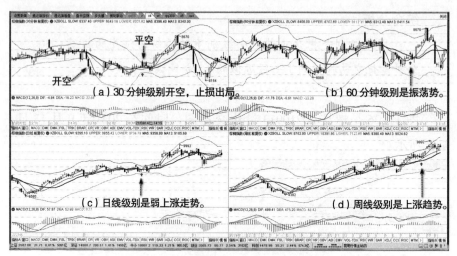

图 11-27　棕榈 20210914 量化交易

（1）图（a）中30分钟级别量化系统开空，随后平空，止损出局；

（2）图（b）中60分钟级别是振荡势；

（3）图（c）中日线级别是弱上涨趋势；

（4）图（d）中周线级别是上涨趋势。

综合分析：

　　周线级别总体是上涨趋势，小级别的振荡出现一些做空机会，但无法获得盈利。

　　图 11-28 是铁矿 20210915 量化交易图，时间是 2021 年 9 月 15 日，如图所示：

（1）图（a）中30分钟级别量化系统开空，一段下跌后平空，盈利出局；

（2）图（b）中60分钟级别是下跌走势；

（3）图（c）中日线级别是下跌走势；

（4）图（d）中周线级别是单边下跌走势。

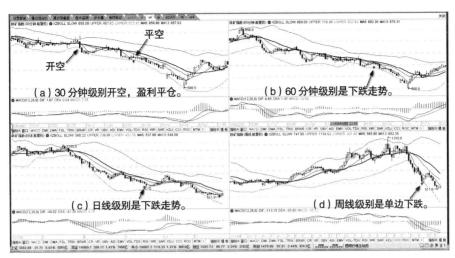

图 11-28　铁矿 20210915 量化交易

综合分析：

在周线单边下跌的带动下，各级别都出现了主升段交易机会。

图 11-29 是生猪 20210916 量化交易图，时间是 2021 年 9 月 16 日，如图所示：

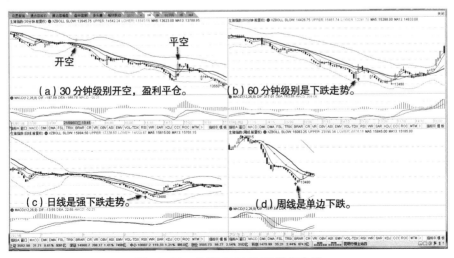

图 11-29　生猪 20210916 量化交易

（1）图（a）中30分钟级别量化系统开空，一段下跌后平空，盈利出局；

（2）图（b）中60分钟级别是下跌走势；

（3）图（c）中日线级别是下跌走势；

（4）图（d）中周线级别是单边下跌走势。

综合分析：

各级别都是强烈的下跌走势，即使出现反弹，也没有持续性。

图11-30是丙烯20210917量化交易图，时间是2021年9月17日，如图所示：

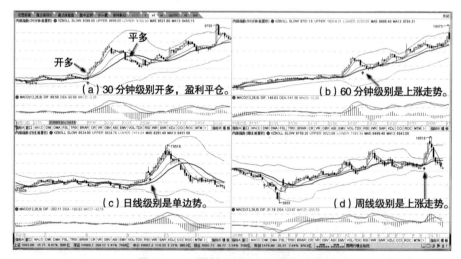

图 11-30　丙烯 20210917 量化交易

（1）图（a）中30分钟级别量化系统开多，一段上涨后平多，盈利出局；

（2）图（b）中60分钟级别是上涨走势；

（3）图（c）中日线级别是单边上涨走势；

（4）图（d）中周线级别回踩中轨后走出了一段主升。

综合分析：

在多头氛围中，顺势做多容易获利。

图 11-31 是铁矿 20210922 量化交易图，时间是 2021 年 9 月 22 日，如图所示：

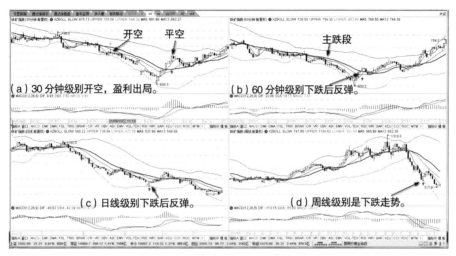

图 11-31　铁矿 20210922 量化交易

（1）图（a）中 30 分钟级别量化系统开空，一段下跌后平空，盈利出局；

（2）图（b）中 60 分钟级别下跌走势；

（3）图（c）中日线级别是下跌走势；

（4）图（d）中周线级别是下跌走势。

综合分析：

本次量化交易捕获了一段 60 分钟级别的主跌段。

图 11-32 是橡胶 20210923 量化交易图，时间是 2021 年 9 月 23 日，如图所示：

（1）图（a）中 30 分钟级别量化系统开空，一段下跌后平空，盈利出局；

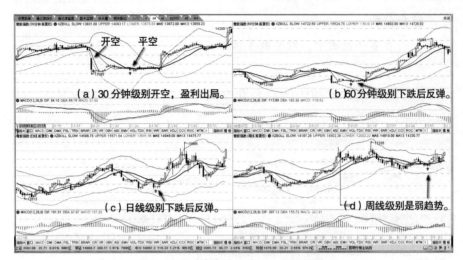

图 11-32　橡胶 20210923 量化交易

（2）图（b）中 60 分钟级别下跌后反弹；

（3）图（c）中日线级别下跌后反弹；

（4）图（d）中周线级别是弱趋势。

综合分析：

　　周线的弱上涨趋势决定了总体行情，在各小级别下跌一段
后都无法持续。弱趋势中交易，走势容易反复，盈利空间有限。

　　图 11-33 是尿素 20210924 量化交易图，时间是 2021 年 9 月 24 日，
如图所示：

（1）图（a）中 30 分钟级别量化系统开多，一段上涨后平多，盈利
出局；

（2）图（b）中 60 分钟级别是上涨走势；

（3）图（c）中日线级别是单边上涨走势；

（4）图（d）中周线级别回踩中轨后走出了一段主升行情。

综合分析：

　　量化交易系统在接近涨停的位置开出多单，手工交易基本
不会在这种位置追涨。在各级别强上涨走势的加持下，追涨的量

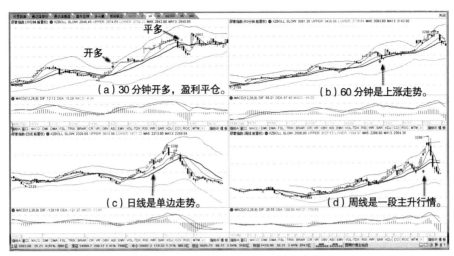

图 11-33 尿素 20210924 量化交易

化交易获得了不错的盈利。

图 11-34 是硅铁 20210927 量化交易图，时间是 2021 年 9 月 27 日，如图所示：

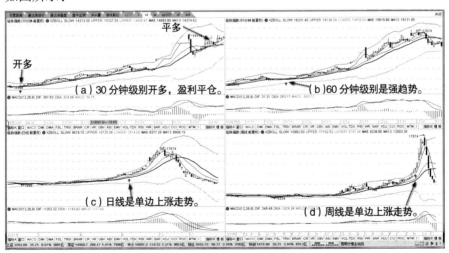

图 11-34 硅铁 20210927 量化交易

（1）图（a）中 30 分钟级别量化系统开多，一段上涨后平多，盈利出局；

（2）图（b）中 60 分钟级别是上涨走势；

（3）图（c）中日线级别是单边上涨走势；

（4）图（d）中周线级别是单边上涨走势。

综合分析：

周线日线同时走出单边上涨走势的情况不常见，这一段量化交易，在两周左右时间内获得了翻番的利润。

图 11-35 不锈钢 20210928 量化交易图，时间是 2021 年 9 月 28 日，如图所示：

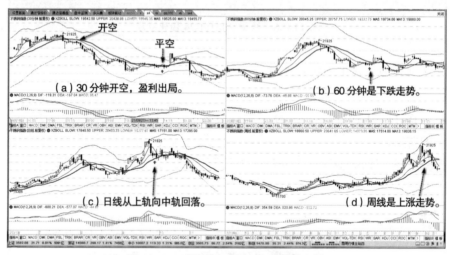

图 11-35　不锈钢 20210928 量化交易

（1）图（a）中 30 分钟级别量化系统开空，一段下跌后平空，盈利出局；

（2）图（b）中 60 分钟级别是下跌走势；

（3）图（c）中日线级别处于从上轨向中轨回落的过程中；

（4）图（d）中周线级别是上涨走势。

综合分析：

本次量化交易抓到了一段标准的日线回撤模式行情，做的

是日线由上轨向中轨回落的这一段。在这一过程中，出现了 30
分钟级别的主跌段。

图 11-36 是燃油 20210929 量化交易图，时间是 2021 年 9 月 29 日，
如图所示：

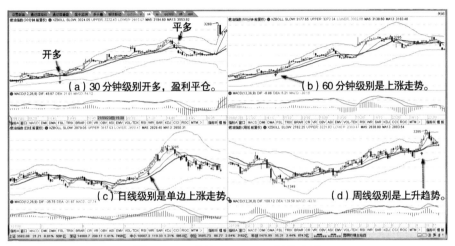

图 11-36　燃油 20210929 量化交易

（1）图（a）中 30 分钟级别量化系统开多，一段上涨后平多，盈利
出局；

（2）图（b）中 60 分钟级别是上涨走势；

（3）图（c）中日线级别是单边上涨走势；

（4）图（d）中周线级别是上涨走势。

综合分析：

　　太强的单边势不容易在较大级别出现主升段机会，量化系
统交易的这一段的上涨就只有在 30 分钟出现主升段，在 60 分钟
和日线都没有出现主升段。本次交易做的是 30 分钟主升段。

图 11-37 是聚氯乙烯 20210930 量化交易图，时间是 2021 年 9 月 30 日，
如图所示：

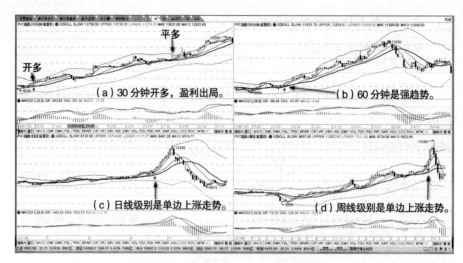

图 11-37　聚氯乙烯 20210930 量化交易

（1）图（a）中 30 分钟级别量化系统开多，一段上涨后平多，盈利出局；

（2）图（b）中 60 分钟级别是上涨走势；

（3）图（c）中日线级别是单边上涨走势；

（4）图（d）中周线级别是单边上涨走势。

综合分析：

单边势是最有交易价值的，这一段量化交易的盈利也很丰厚。

图 11-38 是苹果 20211008 量化交易图，时间是 2021 年 10 月 8 日，如图所示：

（1）图（a）中 30 分钟级别量化系统开多，一段上涨后平多，盈利出局；

（2）图（b）中 60 分钟级别是强烈的上涨趋势；

（3）图（c）中日线级别是单边上涨走势；

（4）图（d）中周线级别是单边上涨走势。

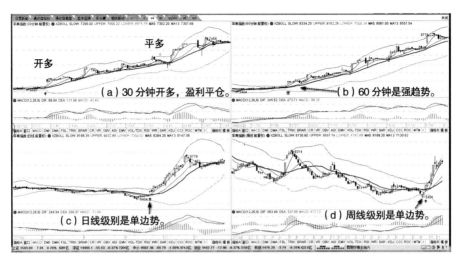

图 11-38　苹果 20211008 量化交易

综合分析：

　　30分钟级别的量化交易刚好买在日线和周线单边势的起点。
这一段日线单边势的节奏是回踩60分钟中轨，在60分钟出现了
多次交易机会。

　　图 11-39 是鸡蛋 20211011 量化交易图，时间是 2021 年 10 月 11 日，

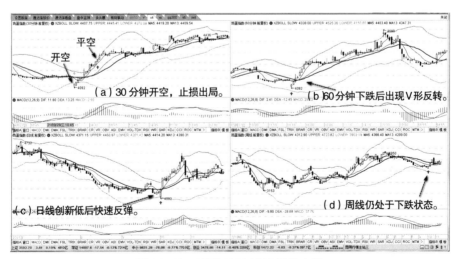

图 11-39　鸡蛋 20211011 量化交易

如图所示：

（1）图（a）中30分钟级别量化系统开空，一段上涨后平空，亏损出局；

（2）图（b）中60分钟级别下跌后走出V形反转走势；

（3）图（c）中日线级别创新低后快速反弹；

（4）图（d）中周线级别仍处于下跌状态。

综合分析：

　　顺势也会亏损，本例就是证明。这就是交易。

图11-40是聚氯乙烯20211012量化交易图，时间是2021年10月12日，如图所示：

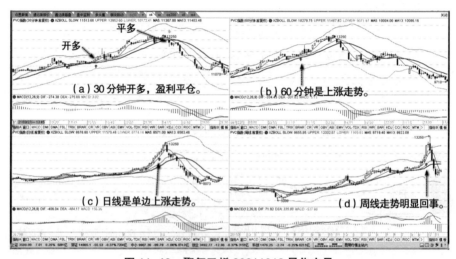

图11-40　聚氯乙烯20211012量化交易

（1）图（a）中30分钟级别量化系统开多，一段上涨后平多，盈利出局；

（2）图（b）中60分钟级别是上涨走势；

（3）图（c）中日线级别是单边上涨走势；

（4）图（d）中周线级别走势明显加速。

综合分析：

　　本次量化交易抓到了最后的加速段，刚好位于30分钟级别主升段的起点。

　　图11-41是丙烯20211013量化交易图，时间是2021年10月13日，如图所示：

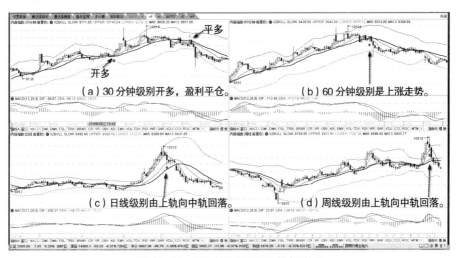

图 11-41　丙烯 20211013 量化交易

（1）图（a）中30分钟级别量化系统开多，一段上涨后平多，盈利出局；

（2）图（b）中60分钟级别是上涨走势；

（3）图（c）中日线级别处于由上轨向中轨回落途中；

（4）图（d）中周线级别处于由上轨向中轨回落途中。

综合分析：

　　量化系统平仓后，60分钟随即转向下跌，日、周级别的回撤正式展开。在这一过程中，出现了几次60分钟主跌段的机会。

图 11-42 是苯乙烯 20211014 量化交易图，时间是 2021 年 10 月 14 日，如图所示：

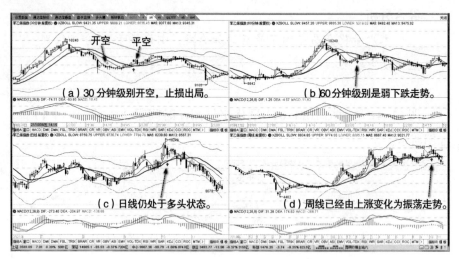

图 11-42　苯乙烯 20211014 量化交易

（1）图（a）中 30 分钟级别量化系统开空，随后平空，止损出局；

（2）图（b）中 60 分钟级别是弱下跌走势；

（3）图（c）中日线级别仍处于多头状态；

（4）图（d）中周线级别已经由上涨演变为振荡。

综合分析：

量化交易平仓后，日线走势回踩中轨破位，走出了下跌趋势，才产生真正的做空机会。

图 11-43 是尿素 20211015 量化交易图，时间是 2021 年 10 月 15 日，如图所示：

（1）图（a）中 30 分钟级别量化系统开空，随后平空，止损出局；

（2）图（b）中 60 分钟级别下跌后反弹；

（3）图（c）中日线级别回踩至中轨附近再度上行；

（4）图（d）中周线级别是上涨走势。

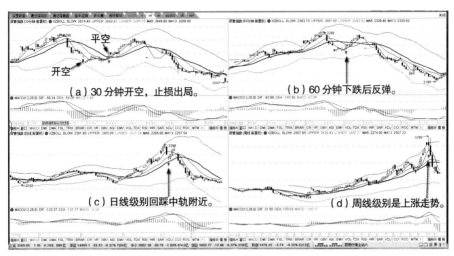

图 11-43 尿素 20211015 量化交易

综合分析：

60 分钟反弹的位置刚好位于日线中轨附近，本次反弹后，日线出现次高点，再度回落跌破中轨，行情整体由涨转跌。

图 11-44 是红枣 20211018 量化交易图，时间是 2021 年 10 月 18 日，如图所示：

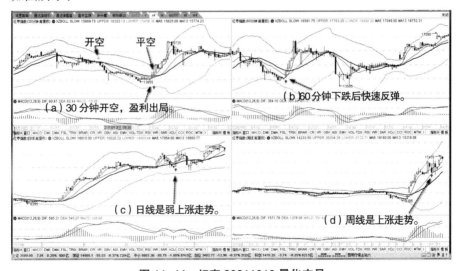

图 11-44 红枣 20211018 量化交易

（1）图（a）中30分钟级别量化系统开空，一段下跌后平空，盈利出局；

（2）图（b）中60分钟级别下跌后快速反弹；

（3）图（c）中日线级别是弱上涨走势；

（4）图（d）中周线级别是上涨走势。

综合分析：

本例量化开仓位置是30分钟主跌段的起点。在日线上是由上轨向中轨回落的回撤模式。

图11-45是聚氯乙烯20211019量化交易图，时间是2021年10月19日，如图所示：

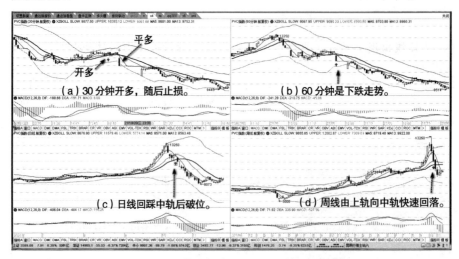

图11-45　聚氯乙烯20211019量化交易

（1）图（a）中30分钟级别量化系统开多，随后平多，止损出局；

（2）图（b）中60分钟级别是下跌走势；

（3）图（c）中日线级别回踩中轨后破位；

（4）图（d）中周线级别由上轨向中轨快速回落。

综合分析：

       日线回踩中轨破位后，行情由涨转跌，市场出现真正的做空机会。

    图 11-46 是沪镍 20211020 量化交易图，时间是 2021 年 10 月 20 日，如图所示：

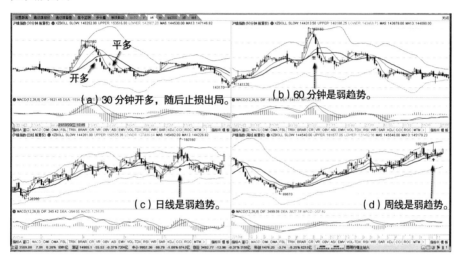

图 11-46　沪镍 20211020 量化交易

（1）图（a）中 30 分钟级别量化系统开多，随后平多，止损出局；

（2）图（b）中 60 分钟级别是弱上涨走势；

（3）图（c）中日线级别是弱上涨走势；

（4）图（d）中周线级别是弱上涨走势。

综合分析：

       弱趋势交易，大概率亏损。

二、45 次量化交易实战绩效统计分析

至此，45 次量化交易全部图解完毕。现对总体情况作统计分析：

盈利次数 25 次，其中顺势交易 21 次，逆势交易 4 次，振荡交易 0 次；

亏损交易 20 次,其中振荡交易 11 次,逆势交易 6 次,顺势交易 3 次。

由以上统计可以看出:

(1)顺势交易最容易盈利,振荡中交易最容易亏损。

(2)顺势交易也有亏损的时候,逆势交易也有盈利的时候,但概率较低。

(3)因只统计了部分数据,以上数据不能反映真实胜率和赔率。

对于量化策略来说,要捕捉到趋势行情,就难免会参与一些振荡行情,如果过于拟合,试图过滤振荡,那么同时也会过滤掉许多趋势,总体收益率反而会降低。主观策略可以过滤振荡,只做趋势,但受效率限制,只能捕捉到部分趋势行情,总体收益率未必比得上量化策略,更何况人不能完全回避人性弱点,长期来看稳定性肯定不如量化策略。

以上数据验证了一个事实:这个世界是平衡的,没有谁、也没有什么模式能赚完所有钱。

后　记

交易的目的是获利，也只有获利才是对交易系统或理念方法的唯一认证方式，也只有获利才能得到认同，对投资者产生影响力。

虽然我不喜欢这种成功学，但这就是现实。所以，此处贴两张交易资金曲线图。

图 A1 是期货交易实录产生的资金曲线，时间从 2020 年 6 月至 2021 年 1 月，收益率 93%。

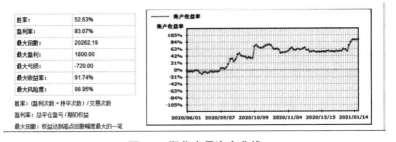

胜率：	52.63%
盈利率：	93.07%
最大回撤：	20262.19
最大盈利：	1800.00
最大亏损：	-720.00
最大收益率：	91.74%
最大风险度：	98.95%

胜率：(盈利次数＋持平次数) / 交易次数
盈利率：总平仓盈亏/期初权益
最大回撤：权益达到低点回撤幅度最大的一笔

图 A1　期货交易资金曲线

图 A2 是股票交易实录产生的资金曲线，时间从 2021 年 1 月至 2021 年 12 月，收益率 70%。

成功学没有眼光和能力在事前分析，只会在事后拜服。成功学不懂"道之所存，师之所存"的道理。

真正高明的是在一个人成功之前去发现他具备成功者的素质及能力，而不是在他成功之后去攀附。这也是做主升浪的心法。

主升浪交易系统既有发现牛股的独到眼光，也有抓牢牛股的全套

图 A2　股票交易资金曲线

技法。

主升浪交易系统是优秀的正期望值的系统，以上两幅资金曲线图是有力的证明。

之所以说优秀，是因为主升浪交易系统本身聚焦于主升浪，有好机才入场，没机会就待在市场外面，正确的入场持仓会迅速处于浮盈状态，错误的入场会迅速止损出局，这会让投资者保持良好心态，待在市场里是盈利的，待在市场外能回避很多的不必要的风险。

之所以说有力，是因为在正文中用了几章的篇幅——列举了具体的交易过程，盈利是通过客观的分析和理性的交易获取的，而不是放任风险博出来的。

从我的交易经历来看，早年是持续亏损的，原因是无知、急功近利、频繁交易；中期是亏大于盈的，原因是无知、没有唯一性和一致性，风险承担了，收益却没拿足；在主升浪交易系统逐渐完备后，慢慢有了一点耐心，风险端已经被完全封锁，收益端则有明确的预期，所以近些年是持续盈利的。

其中有两点比较关键：一是交易模式的唯一性；二是执行交易的一致性。有不少交易者也强调一致性，但他们不知道的是只有具备唯一性，才能真正做到一致性。更为关键的是，只有于己最优，才能真正唯一。所以，唯一性是需要用很多年去比较、筛选和打磨的。

学习主升浪交易系统，你也能捕捉到这两个"遁去的一"。

有朋友说，花这么多心血总结出来的这么有价值的系统，怎么轻易地就公之于众？

我回应说，成为圣人和伟人的方法，在中国已经存在了几千年。几千年来，出过几个圣人和伟人？

如果有人觉得我的系统不错，那他们就是我的至交知己，对至交知己，有什么需要隐瞒的？

如果人们觉得我的系统一文不值，那送上门去也没人理会，公不公开又有什么区别？

我曾经把我的全套选股系统连同源代码一起送人，正文中量化交易策略仅仅只是其中一个选股公式。我也曾把书稿的全套电子文档赠给多位朋友，如果其中某人居心不良，他完全可以转手就以自己的名义出版。但我相信他们。

我对家人专一，对朋友真诚，对事业专注。

我选择首先对别人真诚。如果得到真诚的回应，那我就多一个知交。事实上，多数人会选择以真诚回应真诚。不真诚的，我也不会在他身上继续浪费时间。

我对事业专注。这么多年，我心无旁骛，只研究投资交易。多年过去，我的专注也得到了正向的回应，量的巨大积累开始产生质的飞跃，我在海量的不确定性中找到了一点点足以生存的确定性。

我也对自己真诚，对自己真诚就是要知道自己是什么货色，能吃几碗干饭。不要自以为是，不要宽己严人，不要掉入油条陷阱。人之患在哀死而不爱生，所以我进行良好的自我管理。

以上事实说明，我事理通透，是一个心境明澈、真诚敦厚的人，值得您的信赖。

以上事例证明，主升浪交易系统值得你认真学习，能有效提升投资者的交易水平。

于此，感谢家人和朋友多年的信任、关心、支持与帮助。

感谢证券出版界资深人士顾涛老师和舵手证券图书的党宁老师，是他们高效的工作，才让本书这么快与读者见面。

最后感谢亲爱的读者，您的阅读是我最大的荣幸。

本书配套讲解视频

微信扫一扫，观看本书讲解视频

更多精彩敬请期待